Karin Blessing (Hrsg.), Silvia Langer, Traude Fladt

Natur erlernen mit Kindern

2. Auflage
86 Farbfotos
31 Zeichnungen

W0197668

Ulmer

Inhaltsverzeichnis

Inhaltsverzeichnis

Inhaltsverzeichnis

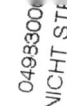

Faszination Natur . . .

Dafür muß man gar nicht immer so weit gehen. Sei es im eigenen Hausgarten, auf dem Schulgelände oder im Kindergarten – überall, selbst auf dem kleinsten Balkon, läßt sich die Faszination der Natur im kleinen wie im großen entdecken. Wir müssen der Natur nur eine Chance lassen.

Und es macht Spaß, Natur gemeinsam mit Kindern zu erleben. Denn ausgestattet mit einer großen Portion Phantasie, Neugierde und Wissensdurst entdecken Kinder noch in jeder Kaulquappe und in jeder unscheinbaren Raupe das Natur-Ereignis, das es zu bestaunen gilt. Diese Freude an der Natur frühzeitig zu wecken ist mit unsere wichtigste Aufgabe als Erwachsene. Denn Naturkontakte fördern nicht nur die Kreativität und die gesunde Entwicklung unserer Kinder, sie sind auch die Voraussetzung für ein lebenslanges umweltverantwortliches Handeln. Nur wer Natur kennt, kann Umwelt schützen.

Dieses Buch zeigt an konkreten Beispielen, wie mehr Natur in die Umgebung von Kindergärten, Schulen und in die Hausgärten gebracht werden kann und wie diese naturnahen Elemente mit den natürlichen Lebensgemeinschaften in der nächsten Umgebung vernetzbar sind. Grundlage des Buches ist das Projekt »Modell-Lehrgarten« der Akademie für Natur- und Umweltschutz Baden-Württemberg in Bietigheim-Bissingen. Am Beispiel verschiedener Lebensräume im und in der Umgebung des Lehrgartens können dort Multiplikatoren anhand von Naturerfahrungsspielen, Naturbeobachtungen, Experimenten und vielem mehr erfahren, wie Kinder und Jugendliche ohne erhobenen Zeigefinder an die »Wunderwelt Natur« herangeführt werden können.

An der Verwirklichung des Projektes »Modell-Lehrgarten« und damit auch an der Entstehung dieses Buches haben viele mitgeholfen. Unser Dank gilt der Deutschen Bundesstiftung Umwelt, der Volksbank Bietigheim und dem Verein der Freunde und Förderer der Akademie für Natur- und Umweltschutz Baden-Württemberg, die dieses einmalige Modell finanziell erst möglich machten – aber auch der Stadt Bietigheim-Bissingen, welche die Umweltakademie bei der Pflege des Lehrgartens immer unterstützt. Bedanken wollen wir uns aber auch bei den zahlreichen Referentinnen und Referenten, die die Seminare im Akademie-Lehrgarten mit ihrem Wissen und ihrem vielfältigen Erfahrungsschatz ebenso bereichern wie die spannenden Diskussionen mit den Teilnehmerinnen und Teilnehmern. Nicht zuletzt gilt unser Dank dem Verlag Eugen Ulmer für die gründliche redaktionelle Bearbeitung des Manuskripts und die Herausgabe des Buches.

Claus-Peter Hutter
Leiter der Akademie
für Natur- und Umweltschutz
Baden-Württemberg

Kinder brauchen Natur!

Wir brauchen beide – Kinder und Natur

»Der gebildete Mensch macht sich die Natur zu seinem Freunde.«
(Friedrich Schiller)

Lassen Sie uns einen Rückblick machen: Erinnern Sie sich noch an die Spiele, die Sie in Ihrer Kindheit draußen gespielt haben?« Mit dieser Frage beginnen oft Seminare bei der Umweltakademie Baden-Württemberg. Erstaunlich ist dabei immer wieder, wie lebendig und fest verankert die Naturerfahrungen der Kindheit auch nach vielen Jahren noch für die Befragten sind. Da wurden Bäche in kleine Stauseen verwandelt, hohe Bäume als Aussichtstürme erklettert, versteckte Lager und Hütten im Wald gebaut, Tierspuren verfolgt, bunte Blumen gepflückt und vieles mehr.

»Gestatten Sie uns nun eine gemeinsame Vorschau: Was werden die heutigen Kinder wohl über ihre Naturerfahrungen später als Erwachsene berichten können?« Dieser Frage folgt meist ein etwas unbehagliches Schweigen, gefolgt von Seufzern, wie gut man es doch selbst noch hatte – als Kind in einer noch »heileren« und weniger komplizierten Welt. Werden die Erwachsenen von morgen noch begeistert von ihren Abenteuern in geheimnisvollen Hecken und Wäldern berichten, von den gemeinsamen Spielen auf blühenden Frühlingswiesen oder ihren ersten spannenden Begegnungen mit den eigentümlichsten Insekten? Oder werden ihre Antworten geprägt sein vom Mangel an Naturerlebnissen, weil dazu keine Zeit war und weil die Ersatzerlebniswelten »Fernsehen« oder »Computer« leichter zugänglich waren?

Kinder von heute brauchen Natur, um zu lernen, als Erwachsene von morgen verantwortungsvoll zu leben und zu handeln. Wir als Erwachsene von heute brauchen beide: die Natur als Grundlage jeglichen Lebens und die Kinder, um nicht zu verlernen, daß wir Verantwortung tragen für unsere Umwelt und unsere Zukunft. Gemeinsam mit Kindern und Jugendlichen Natur kennenzulernen, ist Ziel dieses Buches. Aufbauend auf den langjährigen Erfahrungen aus vielen Seminaren sowie des Modell-Lehrgartens in Bietigheim-Bissingen der Umweltakademie Baden-Württemberg und anderen Initiativen zur Umweltbildung gemeinsam mit ihrem Förderverein soll gezeigt werden, wie sich mit Kindern und Jugendlichen **Natur erleben, wahrnehmen und begreifen** läßt. Dabei wird auch deutlich, daß Naturkontakte überall und jederzeit möglich sind – sei es im Hausgarten, im Außengelände von Kindergärten oder Schulen, ja manchmal mitten in der Stadt: mit allen Sinnen findet man immer wieder aufs neue ins Wunderland Natur.

Schon der Blumenkasten auf dem Balkon oder der Wilde Wein im Hin-

Das Wiesenwunder entdecken – wo sonst können Kinder heute noch Natur so hautnah erleben wie auf einer artenreichen Wiese?

terhof bieten Ansätze, um ökologische Grundlagen deutlich zu machen. Von diesen – auch für Kinder – schon überschaubaren Beispielen ausgehend, ist es dann auch leichter, globale Zusammenhänge aufzuzeigen. Der Holunderbusch neben dem Kindergarten oder der Schulturnhalle ist dann nicht mehr nur eine Pflanze, sondern auch Lebensraum für eine Vielzahl von Tieren. Und auch der Strauch an sich ist Teil einer Lebensgemeinschaft und mit den Hecken draußen auf dem Feld oder sogar in weit entfernten anderen Kontinenten durch Zugvögel, wie z. B. die Mönchsgrasmücke, verbunden.

Im folgenden finden sich bei jedem beschriebenen Erlebnisraum – Wiese oder Weide, Hecke oder Weg – verschiedene Informationen zu den drei folgenden Rubriken:

Natur erleben

Um den spielerischen Einstieg in die faszinierende Welt der Natur zu erleichtern, finden sich unter »Natur erleben« verschiedene – praktisch erprobte – Anregungen und Spiele, wie Natur mit allen Sinnen entdeckt und Kindern vermittelt werden kann.

Die Natur bietet alles, was man zum Spielen braucht: Hier können wir verstecken, entdecken, rennen, lautlos schleichen, auf Bäume klettern und balancieren, mit Sand und Lehm

Auch schon für die kleineren Kinder sind Beobachtungen in der Natur – hier mit einem Spektiv – eine spannende Angelegenheit.

bauen und formen, mit Naturenergien experimentieren und vieles mehr. Bei Natur-Erlebnis-Spielen steht deshalb nicht die Wissensvermittlung im Vordergrund: vielmehr kommt es darauf an, die Zeit und den Raum zu nutzen, um persönliche Bezüge zur Natur zu ermöglichen.

Naturkenntnisse können beiläufig über Fragen, die bei solchen Natur-Erlebnis-Spielen entstehen und beantwortet werden, vermittelt werden.

Bäumen, zum Boden, zur Luft, zu den Tieren und zu anderen Pflanzen und Lebensräumen soll erkundet und aktiv wahrgenommen werden.

Ziel der Naturwahrnehmung ist es, das Natur-Objekt in seiner Gesamtheit und in seiner Beziehung zur umgebenden Natur zu erfassen. Dies kann mit Spielen, Geschichten oder Reimen geschehen, durch Exkursionen sowie kurz- und langfristige Beobachtungen und interessante Experimente.

Natur be-greifen

Die Arbeit mit Naturmaterialien erlaubt es, der eigenen Phantasie wieder freien Lauf zu lassen und sie fördert die Kreativität der Kinder. Im aktiven Be-greifen und Be-arbeiten von Naturmaterialien wie Steinen, Ästen oder Wurzeln mit den Ur-Werkzeugen Messer, Säge und Bohrer werden auf der Ebene des Spiels beim Kind Kräfte betätigt, die als Lebens- und Naturerfahrungen die seelische Entwicklung positiv fördern.
Hand-Werken ist die Hand zu entfalten. (Rudolf Hettich)

Somit gehört kreatives Gestalten ebenso wie Bewegung, Spiel und andere Ausdrucksformen zu den Grundbedürfnissen von Kinder. Mit ihren Werken können sie sich mitteilen und ihre Gefühle offenbaren. Gleichzeitig ist es für sie aber auch ein Weg, um Erlebtes zu verarbeiten, neue Ideen zu entwickeln und ihre eigene Persönlichkeit in Zusammenhang mit ihrer Umwelt zu bringen. Kreativität wirkt sich somit positiv auf das Selbstbewußtsein und das Selbstvertrauen der Kinder und Jugendlichen aus.

Natur zu be-greifen macht Freude und stärkt das Selbstvertrauen der Kinder.

Natur wahrnehmen

Sollen Tiere und Pflanzen wahrgenommen werden, brauchen die Kinder und Jugendlichen vielseitige Sinneseindrücke. So sollen sie beispielsweise Bäume nicht nur an ihrer Gestalt oder an ihren Blattmerkmalen erkennen lernen, sondern sie werden eingeladen, den Duft der Rinde einzuatmen und dem Rauschen der Blätter im Wind zu lauschen. Aber auch die Beziehung des Baumes zu anderen

Wozu brauchen Kinder Naturkontakte?

Trotz steigendem Umweltbewußtsein nimmt die Naturkenntnis stetig ab. Und so kennen heute noch die meisten Kinder weit mehr Automarken als Pflanzennamen.

(Claus-Peter Hutter)

Früher war es für Kinder einfacher, mit der Natur in Kontakt zu kommen. Aufgewachsen auf dem Land oder in einem kleinen Dorf, kannten sie oft nichts anderes als ihre natürliche Umgebung. Zum Spielen blieb den Kindern wenig Zeit, denn meist mußten sie den Eltern bei ihrer Arbeit im Stall oder auf dem Feld mithelfen. Die Natur war somit Teil des Lebens, sie schuf die Lebensgrundlagen und sicherte das Überleben. Doch die Zeiten änderten sich: Heute arbeiten nur noch rund 3 % der Bevölkerung in Deutschland in der Land- oder Forstwirtschaft. Und somit hat sich das Umfeld geändert, in dem unsere Kinder heute aufwachsen. Naturkenntnisse erlernen die Kinder nicht mehr nebenher wie früher, als man der Mutter beim Einkochen half oder dem Vater beim Sensen zuschaute. Naturkontakte müssen heute mehr und mehr bewußt geschaffen werden.

Ich schütze nur, was ich kenne

Sobald Kinder einmal selbst miterlebt haben, wie sich aus einer Raupe ein hübscher Schmetterling entwickelt, wie eine Schnecke mit ihrer Reibezunge ein Salatblatt abraspelt oder wie sich aus einer Knospe langsam eine Blüte entwickelt, setzen sie sich aktiv mit diesen kleinen Wundern auseinander. Und schon bald werden sie diese faszinierenden Dinge immer häufiger in ihrer Umwelt wiederfinden. Im Garten, am Bach, unter Steinen – überall werden sie plötzlich die verschiedensten Schnecken finden, die nicht nur alle unterschiedlich aussehen, sondern verblüffenderweise auch an völlig verschiedenen Orten zuhause sind.

Je ausgedehnter sich die Naturkontakte entwickeln, desto dringender wird für die Kinder aber auch der Wunsch, diese gesammelten Eindrücke zu ordnen und Zusammenhänge, Gemeinsamkeiten und Unterschiede zu entdecken. So wird es ihnen mit der Zeit bewußt werden, daß alle Pflanzen zuerst Knospen und dann Blüten entwickeln. Aber auch Unterschiede werden sich zeigen, so zum Beispiel, daß nicht aus jeder Raupe ein wunderschöner Schmetterling schlüpft.

Bei den Beobachtungen allein wird es also nicht bleiben. Kinder wollen ihre Umwelt verstehen und ihre eigene persönliche Beziehung zu ihr finden. Ausgedehnte und persönliche Erlebnisse in der Natur führen deshalb zu einer intensiven geistigen Auseinandersetzung und bedeuten für Kinder aktives und dynamisches Lernen.

Es liegt in unserer Hand, Natur zu bewahren.

Nur wenn Kinder ihre natürliche und auch ihre soziale Umgebung aktiv erleben, wahrnehmen und begreifen können, werden sie Zusammenhänge und Beziehungen in der Natur und zwischen Mensch und Natur erkennen und verstehen lernen. Dies ist die Voraussetzung für einen schonenden und verantwortungsvollen Umgang mit ihrer gesamten »Lebens-und Erlebnis-Welt«.

Naturkontakte sind die Voraussetzung für eine gesunde seelische Entwicklung

Eine natürliche Umwelt fördert die gesunde Entwicklung der Kinder durch mehrere Eigenschaften. Betrachtet man beispielsweise einmal eine Hecke im Vorgarten, so verändert sie im Jahresverlauf ständig ihr Aussehen. Im Frühjahr besticht sie durch ihre Blü-

tenpracht, im Sommer durch ihr grünes, schattenspendendes Laub. Ihr buntes Laub setzt im Herbst fröhliche Farbtupfer im Garten und im Winter geben die verschiedenen Silhouetten der Sträucher und Gehölze dem Garten eine unverwechselbare Struktur. Neben diesem Wechsel an Farben und Formen im Jahresverlauf gehören Hecken aber auch zu den wichtigsten »Lebensräumen« für Kinder. Sie geben Geborgenheit, bieten ideale Verstecke und ermöglichen ein von den Erwachsenen unbeobachtetes Spiel. Hecken bieten so – beispielgebend für die gesamte Natur – zweierlei: ständige Veränderung, aber auch die Erfahrung von Geborgenheit.

Die natürliche Umwelt beeinflußt also ganz entscheidend die psychische Entwicklung von Kindern: Zum einen schafft sie vielfältige Reize, die die Entwicklung der Kinder enorm fördern können. Zum anderen gibt eine natürliche Umgebung den Kindern das Gefühl von Sicherheit und Geborgenheit, denn in der Sicherheit, daß da ein Platz ist, zu dem sie immer wieder zurückkehren können, und an dem sie sich geborgen fühlen, werden sie es auch wagen, ihrer Neugierde zu folgen und neue Erlebnisse zu suchen. Diese enge, sicherheitsspendende Funktion der Natur zeigt sich auch in der oft lebenslangen »Seelen-Verwandtschaft« von Menschen und Bäumen. Der »Baumfreund« aus der Kinderzeit ist und wird immer mehr als eine Pflanze sein – ein zuverlässiger, verschwiegender Freund, ein beseeltes Wesen, das Geborgenheit und Schutz, Spielraum und mehr zu geben bereit ist.

Von der Sinnlosigkeit und Sinnlichkeit des Spiels

*»Der Mensch spielt nur,
wo er in voller Bedeutung des Wortes
Mensch sein kann,
und er ist nur da Mensch,
wo er spielt.«*
(Friedrich Schiller)

Kinder erleben ihre Umwelt im Spiel und mit all ihren Sinnen. Interessante Objekte werden angefaßt, befühlt, ertastet, berochen, geschmeckt, erlauscht. Spielerisch er-*fassen* und be-*greifen* sie die Welt, die sie umgibt. Spielen bedeutet für sie aber noch mehr: So »sinnlos« es uns Erwachsenen scheinen mag, für Kinder ist Spielen Lebenszweck. Sie entdecken Grenzen, setzen sich mit Gefahren auseinander, erproben ihre Kräfte und Fähigkeiten und üben Geschicklichkeiten. Im Spiel ahmen Kinder die Welt der Erwachsenen nach und verarbeiten darin ihre Erlebnisse und Wahrnehmungen. Dadurch gelingt es ihnen, Lösungen für Konflikte zu finden und ihre persönliche Beziehung zu ihrem sozialen Umfeld zu festigen. Sie üben im Spiel, sich mit dem sozialen Leben auseinanderzusetzen, Kontakte

Auch in einem städtischen Umfeld können Kinder »wilde Plätze« zum Spielen finden.

aufzubauen und notwendige Grenzen zu ziehen. Das heißt, Kinder spielen, um leben zu lernen und ihr eigenes Selbst im Leben zu finden. Auch Jugendliche spielen, wenn auch anders. Mit dem Beginn der Pubertät sind die 13- bis 18-jährigen Jugendlichen auf der Suche nach einer neuen Identität. In dieser Zeit streifen sie bisherige Gewohnheiten und Verhaltensmuster ab und entwickeln eine neue Persönlichkeit. Sie suchen einen Platz unter den Erwachsenen, deren Verhaltensweisen sie noch nicht richtig einzuschätzen wissen, und die die unterschiedlichsten Erwartungen und Forderungen an sie stellen. Solange sie ihre eigene Identität noch nicht gefunden haben, befinden sich Jugendliche in einer Krise. Je länger Krisen andauern, je weiter man sich von der Lösung des Konflikts entfernt sieht, desto aggressiver und (selbst-) zerstörerischer wird das Handeln.

Jugendliche brauchen deshalb ein Umfeld, in dem sie eine Nische für sich finden können. Einen Raum, der Erlebnis bietet, der es ermöglicht, sich von den scheinbar übersteigerten Forderungen und Erwartungen Erwachsener zurückzuziehen, einen Raum zum Wohlfühlen, Geborgensein, einen Raum, in dem sie sich selbst verwirklichen können und so ihre Identität finden. Auch Jugendliche brauchen Spielräume, in denen sie unbeobachtet das »ernste« Leben der Erwachsenen spielen und üben können.

Wo können Kinder und Jugendliche heute noch spielen?

»Kinder sind sehr anspruchslos, sie brauchen lediglich eine natürliche Umgebung, um zu spielen und damit gleichzeitig auch zu lernen.

Kinder sind aber auch sehr anspruchsvoll, denn sie nehmen uns Erwachsene in die Verantwortung, eine natürliche Umgebung für sie zu bewahren.«
(Alex Oberholzer)

Kindsein bedeutet Bewegung und aktives Handeln! Kinder möchten mitgestalten, sie lernen ihre Umwelt durch aktives »Tun« zu begreifen. Jede Bewegung ermöglicht dabei einen neuen Eindruck, mit welchem auch eine Sinneswahrnehmung verbunden ist. Dadurch können Zusammenhänge und Beschaffenheiten von unterschiedlichen Objekten erfaßt und Erfahrungen gesammelt werden. In einer natürlichen Umgebung erfahren Kinder, daß ihre Umwelt und somit auch das gesamte Leben dynamisch ist, sich ständig verändert. Verändert sich aber die Natur, verändern sich auch die Erlebnisse und die Spiele in ihr. An einem Regentag ergeben sich andere Spiele als bei Sonnenschein, im Frühjahrswald entdeckt man andere Geheimnisse als im Winterwald. Dieser reiche Erfahrungsschatz ist die Quelle kreativer Prozesse, die es den Kindern ermöglichen, nicht in ihrer Entwicklung stehenzubleiben, sondern ihre eigene dynamische Beziehung zu ihrer Umwelt aufzubauen.

Spielen macht deshalb erst in einer möglichst reizvollen Umgebung so richtig Spaß – in einer Umgebung, die reich strukturiert ist und damit Abwechslung bietet, die Verstecke und Rückzugsräume zuläßt, in der man verträumte lauschige Plätze findet und in der Neugierde und Wissensdurst der Kinder und Jugendlichen be-

---

Vorsicht Natur!
Kinder und Jugendliche zerstören unsere Natur sicherlich nicht, indem sie in oder mit ihr spielen. Im Gegensatz zu den sonstigen, durch uns Erwachsene bewirkte Natur- und Umweltzerstörungen ist es eher harmlos, wenn Kinder und Jugendliche auch einmal eine Pflanze zuviel abpflücken. Trotzdem gilt auch hier: Seien wir Vorbild! Solange wir mit gutem Beispiel vorangehen und vorsichtig und verantwortungsvoll mit Pflanzen und Tieren umgehen, werden es die Kinder und Jugendlichen auch tun. Bitte denken Sie also daran, bei den Natur-Erlebnis-Touren Wege in Naturschutzgebieten und anderen geschützten Gebieten nicht zu verlassen, keine geschützten Pflanzen zu pflücken, keine Tiere mutwillig zu stören und eingefangene Tiere nach dem Betrachten wieder frei zu lassen oder in ihren Lebensraum zurückzubringen. Gepflückte Pflanzen oder Pflanzenteile sollten nicht achtlos nach dem Spielen weggeworfen werden, wir können sie sinnvoller für eine gemeinsame Collage oder für ein Wald-Wiesen-Mobile verwenden.

---

friedigt werden können. Welcher Ort eignet sich hier besser als die natürliche Umwelt mit ihren Hecken und Gebüschen, dem Walddickicht, den Wiesen und Feldern, den Bächen und Flüssen? Nirgendwo sonst werden dem Menschen so vielfältige und unterschiedliche Reize geboten, nirgendwo sonst läßt sich die Beobachtungs- und Wahrnehmungsgabe so gut schulen und nirgendwo sonst macht Spielen und damit auch Lernen so viel Spaß!

Mehr Naturnähe läßt sich aber auch in nahezu allen Freiräumen mit wenig Aufwand schaffen: Bereiche zum Spielen und Toben oder die Rückzugs- und Erzählecke mit Bäumen und Sträuchern und naturnaher Weggestaltung können zu regelrechten »Experimentier- und Erfahrungswelten« gestaltet werden. Je vielfältiger und interessanter die Außenanlagen mit Naturmaterialien ausgestattet sind, desto größer ist der Lern-, Entdeckungs-, und Experimentierbereich für Kinder, Jugendliche und auch Erwachsene.

Natürlich gibt es keine Patentrezepte für die Gestaltung von Außenanlagen. Doch schauen wir uns einmal in der freien Natur um: Überall finden wir einzigartige Biotope, die die Natur geschaffen hat und die uns als Vorbilder dienen können. Wer Landschaftselemente naturgetreu und sinnvoll in seinem Garten nachgestalten will, sollte die Natur als die beste »Gartenarchitektin« zu Rate zu ziehen.

Das Akademie-Natur-Info-Center »Lehrgarten«

Der Lehrgarten der Akademie für Natur- und Umweltschutz Baden-Württemberg ist ein Modellprojekt, das mit Unterstützung der Deutschen Bundesstiftung Umwelt eingerichtet wurde.

Eintauchen in die Natur

Die Muschelkalkfelsen sind zu Stein gewordenes Zeugnis der Landschaftsgeschichte. Jahrtausendelang hat sich der Fluß hier eingegraben, bis das Enztal bei Bietigheim-Bissingen im Landkreis Ludwigsburg in seiner heutigen Form entstanden war.

Ein naturnaher Gehölzsaum begleitet den Fluß, feuchte Auewiesen mit Sumpfdotterblumen und Kuckucks-Lichtnelken schließen sich an, etwas weiter entfernt tönt der Ruf des Kuckucks aus einem Wäldchen – so erleben Besucher den Akademie-Lehrgarten im zeitigen Frühjahr.

Im Herbst erinnert die Gegend fast ein bißchen an die Welt der Feen und des Erlkönigs: Die verschwommenen Konturen der Kopfweiden tauchen geisterhaft aus dem Nebel auf. Jede Jahreszeit hat hier ihren besonderen Reiz!

Eintauchen in die Natur im Enztal, das heißt auch Eintauchen in Kindheitserinnerungen: Riechen, fühlen, schmecken oder aber wieder erfahren, was Großmutter noch wußte? Wer kennt noch die alten Hauskräuter, wer weiß noch, was man daraus machen kann?

Dieses Naturerlebnis pur soll auch denjenigen vermittelt werden, die sich beruflich oder in ehrenamtlichem Engagement mit Themen der Umwelterziehung näher befassen. Für Multiplikatoren der schulischen und außerschulischen Jugendumweltbildung wurde der »Lehrgarten« eingerichtet – aber auch Multiplikatoren aus dem Bereich der Erwachsenenbildung sind willkommen. Denn während früher der Großteil unserer Kinder in der Landwirtschaft oder in verwandten Berufen groß wurde und somit einen Bezug zur Landschaft hatten, sind es heute gerade mal 3 % unserer Bevölkerung, die diese Berufsgruppen repräsentieren.

Es ist höchste Zeit, daß wir alle wieder einen engeren Bezug zu Natur und Landschaft erhalten und unser Wissen über Naturschutzzusammenhänge erweitern.

Ausgehend von der Tatsache, daß Wissen allein nicht ausreicht und noch weitere innere Veränderungen stattfinden müssen, hat sich die Akademie für Natur- und Umweltschutz Baden-Württemberg eine ganzheitliche Vermittlung von ökologischen Erfordernissen, ein Lernen mit Herz, Kopf und Hand, bei dem alle Sinne angesprochen werden, als Ziel gesetzt. Sie beabsichtigt, innere Prozesse durch eine konzeptionelle Bildungsarbeit zu fördern. Neben dem rein kognitiven Wissen soll auch eine emotionale Sensibilisierung und damit sowohl eine ökologische Handlungskompetenz als auch die Sozialkompetenz gefördert werden.

So steht quasi als Einstieg meist das eigene Naturerfahren – eine erste positive Begegnung mit der Natur – auf dem Programm. Eintauchen oder oft Abtauchen in »Mutter Natur« schärft die Sinne. Dabei erfolgt oft schon ein erstes Kennenlernen bestimmter Arten, nach dem Motto: »Nur was man kennt, kann man auch schützen.«

So erhalten die Besucherinnen und Besucher des Akademie-Natur-Info-Centers »Lehrgarten« auch das ökologische Rüstzeug für ihre Arbeit mit Kindern und Jugendlichen. Gemäß dem pädagogischen Prinzip »vom Nahen zum Fernen« lassen sich diese Bezüge darstellen, und verknüpft mit weiteren Elementen, zu einem Landschaftsmosaik zusammenfügen. Unter diesem Blickwinkel läßt sich modellhaft ein regelrechtes Beziehungsgefüge zwischen Garten und umgebender Landschaft herstellen.

Zur Umsetzung und Förderung dieser Ziele richtete die Akademie für Natur- und Umweltschutz Baden-Württemberg Ende 1992 den Akademie-Lehrgarten auf dem ehemaligen Landesgartenschaugelände in Bietigheim-Bissingen ein. Mit Unterstützung der Stadt Bietigheim-Bissingen, des Vereins der Freunde und Förderer der Akademie für Natur- und Umweltschutz Baden-Württemberg (VFFA), der Bundesstiftung Umwelt und der Volksbank Bietigheim-Bissingen soll der Akademie-Lehrgarten einmal der Fortbildung von Lehrerinnen und Lehrern, Erzieherinnen und Erziehern als anschauliches und erlebbares Vorbild für Schulgärten und als ein naturnahes Schulumfeld dienen.

Der Lehrgarten soll aber auch Spaziergänger im Enztal dazu inspirieren, dort erlebte naturnahe Gartenelemente im eigenen, privaten Umfeld umzusetzen.

Der Akademie-Lehrgarten ist ein Zentrum der Umwelterziehung im Mittleren Neckarraum. Dank seiner guten Verkehrsverbindung ist er innerhalb von 5 Gehminuten von der S-Bahn-Station Bietigheim-Bissingen aus zu erreichen.

1 Akademie-Natur-Info-Center mit begrüntem Satteldach; 2 grüne Laube, mit Kletterpflanzen und Hainbuchen bewachsen; 3 wasserdurchlässiger Bodenbelag mit Pflastersteinen und trittunempfindlichen Gräsern; 4 Sukzessionsfläche, entspricht einer eher nährstoffreichen Wiese; 5 wasserdurchlässiger Weg aus Rindenmulch; 6 Kompost und Reisighaufen am Rande des Heckenstreifens unterhalb der Felswand; 7 Heckenstreifen aus standort- und landschaftsgerechten Sträuchern und Einzelgehölzen; 8 Wildbienenstand aus Holzbalken; 9 Steinriegel aus Lesesteinen, bleibt einer natürlichen Sukzession überlassen; 10 natürliche Muschelkalk-Felswand, extremer Standort für Felsband-Pflanzengesellschaften; ehemalige Stolleneingänge sind verschlossen und mit Einfluglöchern für Fledermäuse und Öffnungen für Reptilien und Amphibien versehen; Felswand bietet außerdem Nistplätze für Felsbrüter; 11 Muster-Weinberg mit Trockenmauer und Natursteinstaffel, Beispiel für einen kleinen Weinberg, der in alter Bietigheimer Weinbautradition bewirtschaftet wird; 12 landschaftstypischer Staketenzaun aus Holz; 13 Grünfläche mit Obstbäumen und Beginn des geologischen Lehrpfades der Stadt Bietigheim-Bissingen; 14 Miniaturausgabe einer Feldgehölzinsel mit Sitzgelegenheit aus Weidenschnittgut; 15 ein- bis zweischürige Mähwiese; 16 Bauerngarten mit Gewürzkräutern, Heilpflanzen, traditionellen Zierstauden und verschiedenen Gemüsearten sowie einer kleinen Hütte, aus Naturmaterialien gebaut; 17 Sukzessionsfläche auf nährstoffarmem Boden, entspricht einer kräuterreichen Wiese; 18 wasserdurchlässiger Kiesweg; 19 Totholzstamm mit temporär wassergefüllter Aushöhlung; 20 standort- und landschaftsgerechte Solitärgehölze; 21 öffentlicher Fußweg vom Bahnhof Bietigheim-Bissingen (S-Bahn Haltestelle und Fernverbindungen) zu naturnah angelegten öffentlichen Grünflächen und zur Stadtmitte von Bietigheim-Bissingen; der Fußweg führt unter einem Viadukt hindurch, das von Turmfalken besiedelt wird; 22 uferbegleitende Gehölze: Restbestände mit Auegehölzen, z. T. durch Nachpflanzungen ergänzt; einzelne Kopfweiden mit natürlichen Nisthöhlen für Vögel und Insekten; 23 Fließgewässer mit naturnahem Ufer und vielfältigem Staudenbewuchs entlang der Böschungen; nicht abgebildet, aber in 5 Gehminuten zu erreichen: naturnaher Weiher mit altem Kopfweidenbestand, Hangwald und Wiesen als extensiv genutztes Grünland.

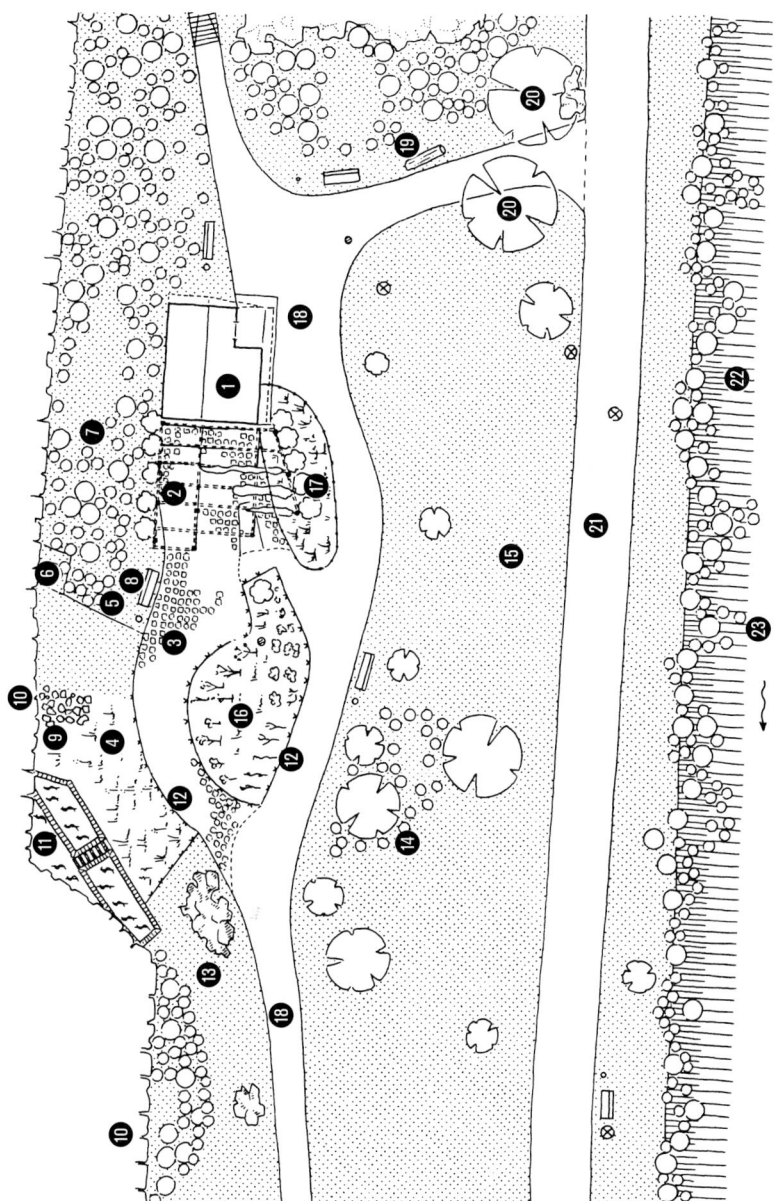

Biotopvernetzung auf engstem Raum

Im Bereich des Akademie-Lehrgartens im Enztal und vor den Toren der Stadt Bietigheim-Bissingen trifft man auf engstem Raum auf die verschiedensten Biotopstrukturen mit hoher ökologischer, aber auch landschaftskultureller Wertigkeit:

Ausgehend von einem kleinen Bauerngarten und einer Blockhütte erschließt sich den Besuchern beispielhaft die Kulturlandschaft. Dabei gibt es Beispiele für naturnahe Wege im Garten ebenso wie Kräuterbeete, Fassaden- und Dachbegrünungen. Steinriegel und Trockenmauern – es wurde sogar ein kleiner Modellweinberg aufgebaut – sind Elemente, die im unmittelbaren Umfeld eines Gebäudes Platz finden können. Nisthilfen für Wildbienen und Unterschlupfmöglichkeiten für Fledermäuse in einem alten Stollen ergänzen die Biotopauswahl direkt am Haus.

Auch die Umgebung hat einiges zu bieten: Die Enzaue mit ihren naturnahen bewirtschafteten Talwiesen, heimischen Gehölzen, Hecken und Solitärbäumen, den felsigen Muschelkalk-Talflanken, einem kleinen Weiher mit alten Kopfweiden sowie dem sich anschließenden Hangwald bieten auf engstem Raum Biotopvernetzung par excellence. Hinzu kommen kulturhistorische Elemente wie z. B. der alte Enztalviadukt, wo in schwindelnder Höhe Turmfalken und Mauersegler zu beobachten sind.

Somit zeigt das Modell »Lehrgarten« ganz konkret und exemplarisch Möglichkeiten auf, wie etwa der Holunderbusch am Haus mit der Hecke in der freien Landschaft verknüpft ist.

Im umgekehrten Fall wird dargestellt, wie man durch die Anlage von Biotopen wieder mehr Natur an die Schule, an den Kindergarten oder ans Haus heranholen kann.

Alle Beispiele im »Lehrgarten« sind so gestaltet, daß sie direkt ins heimische Umfeld übertragbar sind.

Landschaftselemente wie Steinriegel und Felswand, aber auch anthropogen geschaffene Elemente wie ehemalige Stollenelemente oder aber Nistmöglichkeiten für Turmfalken am Enzviadukt geben Impulse, auch in der heimischen Umgebung nach solchen Elementen zu suchen, um Kindern und Jugendlichen Bezüge zu Ökologie und Landschaft zu zeigen.

Die Elemente des Lehrgartens
- Dachbegrünung
- Fassadenbegrünung
- verschiedene Wegtypen: Rindenmulchweg, Schotterweg etc.
- Bauerngarten
- Trockenmauer
- Modellweinberg
- Steinriegel
- Muschelkalk
- Felswald
- Nisthilfen für Insekten, Vögel, Kleinsäuger
- naturnahe Wiesen
- Hecken
- Weiher
- Kopfweiden
- naturnahe Ufervegetation
- Fließgewässer
- Solitärbäume
- Obstbäume
- Wald
- kulturhistorische Elemente

Im Akademie-Lehrgarten können auch Spaziergänger naturnahe Gartenelemente hautnah kennenlernen.

Lernort für Multiplikatoren

Auf der Basis dieser reichhaltigen naturräumlichen Ausstattung veranstalten die Akademie für Natur- und Umweltschutz Baden-Württemberg und ihre Partner Seminare für Multiplikatoren im schulischen und außerschulischen Bereich. Um die einzelnen Biotopelemente, aber auch Landschaftszusammenhänge erfahren zu können, haben sich im Akademie-Lehrgarten folgende Stationen der Wissensvermittlung und Naturerfahrung bewährt:

1. Ökologie der einzelnen Landschaftselemente

Hier wird den Multiplikatoren der Umwelterziehung die Biotopvielfalt sowie deren Tier- und Pflanzenwelt vorgestellt; denn das Kennenlernen der einzelnen Biotope sowie deren Tier- und Pflanzenwelt ist eine der wichtigsten Voraussetzungen für mehr Naturverständnis. Nur wer die Natur kennt, kann die Umwelt schützen. Dazu gehört auch das Aufzeigen von ökologischen Zusammenhängen.

2. Naturbetrachtung als Schlüssel zu Umweltsensibilität

Was huscht so schnell über die Mauer und verschwindet zwischen den Mauerritzen? Oder : Warum besucht das Tagpfauenauge die Brennesseln der Wildkrauthecke? Alles Fragen, die dann als Ergebnis von Naturbeobachtungen rund um die Schule beantwortet werden können.

Der farbenfrohe Bauerngarten mit seinen typischen Pflanzen und der kleinen selbstgebauten Hütte aus Naturmaterialien ist das Herzstück des Lehrgartens.

3. Anlage von Biotopelementen

Die Frage, wie man zusammen mit Kindern und Jugendlichen wieder mehr Natur an Schule, Kindergarten oder ans eigene Heim bringen kann, wird hier sowohl theoretisch als auch praktisch beantwortet. Je nach Thema werden etwa Kräuterspiralen angelegt, Insektennisthilfen gebaut, Trockenmauern errichtet oder Weidensofas für Kinder geflochten.

4. Naturerlebnisspiele

Spielerisch und ohne erhobenen Zeigefinger den Umgang mit unserer Natur zu erlernen, ist das Ziel im Akademie-Lehrgarten. So wurden in der Umwelterziehung – abgestimmt auf bestimmte Natursituationen und die entsprechenden Naturmaterialien –

ganz spezielle Umweltspiele entwickelt, die zu diesem Ziel hinführen. Im Akademie-Lehrgarten können Lehrer und Lehrerinnen, Kindergärtnerinnen und Erzieher diese Umweltspiele in den einzelnen Lebensräumen unter fachlicher Anleitung selbst nachvollziehen und bekommen pädagogische Tips für die Durchführung der Spiele mit Kindern und Jugendlichen.

Bei den Umwelterziehungsseminaren im Akademie-Lehrgarten werden also durch theoretische Hintergrundinformationen, praktische Übung, Erprobung der Umweltspiele und kleine Exkursionen in die Umgebung neue Wege des Heranführens von Kindern und Jugendlichen an die Natur aufgezeigt, diskutiert und fortentwickelt.

An einem Seminar der Umweltakademie teilzunehmen bedeutet auch, den praktischen Umgang mit Naturmaterialien zu üben.

Das Akademie-Natur-Info-Center »Lehrgarten« erfüllt somit eine bedeutende Funktion bei der Aus- und Fortbildung von Lehrerinnen und Lehrern sowie Erzieherinnen und Erziehern. Deshalb sind die Seminarthemen in Absprache mit dem Ministerium für Kultus, Jugend und Sport Baden-Württemberg auch auf die Lehrpläne abgestimmt. Seit dem Bestehen dieses Natur-Info-Centers konnten sich nahezu 1 000 Seminarteilnehmer hier informieren. Geht man von einer Klassenstärke von 25 Kindern aus, bedeutet dies, daß im Schneeballeffekt über diese Zielgruppe schon rund 25 000 Schülerinnen und Schüler über ihre Lehrerinnen und Lehrer mit den Themen Natur- und Lebensraumbewahrung und -verbesserung vertraut gemacht wurden.

Außerdem bilden die Schwerpunkt-Veranstaltungen im Zusammenwirken mit den Verantwortlichen im Bildungsbereich ein wichtiges Forum für einen Ideen- und Erfahrungsaustausch.

Informationen über das Akademie-Natur-Info-Center »Lehrgarten« erhalten Sie bei der:
Akademie für Natur- und Umweltschutz
beim Ministerium für Umwelt und Verkehr Baden-Württemberg
Postfach 10 34 39
70029 Stuttgart

und beim
Verein der Freunde und Förderer der Akademie für Natur- und Umweltschutz
Baden-Württemberg
Myliusstr. 7
71638 Ludwigsburg

Mit dem »Natur-Erlebnis-Rucksack« unterwegs

Das richtige Spiel, zur richtigen Zeit, am richtigen Ort. In den Seminaren im Akademie-Lehrgarten in Bietigheim-Bissingen werden die verschiedensten Lebensräume aktiv erkundet. Ob der Erlebnisraum »Tümpel«, »Wiese« oder »Trockenmauer« auf dem Programm steht – bei den Natur-Erlebnis-Touren in die Enzauen oder an den nahegelegenen Weiher müssen alle wichtigen Materialien zum Spielen und Beobachten immer dabei sein.

Für diesen Zweck und zum Nachmachen für alle, die selbst mit Kindern in der Natur unterwegs sein wollen, hat die Umweltakademie Baden-Württemberg einen Natur-Erlebnis-Rucksack entwickelt, in dem man nicht nur Kescher, Lupen, Augenbinden, Leintücher, Behältnisse zur Wasseruntersuchung etc., sondern auch Aktionskärtchen und die wichtigsten Bestimmungsbücher immer griffbereit hat. Informationen zu unserem »Natur-Erlebnis-Rucksack« erhalten Sie bei der Umweltakademie Baden-Württemberg (Adresse siehe oben). Die folgende Aufstellung soll Ihnen einen Überblick geben, welche Materialien für eine Naturerkundung sinnvoll sind.

Mit diesen Dingen können Sie auch selbst einen Natur-Erlebnis-Rucksack füllen – und dann kann es losgehen zu den ersten Naturerlebnissen!

Im Natur-Erlebnis-Rucksack der Umweltakademie finden sich alle nötigen Materialien für die Naturerfahrungsspiele.

Als Hilfsmittel für Beobachtungen dienen:
- **Klapplupen** (mindestens 10-fache Vergrößerung), wenn möglich auch
- **Becherlupen**. Becherlupen bestehen aus einem Becher und einem Deckel, in dem die Lupe integriert ist. Sie sind ideal für kleine Kinderhände, weil Insekten in ihnen einfacher – und, vor allem ohne daß ihnen etwas passiert – beobachtet werden können
- ein **Kescher** zum Fangen von Wasserinsekten
- verschiedene **Bestimmungsbücher**
- ein **großes, weißes Tuch**, auf dem gesammelte Schätze ausgelegt werden (am preisgünstigsten ist Nesselstoff);
- **weiße Behältnisse** für Wasseruntersuchungen, denn darin heben sich die kleinen Wassertiere besser ab als in bunten oder durchsichtigen Gefäßen;
- mehrere **Stofftaschen oder -beutel** zum Sammeln von Pflanzenteilen und anderen Dingen
- **feine Pinsel,** mit denen kleine Tiere vorsichtig von Steinen, Zweigen oder Blüten in die Becherlupen befördert werden;
- eventuell **Federpinzetten**, mit denen man die Tiere festhalten kann, ohne sie dabei zu verletzen;
- **Schnur** (Paketschnur oder dünnere Schnur zum Anbringen von Dingen)
- ein **Taschenmesser;**
- ein **Fernglas**
- **Papier** und **Stifte (Wachsmalkreiden, Holzstifte)**
- eventuell eine Schreibunterlage
- **Verbandsmaterial** für Verletzungen und
- ein kleiner **Kompaß**

Erlebnisraum Blumenwiese

Je ärmer an Nährstoffen, desto reicher die Flora

Pusteblume, Löwenzahn,
zünde Deine Lichter an.
Tausend Samen fliegen fort,
blühen bald an jedem Ort.
Nächstes Jahr fängt's wieder an –
Pusteblume – Löwenzahn.

Im Frühjahr verwandeln die saftig-gelben Blüten der Wiesen-Schlüsselblumen, des Löwenzahns und des Scharfen Hahnenfußes Wiesen in ein goldenes Blütenmeer. Nicht nur Kinder und Erwachsene erfreuen sich nach den langen Wintermonaten an dieser Blütenpracht. Auch die Insekten sind nun auf der Suche nach lebenswichtigem Nektar. Mit ihren langen Saugrüsseln holen die Hummeln den Nektar vom Grund der Blütenröhre der Schlüsselblume und bestäuben dabei gleichzeitig die Pflanze. Und auch der Hahnenfuß mit seinen strahlig angeordneten Blütenblättern wird gerne von nektarsuchenden Bienen und Fliegen besucht.

Im Frühsommer lösen die roten Lichtnelken, die rotvioletten Blütenköpfchen der Skabiosenflockenblume, der Rotklee, die blauen Glockenblumen und der blauviolette Wiesensalbei nach und nach die goldene Frühjahrspracht ab. Der Spätsommer gibt sich zurückhaltender. Zwischen den schillernden Blütenrispen der Gräser herrschen blassere Farben vor, so beispielsweise die weißgelben Korbblüten der Margerite oder das reine Weiß des Bärenklaus. Die Pflanzenpracht verabschiedet sich schließlich im Herbst mit den hellvioletten Blüten der Herbstzeitlosen. So ist es auch nicht verwunderlich, daß bei dieser Vielfalt an Pflanzen auch der Artenreichtum an Tieren auf einer Wiese besonders hoch ist. Über 1 500 Insekten- und Spinnenarten können auf einer Blumenwiese vorkommen!

Nun gibt es heute sicherlich noch zahlreiche Wiesenflächen – nicht alle zeigen aber diese Blütenpracht. Woran mag das liegen? Zum einen sicherlich an natürlichen Gegebenheiten wie Bodenbeschaffenheit, Bodenfeuchtigkeit und Kleinklima. Auf Böden mit guter Nährstoffversorgung und Bodenfeuchte gedeihen beispielsweise die sogenannten Frischwiesen. Sie erkennt man an den typischen Vertretern wie Wiesenschaumkraut, Wiesenkerbel, Schafgarbe, Margerite oder Glockenblume.

Magerrasen entstehen dagegen auf nährstoffarmen, flachgründigen und oft trockenen Hängen. Auf Magerrasen findet man eine besonders artenreiche Vegetation, zu der auch viele Gewürz- und Heilkräuter zählen. Neben Tauben-Skabiose, Zypressen-Wolfsmilch und vielen Ragwurz-Arten trifft man hier auch auf würzig duftenden Thymian, Odermennig oder Wilden Majoran.

Auch wir Menschen beeinflussen die Blütenpracht einer Wiese. Durch Überdüngung, den Einsatz von Pflanzenschutzmitteln und zu häufiges Mähen wurden viele Blumenwiesen in kurzgemähte Scherrasen verwandelt – und diese eignen sich wahrlich nur zum Fußballspielen und Herumtoben. Natur erlebt man mit Kindern und Jugendlichen aber nur auf blüten- und strukturreichen Frisch- oder Magerwiesen. Deshalb sollten auch auf Rasenflächen die wenig betretenen Randflächen wieder an die Blumen und Insekten zurückgegeben werden. Hübsch sind auch kleine »Blumeninseln«, die man beim Mähen des Rasens stehenläßt. Schon diese kleinen Inseln lockern das strenge Erscheinungsbild eines Rasens deutlich auf, und sie locken Insekten herbei.

Nimmt man sich vor, die gesamte Rasenfläche in eine naturnahe Wiese zurückzuverwandeln, muß man entweder ein Zauberer sein oder sehr viel Geduld besitzen. Es kann Jahre dauern, bis sich die ursprüngliche Artenvielfalt wieder einstellt. Zuerst einmal darf man den Rasen auf keinen Fall mehr düngen. Auch das Mähgut muß abgefahren werden, damit nicht bei der Zersetzung zusätzlich Nährstoffe in den Boden gelangen. Ob es sich bei dem Boden um einen eher »fetten« oder eher »mageren« Standort handelt, erkennt man an den sich entwikkelnden »Zeigerpflanzen«. So weisen Gemeine Quecke, Wilde Malve und Brennesseln auf eher stickstoffreiche Böden hin. Wiesen-Lein, Vergißmeinnicht und Echter Gamander sind dagegen Zeigerpflanzen für magere Böden. Auch wenn man dann Jahre wartet – es werden sich bei dieser Methode des Verwandelns immer nur die Pflanzen einstellen, die aufgrund der Standortbedingungen dort auch wachsen können.

Mit einem einfachen Zaubertrick läßt sich der Verwandlung in eine naturnahe Blumenwiese aber etwas nachhelfen. So können auf dem Wiesenstück kleine, quadratmetergroße »Blumeninseln« ausgesät werden. Dafür entfernt man zuerst die Rasensode, lockert den Grund und ebnet das Saatbett ein. Aussäen kann man entweder eine Wiesenblumen-Mischung aus dem Fachhandel oder Samen, die im Herbst zuvor in der Umgebung gesammelt wurden. Um Vogelfraß zu vermeiden, wird eine dünne Schicht Erde auf dem Saatgut verteilt, diese leicht angedrückt und bewässert.

> **Achtung:**
> Von geschützten Pflanzen dürfen keine Samen gesammelt werden!

Welche Wildpflanzen sich dann auf der Fläche entwickeln, hängt von den Ansprüchen der einzelnen Arten ab. Zusätzlich können auch einige Wildpflanzen in die entstehende Blumenwiese gepflanzt werden. Hier greift man natürlich auf Topf- oder Containerpflanzen aus Wildstaudengärtnereien zurück und entnimmt die Pflanzen nicht einfach der Natur. Von nun an wird die Wiese nur noch zweimal im Jahr, Ende Juni und Mitte Oktober, mit einer Sense gemäht. Das Schnittgut kann kompostiert oder als Mulchmaterial auf den Gemüsebeeten verwendet werden. Auch Jugendfarmen und Aktivspielplätze sind meist dankbare Abnehmer.

Wie die Wiese schließlich aussehen wird, ist nie vorauszusagen. Stellt sich das erträumte Ergebnis auch nach Jahren des Bemühens nicht ein, so sollte man das respektieren. Dann ist der Boden entweder natürlicherweise oder durch die jahrelange anderweitige Nutzung zu nährstoffreich. Das Beobachten der Flora und Fauna lohnt aber auf jeden Fall. Viele Pflanzen verschwinden, andere siedeln sich neu an. In einem Naturtagebuch lassen sich diese Veränderungen festhalten.

Natur erleben

Gordischer Wiesen-Knoten

 Altersgruppe: Kinder und Jugendliche
Gruppengröße: bis 30
Zeitdauer: 10 Minuten
Material: keines (evtl. Bestimmungsliteratur)

Jeder Mitspieler überlegt für sich, welche Pflanze oder welches Tier er gerne auf der Wiese sein möchte. Daraufhin stellen sich alle so eng wie möglich zusammen, strecken zuerst die rechte Hand nach oben hin zur Mitte, schließen die Augen und versuchen eine andere, beliebige Hand zu ergreifen. Danach wird die linke Hand hochgestreckt. Auch diese Hand versucht, eine andere Hand zu erfassen und festzuhalten. Nun öffnen alle wieder die Augen, machen sich kurz miteinander bekannt und erkunden ihre Nachbarn.

So fragt beispielsweise die Brennnessel: »*Wer lebt mit mir auf der Wiese?*« und zieht sowohl an der rechten als auch an der linken Hand. Die Antwort kann lauten: »*Ich der Maulwurf und ich das Braunkehlchen!*«. Nun fragen diese beiden weiter. Mit diesem Spiel kann verdeutlicht werden, auf welche Artenvielfalt man in der naturnahen Wiese trifft.

Um deutlich zu machen, daß Pflanzen und Tiere gegenseitig voneinander abhängig sind, versuchen wir nun den Knoten aufzulösen, indem wir über Arme steigen oder unter ihnen hindurchkriechen, ohne uns loszulassen. Auf diesem Wege machen wir uns mit den Wiesenbewohnern be-

Hier haben Schüler der Oberschule Marienhage im Rahmen des Naturschutzjugend-Projektes »Erlebter Frühling« auf witzige Art gezeigt, welche Insekten welche Blumentypen bevorzugen.

kannt. Am Ende sollen alle in einem Kreis stehen und sich an den Händen fassen.

Wiesenriese

 Altersgruppe: Vorschulkinder und Kinder
Gruppengröße: bis 30
Zeitdauer: 10 bis 30 Minuten
Material: keines

Wir, die Wiesenbewohner, erzählen uns eine Geschichte:

Was wäre, wenn ... z. B. die Menschen auf unsere Wiese kommen.

»*Am Abend, als der Mond schon am Himmel stand und viele kleine Sterne leuchteten, kroch Paule, der kleine Maulwurf, aus seinem Maul-*

wurfshügel. *Blind wie er war, watschelte er darauf los und stieß mit Herbert, seinem Nachbarn, zusammen. «Tschuldigung», murmelte Paule, «aber ich bin noch ganz benommen von dem Lärm und dem Fußgetrampel». «Macht nichts», brummelte Herbert, «mir gehts nicht anders. Ich bin gerade am zählen, wieviele Hügel mir diese Riesen eingetreten haben.» «Ach ihr mit eueren dämlichen Hügeln» jammerte Rossetta, die kleine Distel. «Ihr braucht ja nur mal kurz mit euerer Nase nach oben zu stupsen, und dann habt ihr wieder alles repariert! Schaut euch lieber einmal meine Blätter an, die sind total zertreten und alles tut mir weh . . .»*

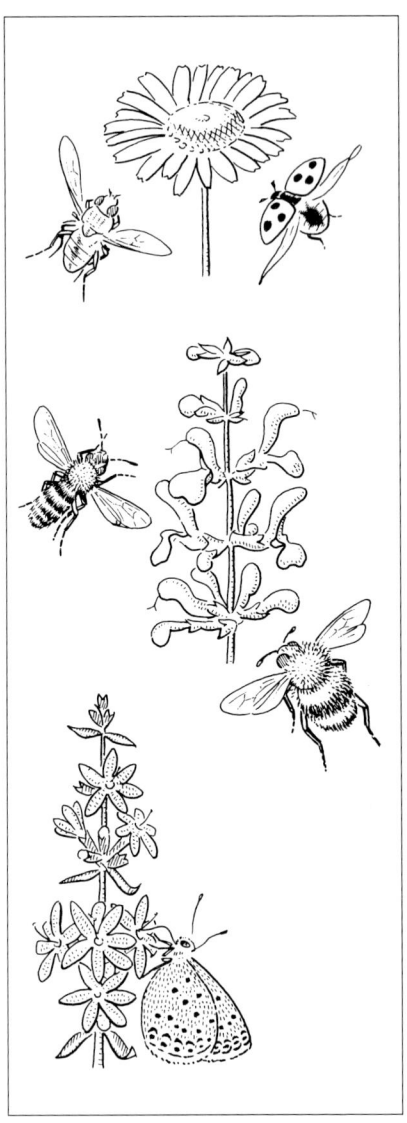

Wie können sich die Wiesenbewohner nur gegen die »Wiesenriesen« wehren? Die Geschichte wird nun von den Mitspielern weitererzählt. Mit kleineren Kindern können wir eine solche Geschichte auch spielen.

Strumpfwiese

 Altersgruppe: Vorschulkinder, Kinder und Jugendliche
Gruppengröße: bis 30
Zeitdauer: beliebig
Material: ein paar Baumwollstrümpfe für alle Teilnehmer; evtl. Lupen

Ohne Schuhe und nur mit Strümpfen über eine Wiese laufen – wer hat das schon einmal gemacht? Gerade in den Monaten Juni/Juli oder September/Oktober ist dies ein besonderes Erlebnis: Denn schauen wir uns nach ein paar Runden unsere Sohlen an, so können wir allerlei »Gäste« entdek-

Fliegen und Käfer werden vor allem von Scheibenblüten, Bienen und Hummeln von Lippenblüten und Schmetterlinge von Röhrenblüten angezogen.

ken, die sich von uns tragen lassen. Es lohnt sich, diese Samen einmal genauer mit der Lupe anzuschauen!

Anschließend schüttelt man die Samen vorsichtig über einer Schale mit Erde aus und drückt sie leicht fest, damit sie Bodenschluß bekommen. Nun muß nur noch angegossen und die Erde feucht gehalten werden. Schon nach kurzer Zeit wächst eine eigene »Strumpfwiese«!

Was für ein toller Blumen-Typ!

Altersgruppe: Kinder, Jugendliche
Gruppengröße: bis 30
Zeitdauer: 5 bis 15 Minuten
Material: Je zwei bis fünf Bilder von verschiedenen Blumentypen, z. B. Scheibenblumen, Glokkenblumen, Röhrenblumen, Schmetterlingsblumen oder Lippenblumen.

Dieses Spiel läßt sich auch gut zu Beginn einer Natur-Erlebnis-Tour als Gruppenbildungsspiel einsetzen.

Jeder Mitspieler zieht eine Blütenkarte mit einer Abbildung und dem Namen eines Blumentyps, z. B. Scheibenblume, Glockenblume etc. Haben alle eine Karte erhalten, wird zusammen ein Kreis gebildet. Nun werden die Teilnehmer aufgefordert, ihre Blütenform pantomimisch darzustellen. Die gleichen Blütenformen bilden nun je eine Gruppe und suchen gemeinsam in der näheren Umgebung nach Pflanzen des entsprechenden Blumentyps. Wieviele verschiedene Pflanzen eines bestimmten Blumentyps findet man?

Welche Insekten fliegen auf welchen Blumentyp?

Käfer sind relativ unbeholfene Blumentiere, die mit ihren Mundwerkzeugen leicht die Blütenorgane verletzen. Aus diesem Grund sind Käferblumen leicht zugängliche, robuste Scheibenblumen (z. B. Rosen oder Anemonen). Außerdem weisen die Blumen reichlich Pollennahrung auf und duften stark.

Fliegen suchen Scheibenblumen, die Nektar anbieten, oder Täusch- oder Fallenblumen, die mit Aasgeruch den Lebensraum der Besucher nachahmen (z. B. Aronstabgewächse).

Bienen und **Hummeln** besuchen Fahnen-, Rachen- und Lippenblumen, die häufig von gelber, violetter oder blauer Farbe sind und einen leichten Duft ausströmen (z. B. Salbei, Wicken, Veilchen, Orchideen).

Schmetterlingsblumen fallen durch eine aufrechte Stellung und einen engen Röhrenbau auf, in dem der Nektar tief verborgen ist. Meist sind die Blumen rot gefärbt (z. B. Nelken). Bei den Nachtfalterblumen hängen die Röhren nach unten. Sie entfalten sich auch erst am Abend (z. B. Leimkraut, Rote Lichtnelke).

Wiesenparfum

Altersgruppe: Vorschulkinder, Kinder, Jugendliche
Gruppengröße: beliebig
Zeitdauer: 20 Minuten
Material: pro Gruppe 20 leere Filmdöschen (diese erhält man

kostenlos im Photogeschäft), 20 weiße und 20 braune Bohnen oder anderer Samen, Watte, zwei verschiedene ätherische Öle, z. B. Salbei und Jasmin, je ein Bild von einer Blüte (nach Möglichkeit zum Duft passend), welches in so viele Puzzleteile zerschnitten wird, wie Duftdöschen des jeweiligen Duftes vorhanden sind

Nicht nur wir freuen uns nach den langen Wintermonaten an der Frühjahrs-Blumenpracht. Auch die Insekten sind nun auf der Suche nach lebenswichtigem Nektar. Und weil diese bei ihrem Blütenbesuch auch gleich zur Bestäubung der Blüten und damit zur Pflanzenvermehrung beitragen, haben sich die Blütenpflanzen so ein paar Tricks einfallen lassen – sie locken die Insekten mit den verschiedensten Düften an! Bienen bevorzugen dabei Blumen mit leichten Düften, die auch für unsere Nase fruchtig, blumig oder würzig duften. Die Fliegen steuern besonders gerne stark würzig duftende Doldenblüten an, orientieren sich aber auch am Aasgeruch. Schmetterlinge tummeln sich auf Blüten mit eher schweren und intensiver blumigen Düften. Und da auf einer naturnahen Wiese viele Blumen stehen, ist es manchmal gar nicht so einfach, den »Lieblingsduft« wiederzufinden.

Die Gruppe teilt sich zu gleichen Teilen in »Bienen« und »Schmetterlinge« auf. Jede Gruppe erhält nun eine vorbereitete Duftdose mit dem entsprechenden Bienen- oder Schmetterlingsduft. Für Bienen wird ein fruchtiger oder würziger Duft (z. B. Salbei) und für Schmetterlinge ein

blumiger Duft (z. B. Jasmin) verwendet. Anschließend erhält jeder Mitspieler drei bis fünf »Pollen« (z. B. Bohnensamen). Die Aufgabe der Schmetterlinge und Bienen ist nun, die zuvor im Gelände verteilten »Blumen« (Duftdöschen) mit dem gleichen Duft ihrer Art zu finden. Wenn der Duft übereinstimmt, wird ein »Pollen« abgegeben und etwas »Nektar« (ein Puzzleteil) mitgenommen. Wer keine Pollen mehr hat, fliegt zurück zum Ausgangspunkt. Hier werden nun die eingesammelten Puzzleteile zusammengesetzt. Schön ist es, wenn das so entstehende Bild die jeweilige »Duftpflanze« darstellt.

Vorbereitung: Pro Gruppe wird das Photo oder die Abbildung einer Blüte in kleine Puzzleteile geschnitten. In jedes Filmdöschen kommt ein mit dem jeweiligen Duft (Salbei oder Jasmin o. ä.) versehener Wattebausch. Dabei ist darauf zu achten, daß die Duftnoten nicht vermischt werden. Vor Spielbeginn werden die »Duftdöschen« auf einer frisch geschnittenen Wiese oder einem sonstigen markierten Spielfeld beliebig verteilt. Zu jedem Döschen legt man ein Puzzleteil, das zu dem Photo oder der Abbildung der entsprechenden Duftpflanze gehört.

Spielvariante: Bei großen Gruppen können die Blumen auch von einzelnen Teilnehmern gespielt werden.

Ein **Rollenspiel für Vorschulkinder** läßt sich anschließen:

Hierzu ahmen ein bis fünf Mitspieler verschiedene Blüten und ein Teilnehmer ein Insekt nach. Alle Blumen erhalten einen Trinkbecher mit Nektar (Apfelsaft), das Insekt erhält einen Trinkhalm. Das Insekt fliegt nun eine Blume nach der anderen an, um Nektar zu sammeln. Da es noch ein sehr junges Insekt ist, kann es die einzelnen Blüten noch nicht voneinander unterscheiden. So muß es jede Blume anfliegen und anfragen, ob es denn bei ihr Nektar sammeln darf. Je nach Blumentyp gewährt die Blume einen Schluck oder nicht. Wenn ja, darf das Insekt seinen Trinkhalm eintauchen. Es bedankt sich beim Abschied und schenkt der Blume einen kleinen Pollen in Form einer Rosine.

Blütenbesuche

 Altersgruppe: Vorschulkinder, Kinder
Gruppengröße: bis 30
Zeitdauer: beliebig
Material: keines (evtl. Bestimmungsliteratur)

Bienen werden von leichten Blumendüften angelockt, die auch für unsere Nase fruchtig, blumig oder würzig duften. Die Fliegen steuern besonders gerne würzig duftende Doldenblüten an, orientieren sich aber auch am Aasgeruch. Schmetterlinge tummeln sich auf Blüten mit eher intensiveren, blumigen Düften. Dieser Sachverhalt kann in Form eines Beobachtungs-Wettspieles von den Kindern selbst herausgefunden werden.
Ort des Spieles sind blumenreiche Wiesen, Straßen-, Weg- oder Waldränder.
Zwei Spielvarianten bieten sich an:
1.»Wetten, daß die Blume, auf der die Fliege jetzt sitzt, würzig duftet?« Zur Überprüfung kann an den Pflanzen gerochen werden. Bei dieser Spielform ist den Kindern der von den Insekten bevorzugte Blumenduft bekannt.

2.»Wetten, daß die Biene auf dieser oder jener Pflanze Nektar sammeln wird?« Als Voraussetzung müssen die Kinder an verschiedenen Blumen gerochen haben und die Lockdüfte, von denen Biene, Fliege und Schmetterling angezogen werden, kennen.

Natur wahrnehmen

Wer landet wo?

 Altersgruppe: Vorschulkinder und Kinder
Gruppengröße: bis 30
Zeitdauer: 1 Stunde
Material: zwei helle Leinenoder Baumwolltücher, Klapplupen, Becherlupen, Bestimmungsliteratur

Auf eine naturnahe Blumenwiese und einen kurzgeschorenen Rasen legen wir je ein weißes Baumwolltuch. Nach einer Weile beobachten wir, wieviele Tiere gehüpft, geflogen oder gekrochen kommen. Mit Lupe und Bestimmungsbüchern können die Gäste genauer betrachtet und bestimmt werden. So läßt sich die Artenvielfalt an Insekten auf den beiden Flächen miteinander vergleichen.

Blühkalender

 Altersgruppe: Kinder, Jugendliche
Gruppengröße: bis 30
Zeitdauer: beliebig
Material: großer Papierbogen oder Karton, gepreßte Pflanzen, Klebestift

Zu Beginn des Frühjahrs bietet es sich an, einen großformatigen Blühkalender zu gestalten: Jede neu entdeckte Blume wird aufgemalt und ihr Standort dazu vermerkt. Rechts davon tragen wir in einer Monatsübersicht die Tage ein, an denen die Pflanze blüht.

Jede weitere Pflanze findet unter der letzten Entdeckung Platz. Dadurch entsteht ein sehr übersichtliches Diagramm, das einen Überblick über die unterschiedlichen Blütenpflanzen auf der Wiese und deren Blühtermin und -zeitraum ermöglicht.

Wiesenapotheke

*Wiesenwundpflaster aus
Gänseblümchen*
Wie sehen die Blätter von Gänseblümchen aus? Es lohnt sich, diese einmal genauer anzuschauen. Denn die unscheinbaren Blättchen haben eine wundersame Heilkraft.
Gänseblümchenblätter helfen bei:
• kleinen Verletzungen
• Insektenstichen
• Kontakt mit Brennesseln
Sie wirken:
• abschwellend
• schmerzlindernd

Wundauflage aus Breitwegerich
Breitwegerichblätter helfen bei:
• größeren Schürfwunden
• Insektenstichen
• müden und wundgelaufenen Füßen
• Kontakt mit Brennesseln
Sie wirken:
• desinfizierend
• schädliche Keime abtötend
• entzündungshemmend
• die Wundheilung beschleunigend

Besonderer Tip: Wenn die Füße während einer Wanderungen heiß und müde sind, legen Sie einfach ein bis zwei große Breitwegerichblätter auf die nackten Fußsohlen (mit den Rippen nach unten) und ziehen die Schuhe wieder an. Sie werden staunen, wie erfrischt Sie weiterlaufen können.

Zur Verwendung von Gänseblümchen und Breitwegerich:
Die Blätter beider Pflanzenarten sollten frisch und gereinigt verwendet werden. Die Blätter zerdrückt man etwas, bis der heilende Pflanzensaft austritt. Danach legt man sie auf die Wunde. Zum Verbinden können Sie längere Spitzwegerichblätter oder ein reißfestes Taschentuch verwenden.

Breitwegerich-Blätter, auf die Fußsohle gelegt, erfrischen müde Füße!

Bärlauch
Im Stengel des Bärlauchs verbirgt sich ein bärenstarker entzündungshemmender Pflanzenschleim, der einfach auf die betroffenen Hautstellen aufgetragen wird.
Bärlauch-Pflanzenstengelschleim hilft bei:
- Schürfwunden
- kleineren Hautwunden
- entzündeter, trockener Haut
- bei Ekzemen

Schöllkraut, der Warzenfeind
Die Stengel des Schöllkrauts werden wie eine Pipette verwendet, aus der der Saft auf die betroffene Stelle getupft wird.
Achtung: Da der Saft ätzend wirkt, sollte er nicht auf die umgebenden Hautpartien, die Schleimhäute oder in die Augen gebracht werden.
Vorsicht!

Blütenbrote oder ein Frühlingscocktail mit Wiesenschaumkraut, Gänseblümchen, Sauerampfer oder frischen Löwenzahnblättern sind eine leckere Abwechslung auf dem Speiseplan.

Frühlingscocktail

Der Frühlingscocktail ist ein alkoholfreies Getränk, das sowohl Kindern als auch Erwachsenen mundet. Folgende Zutaten werden benötigt:

Je eine Handvoll Blüten und Blätter von:
Wiesenschaumkraut
Gänseblümchen
Sauerampfer
Löwenzahn
etwas Schafgarbe
1 Apfel
1 Orange
1/2 Zitrone
2 Eßl. Honig
1/4 bis 1/2 Liter Sauer- oder Buttermilch

Den Apfel entkernen, die Orange und Zitrone auspressen und mit den Frühlingskräutern zusammen in einem Mixer pürieren. Zuvor werden ein paar Blüten zur Dekoration beiseite gelegt. Zum Schluß wird die Butter- oder Sauermilch zugegeben. Den Cocktail füllen Sie am besten in hübsche Trinkgläser und dekorieren das Ganze mit den Blüten.

Natur be-greifen

Wiesenblumen-Kostümierung

 Altersgruppe: Vorschulkinder, Kinder, Jugendliche
Gruppengröße: bis 30
Zeitdauer: beliebig
Material: Wildblumen, Gräser, bunte Bänder und Tücher

Ein Kranz aus Löwenzahnblüten ist auch mit Kindergartenkindern schnell und einfach gebastelt.

Wildblumen und Gräser eignen sich nicht nur zum Flechten hübscher Blumenkränze, sondern auch zur Herstellung von Blütenschminke, ausgefallenem Kopfschmuck und witzigen Kostümen. Gerade bei Theateraufführungen mit kleineren Kindern, in denen Feen, Faunen und Zwerge eine große Rolle spielen, können die Kostüme mit Pflanzen kombiniert und verschönt werden. Aus Rispengräsern, Maisblättern oder Zweigen lassen sich Röcke herstellen; Farnkraut eignet sich gut für Umhänge. Aus Blumen, Früchten oder Ähren kann ein bunter Kopfschmuck gezaubert werden. Dabei steckt man die Blätter, Ähren oder Blumen unter Schnüre oder bunte Stoffbänder, die um Kopf, Taille, Arme

oder Beine gebunden werden. Nach dem Kostümieren werden die Pflanzen nicht weggeworfen, sondern noch nicht verwelkte Blumen und Fruchtzweige zu bunten Sträußen gebunden und ins Wasser gestellt.

Aber auch »größere Kinder« haben an einem Naturkostüm Freude. Organisieren Sie eine Modenschau mit jahreszeitlich geprägten Naturkostümen!

Pflanzenpresse – selbst gebaut

 Altersgruppe: Kinder und Jugendliche
Gruppengröße: beliebig
Zeitdauer:beliebig
Material: siehe unten

Mit Hilfe von Pflanzenpressen lassen sich Pflanzen oder Pflanzenteile pressen und trocknen. Verwendet man ganze Pflanzen, so sollte man darauf achten, daß alle Pflanzenteile (Blüten, Blätter, Stengel etc.) vorhanden sind. Die Pflanzen werden aber über der Wurzel abgeschnitten – sie wird nicht mitgepreßt.

Für den Bau einer Pflanzenpresse benötigt man folgendes Material:

- 2 gleich große Holzbretter, jeweils etwa 20 cm breit, 30 cm lang und 15 mm stark;
- 4 Flügelschrauben von 6 mm Durchmesser und 12 cm Länge;
- 8 Stück Wellpappe, die die Größe der Holzbretter haben, wobei jeweils die vier Ecken abgeschnitten werden;
- 16 Löschblätter, die zwischen die Wellpappe gelegt werden;
- 1 Handbohrer mit einem 6 mm starken Holzbohrer.
- 4 Unterlegscheiben.

In jede Ecke der beiden Holzbretter wird ein Loch gebohrt (etwa 5 cm vom Rand). Auf das untere Brett legt man nun abwechselnd eine Wellpappe, ein Löschpapier, eine Pflanze, ein Löschpapier, eine Pflanze, ein Löschpapier und dann wieder eine Wellpappe usw. Auf die oberste Wellpappe legt man das zweite Holzbrett. Die Flügelschrauben werden von unten durch die Löcher gesteckt und mit den Flügelmuttern festgedreht. Damit die Holzbretter nicht eingedrückt und beschädigt werden, ist es sinnvoll, zuvor Unterlegscheiben unter die Flügelmuttern anzubringen.

Nach einigen Tagen sollte kontrolliert werden, ob das Löschpapier erneuert werden muß. Es darf auf keinen Fall feucht sein, damit die Pflanzen nicht schimmeln. Nach etwa drei Wochen können die getrockneten und gepreßten Pflanzen aus der Pflanzenpresse genommen und auf Papier geklebt werden. Mit den getrockneten Pflanzen können hübsche Blumenbilder, Spritz- und Rubbelbilder sowie individuelles Briefpapier hergestellt werden. Werden Schachteln mit gepreßten Blumen verziert, entstehen hübsche und einfallsreiche Geschenkverpackungen.

> Achtung:
> Bitte keine geschützten Pflanzen sammeln!

Wir legen ein Herbarium an

Altersgruppe: Kinder und Jugendliche
Gruppengröße: beliebig
Zeitdauer: beliebig
Material: lose Blätter, Ordner, Stifte, Klebstifte

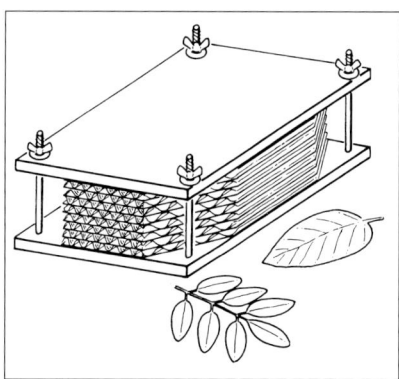

Eine Pflanzenpresse ist einfach gebaut (siehe Anleitung im Text).

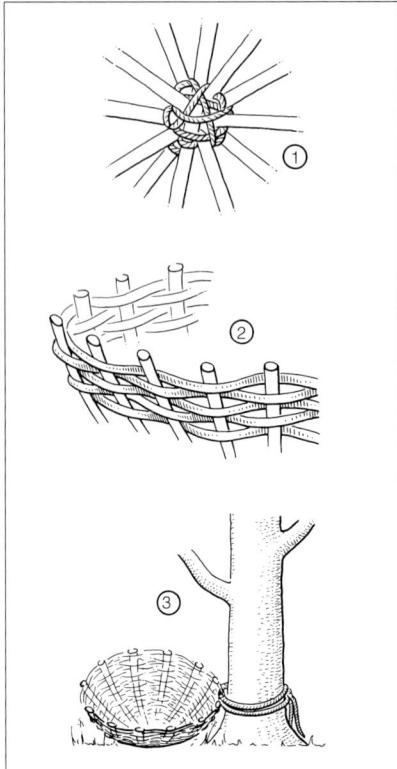

Ein Herbarium ist eine Sammlung von Pflanzen oder Pflanzenteilen, die zuvor gepreßt und getrocknet wurden.

Die Pflanzen klebt man dabei auf ein Blatt Papier und schreibt Fundort, Datum und den Namen der Pflanze dazu. Die fertigen Blätter kann man in einem Ordner abheften. Die Pflanzen ordnet man nach Blütenfarbe, Blattform, Anzahl der Blütenblätter oder nach anderen Bestimmungsmerkmalen. Interessant ist auch eine Einteilung nach Jahreszeiten.

Eine schöne Ergänzung zum Herbarium ist eine Samenmappe, in der Samen verschiedener Pflanzen aufbewahrt werden können.

Leben wie der Wiesenpieper

Altersgruppe: Vorschulkinder, Kinder
Gruppengröße: bis 30
Zeitdauer: 1 Tag
Material: Schnittgut von Kopfweiden; für ein Nest mit etwa 2 Metern Durchmesser und einer Höhe von 1,50 Metern benötigt man: eine Gartenschere, eine Astschere, stabile Schnur; etwa 10 Weidenstangen mit jeweils etwa 3 m Länge; etwa 60 Weidenruten mit jeweils 1,80 m Länge; viele kleine, dünne Weidenruten mit etwa 40 bis 50 cm Länge

1 Die Weidenruten werden in der Mitte des entstehenden Nestes sternförmig gekreuzt und mit einer stabilen Schnur befestigt.
2 Je dichter geflochten wird, um so stabiler wird das Nest!
3 Das Nest muß fest und kippsicher an einen größeren Baum gebunden werden. Empfehlenswert ist auch, es bis zur Hälfte in den Boden einzugraben. Alle Weidenruten oder -stangen, die herausstehen und zu Verletzungen bei den Kindern führen könnten, müssen stumpf abgeschnitten werden. Grundsätzlich sollten Kinder in dem großen Weidennest nur unter Aufsicht von Erwachsenen spielen.

Einer der Charaktervögel für naturnahe feuchte Frischwiesen ist der graugrün gefärbte Wiesenpieper. Er baut sein Nest auf dem Boden.

Gemeinsam mit den Kindern bauen auch wir ein »Vogelnest« aus Weiden und anderem Naturmaterial. Darin können die Kinder selbst erfahren, wie

In einem Nest aus Weidenruten können Kinder selbst erleben, wie sich junge Vögel im Nest fühlen.

sich junge Vögel – versteckt in ihrem Nest – in der Wiese fühlen. Ein „Vogelnest" dieser Größe kann auch kippen! Deshalb darf es nicht unbeaufsichtigt im Garten stehen. Es sollte auch auf jeden Fall fest mit Seilen an einen standfesten Baum gebunden oder bis zur Hälfte in den Boden eingegraben werden.

Für das Grundgerüst werden 8 bis 10 Weidenstangen von etwa 3 m Länge und 2 bis 5 cm Durchmesser benötigt. Diese werden sternförmig, in der Mitte gekreuzt, übereinander gelegt und mit einer stabilen Schnur fixiert. Mit jeweils zwei dünneren Weidenruten wird nun mit dem Flechtwerk begonnen. Dabei wird immer abwechselnd eine Weidenrute über und eine unter den Querstangen hindurchgeführt. In den Zwischenräumen werden diese dann nochmals zur Stabilisierung miteinander verdreht.

Je dichter geflochten wird, desto stabiler ist das Nest. Man kann aber auch in den Zwischenräumen nachträglich weitere Weidenruten einflechten. Bei einem Durchmesser von etwa einem Meter müssen die Querstangen von anderen Kindern hochgebogen und während des weiteren Flechtvorgangs auch in dieser Stellung gehalten werden.

Bei einer Höhe von etwa 80 bis 100 Zentimeter kann mit den Querstangen ein Abschluß geflochten werden. Sind diese zu hart oder unbiegsam, so wird zuerst mit dünnen Zweigen und der Schnur ein Wulst gebunden oder ein Zopf geflochten und dieser am Nestrand festgebunden. Die Querstangen werden auf dieser Höhe stumpf abgeschnitten, damit sich die Kinder nicht daran verletzen.

Um das Nest weich auszupolstern, benötigt man Wiesengras, das in Büscheln ziegelförmig – von oben nach unten – in das Gerüst gebunden wird. Zum Polstern können aber auch Blätter oder Wollreste verwendet werden.

Erlebnisraum Gemüsegarten

Wo Popcorn und Pommes zuhause sind

Der Kompost sitzt gemütlich vor sich hindampfend unter dem Apfelbaum, er ist von Kürbisranken überwuchert. In der Nähe wiegen sich die Maispflanzen, die den Gemüsegarten umgeben, sanft im Wind. Der Kürbis ist froh über diese Nachbarschaft, denn diese »einjährige Hecke« schützt ihn vor zuviel Frischluft, was er nun gar nicht liebt.
In den Nachbarbeeten blinken die prallen, roten Tomatenfrüchte mit den Ringelblumen um die Wette. Lange Zeit wurden Tomaten übrigens wegen ihrer farbenprächtigen Früchte ausschließlich als Zierpflanzen angebaut. Auch mißtraute man ihnen als Gemüse, weil man glaubte, daß sie als Nachtschattengewächse hohe Giftigkeit besäßen. Erst als dieser Irrtum aus den Köpfen vertrieben war, eroberten die schmackhaften Früchte die Küche. Heute fehlen sie auf keinem Speiseplan.
Quer durch den Garten zieht der würzige Duft der Kümmelpflanzen. Direkt neben ihnen gedeihen Kartoffeln, die bald geerntet werden können. Dann wird sich zeigen, ob sich die Nachbarschaft zu Kümmel günstig auf ihr Aroma ausgewirkt hat. Aber auch Erbsen, Möhren, Gurken und Kohlrabi wachsen in diesem Garten – Gemüsearten, die in keinem kinderfreundlichen Garten fehlen sollten!

Kindern sollte man auf jeden Fall im Nutzgarten ein eigenes Beet zum Gärtnern überlassen. Dort können sie nach Herzenslust in der Erde wühlen, graben, hacken, rechen, aussäen, Blumen pflanzen, dem Gemüse beim Gedeihen zusehen und nebenbei Regenwürmer, Marienkäfer und Blattläuse erforschen. Gemüsegärten erfreuen sich im Sommer und Herbst meist großer Beliebtheit, weil es darin auch etwas zu naschen gibt. Salatblätter oder Selleriepflanzen sind jedoch eher uninteressant. Frische Möhren, junge Erbsen, milder Paprika, schmackhafte Tomaten oder zarte Kohlrabi locken die Kinder viel eher in den Garten. Für ein »Aha-Erlebnis« sorgen Kartoffeln oder Puffmais: Zu Pommes und Popcorn verarbeitet , sind diese beiden Gemüsearten bei Kindern und Jugendlichen wohlbekannt – doch wer hätte vermutet, daß sie in einem Gemüsegarten ihren Ursprung haben?

Natürlich zählen Erdbeeren, Himbeeren, Stachelbeeren oder Johannisbeeren zum Obst und nicht zum Gemüse! Trotzdem gehören auch sie in einen »richtigen« Nutzgarten. Sie versüßen nicht nur die Gartenarbeit, sondern lockern insgesamt das Erscheinungsbild des Gartens auf, weil die Sträucher oder kleinen Bäumchen ihm mehr Strukturen verleihen.

Wie jede Liebe, geht auch die Liebe zur Natur durch den Magen! Deshalb folgen hier Kurzbeschreibungen einiger Nutzpflanzen, die nicht nur sehr schmackhaft, sondern auch pflegeleicht sind und sich besonders für Schul- und Kindergärten eignen. Wer keinen Garten hat, kann Tomaten, Kartoffeln oder Beeren auch in einem großen Blumentopf oder Eimer kultivieren.

Tomaten: Sie eignen sich wunderbar, um beispielsweise die nackten hellen Mauern einer Schule zu verschönern – sofern diese im Süden liegen und den Tomaten einen vollsonnigen Standort bieten.

Will man möglichst viele verschiedene Züchtungen (Fleisch-, Busch-Cocktailtomaten) ausprobieren, so ist es am besten, Tomaten selbst auszusäen – ab Mitte März an einem warmen, geschützten Ort. Die Sämlinge werden aus der Aussaatschale vereinzelt und im Frühbeet oder unter einer Folie abgehärtet, damit sie klein und gedrungen bleiben. Im Mai – nach den Eisheiligen – werden die Tomatensetzlinge tief – bis zum ersten Blattansatz – in die Erde gepflanzt. Tomaten sind sonnenhungrig, immer durstig und auch, was Nährstoffe betrifft, sehr »gefräßig«. Ein vollsonniger Platz, ausreichend Nährstoffe in Form von Kompost, Pflanzenjauche oder angerottetem Pferdemist und eine regelmäßige Bewässerung sind die Voraussetzungen für eine ertragreiche Ernte!

Neben jeder Tomatenpflanze muß noch ein Holzpfahl in die Erde getrieben werden, an dem die Pflanze hochgebunden werden kann. Während des gesamten Sommers kappt man die Seitentriebe, die sich in den Blattachseln entwickeln. Ende September wird der Haupttrieb gekappt, damit die ganze Kraft in den Fruchtansatz geleitet wird. Von Juli bis Oktober können die saftigen, frischen Tomaten geerntet werden. Und auch der Hausmeister freut sich in den Sommerferien, wenn er für das Bewässern des Schulgartens mit frischen Tomaten belohnt wird.

Eigene Kartoffeln aus dem Schulgarten – da schmecken die selbstgemachten Pommes nochmal so gut!

Kartoffeln: Die ersten eigenen Pommes frites aus dem Gemüsegarten!

Kartoffeln eignen sich aus zweierlei Hinsicht besonders für den Schulgarten und den heimischen Gemüsegarten. Zum einen brauchen sie während der Sommerferien keine Pflege, zum anderen können sie in der Schulküche gemeinsam zu den begehrten »Pommes« verarbeitet werden.

Zuerst werden die Saatknollen wenige Tage in flachen Kisten und in einem hellen, mäßig warmen Raum vorgekeimt. Das Knollenende mit den meisten Augen weist dabei nach oben. Frühester Auspflanztermin ist April, in kalten Lagen sollte man vielleicht bis Anfang oder Mitte Mai warten. Die Schüler können mit Hacken zuvor Furchen ziehen, in die sie vorsichtig die Knollen – im Abstand von etwa 35 bis 50 cm und in eine Tiefe von höchstens 5 cm – legen. Die Keime dürfen nicht beschädigt werden. Bevor die Furchen vorsichtig mit Erde aufgefüllt werden, kann man auch noch Kompost oder verrotteten Mist darin verteilen. Kartoffeln lieben es locker und humusreich! Zwischen die Kartoffeln passen Kümmelpflanzen. Dem Kümmel sagt man nach, daß er den Kartoffelknollen ein feines Aroma verleihe. Für den Schulgarten eignen sich vor allem späte Kartoffelsorten, die im September geerntet werden können. Vielleicht fällt ja auch der Schulanfang leichter, wenn er mit einem Kartoffelfeuer beginnt . . .

Zucker- und Puffmais: Eine »einjährige Hecke« aus Zuckermais oder Puffmais ist für ein Schulgelände oder im Hausgarten sicherlich etwas Besonderes – vor allem, wenn aus den Körnern des Puffmais Popcorn und aus dem Zuckermais gegrillte oder gedünstete Köstlichkeiten entstehen!

Zuckermais sollte aber mindestens in einem Abstand von 200 m zu Puff- und anderen Mais-Arten stehen – ansonsten wird auch im Zuckermais infolge der Fremdbestäubung Stärke gebildet. Die Körner schmecken dann nicht süß.

Zucker- oder Puffmais werden in der ersten Maihälfte in etwa 5 cm tiefe Furchen ausgelegt – je 3 bis 4 Körner, in einem Abstand von 10 cm. Sind die Sämlinge kräftig gewachsen, wird vereinzelt. Nur die kräftigsten bleiben in einem Abstand von etwa 30 bis 40 cm stehen. Mais braucht, ähnlich wie die Tomaten, viel Wasser und ausreichend Nährstoffe, z. B. als Pflanzenjauche.

Die Bestäubung der Blüten geschieht durch den Wind. Deshalb empfiehlt es sich, Mais in einer Doppelreihe anzupflanzen, damit möglichst viele Pflanzen in der Nachbarschaft stehen. Um während der Sommerferien die Pflanzen vor übermäßiger Verdunstung zu schützen, sollte die Erde um die Maispflanzen herum gemulcht werden. Auch Kürbispflanzen, die mit ihren großen Blättern den Boden bedecken und so die Verdunstung verringern, sind dafür geeignet. Und wie die Kartoffeln kann Mais im September, passend zum Schulanfang, geerntet werden.

Wie wär's einmal mit etwas Popcorn in der Schulküche? Die Körner des Puffmais gibt man in eine Kasserolle und erhitzt sie in etwas Öl. Damit die platzenden Körner nicht wild in der Küche herumschießen, muß man die Kasserolle unbedingt mit einem Deckel schließen! Das noch warme Popcorn wird entweder gezukkert oder gesalzen und dann gleich aufgegessen.

Kürbisse: Aus den oft riesigen Früchten der Kürbisse lassen sich im Herbst nicht nur tolle Kürbisgeister schnitzen, auch das Fruchtfleisch eignet sich für eine schmackhafte Suppe. Im Schul- und Hausgarten bringen Kürbisse vielerlei Nutzen! Da die Pflanze viel Platz braucht, könnte sie so einige unschöne Ecken im Schulgelände mit ihrem ausladenden Blattwerk überwuchern. Bei Zuckermais oder bei Stangenbohnen sorgen sie für eine notwendige Bodenbeschattung. Gleichzeitig entstehen mit dem Anbau von Kürbispflanzen aber auch weitere gestalterische Strukturen im Schulgelände. Die anfallenden Früchte lassen sich in der Schulküche oder im Werkunterricht verarbeiten. Und so manche Klassenkasse ließe sich durch ein lustiges Kürbisfest aufbessern.

Mitte Mai werden 2 bis 3 Kürbissamen im Abstand von 1 m in ein Pflanzloch gesteckt. Kürbisse brauchen Platz – ein Kürbis kann 3 bis 4 Quadratmeter Fläche überwachsen –, viel Wasser und Nährstoffe. Deshalb pflanzt man sie meist am Fuße eines Komposthaufens an. Aber selbst dort sollten sie noch regelmäßig mit Brennnesseljauche gegossen werden.

Sobald die ersten prächtig gelben Blüten zu sehen sind, werden alle Seitentriebe gekappt, damit die ganze Kraft in den Fruchtansatz geleitet wird. Damit die großen Kürbisfrüchte nicht zu faulen beginnen, legen wir unter jede Frucht ein Holzbrett. Geerntet wird, wenn die Frucht beim Anklopfen hohl tönt.

Natur erleben

Zwieblein, Zwieblein an der Wand ...

 Altersgruppe: Vorschulkinder, Kinder
Gruppengröße: bis 30
Zeitdauer: 10 bis 20 Minuten
Material: eventuell Musik

So wie die Zwiebel mehrere Häute hat, bilden wir mit den Kindern zwei Häute, das heißt zwei Kreise – einen Innen- und einen Außenkreis mit gleich vielen Mitspielern. Die beiden Kreise bewegen sich nun in entgegengesetzter Richtung. Auf ein zuvor abgesprochenes Zeichen stoppen die zwei Kreise, wobei darauf zu achten ist, daß sich immer zwei Kinder gegenüberstehen. Der Spielleiter gibt nun jedem Kind im Außenkreis den Hinweis, was dieses pantomimisch darstellen soll, z. B. eine Karotte oder eine Erbse usw. Die Aufgabe der Kinder im Innenkreis ist es, als »Spiegelbild« die Bewegungen des gegenüberstehenden Mitspielers nachzumachen. Nach etwa einer Minute bewegen sich die zwei »Kreise« wieder in entgegengesetzte Richtungen, bis sie ein erneutes Zeichen für »Stop« erhalten. Nun erfolgt eine neue Aufgabe, beispielsweise das Nachahmen einer Schnecke, die gerade an einem Salatblatt schabt oder etwas anderes. Nach ein paar Runden werden die Rollen getauscht und der äußere Kreis

Aus Kürbisfrüchten lassen sich lustige »Kürbisgeister« basteln.

stellt das Spiegelbild der Personen im Innenkreis dar. Das Spiel läßt sich gut mit Musik unterlegen und kann dann gleichzeitig als Rhythmikübung dienen.

Wie schmeck' ich?

Altersgruppe: Vorschulkinder, Kinder
Gruppengröße: bis 30
Zeitdauer: 30 Minuten
Material: verschiedenes Gemüse, eventuell Augenbinden

Viel zu selten achten wir in unserem Alltag ganz bewußt auf den Ge-

45

schmack unseres Essens. Alle möglichen Zutaten werden miteinander vermischt, was dazu führt, daß arttypische Geschmacksnuancen oft nicht mehr wahrgenommen werden. Das Spiel »Wie schmeck' ich?« eignet sich hervorragend, um sich bewußt zu machen, welche Gemüsearten wir am Geschmack erkennen und wie intensiv wir diesen wahrnehmen können.

Wir schneiden verschiedene Gemüsearten klein und probieren diese mit geschlossenen Augen. Wer kann die unterschiedlichen Arten im Geschmack beschreiben und diese benennen?

»Er-faßte« Ernte

Altersgruppe: Vorschulkinder, Kinder
Gruppengröße: bis 30
Zeitdauer: 10 Minuten
Material: verschiedenes Gemüse, eventuell Augenbinden

Achten wir einmal bei der Ernte darauf, das Gemüse nicht nur in einen Korb zu legen, sondern Form und Beschaffenheit des Gemüses mit geschlossenen Augen zu ertasten. Dazu setzen wir uns in einen Kreis, die Kinder schließen die Augen. Alle erhalten dann vom Spielleiter die gleiche Gemüseart zum Befühlen in die Hand gelegt.

Der Spielleiter lädt alle ein, die Gemüseart mit den Händen genauer kennenzulernen. Fragen, wie z. B.: »Welche Form hat die Gemüseart?«, »Wie fühlen sich die Wurzeln an?«, »Wie riecht das Gemüse?«, »Was hat es für Blätter?« unterstützen die Wahrnehmungsübung.

Sobald jedes Kind seine Frucht, Knolle oder Wurzel ausführlich betastet hat, wird dieses in die Kreismitte – eventuell in einen Korb – gelegt. Danach darf sich jeder im Kreis wieder ein Exemplar mit geschlossenen Augen herausnehmen und es betasten. Handelt es sich hier um das gleiche Exemplar wie zuvor? Wenn nicht, so wird das Gemüse im Uhrzeigersinn weitergegeben, bis wir das eigene Gemüse wieder erhalten. Wir öffnen die Augen und geben alle noch »kreisenden« Gemüsepflanzen weiter, bis jedes seinen Besitzer wiedergefunden hat.

Schwierig wird es, wenn mehrere Exemplare derselben Gemüseart im Spiel kreisen. Aber auch hier werden wir feststellen, daß jede Frucht, jede Knolle oder jede Wurzel ihre eigene individuelle Form und Größe hat.

Natur wahrnehmen

Wer lebt im Komposthaufen?

Altersgruppe: Vorschulkinder, Kinder und Jugendliche
Gruppengröße: bis 30
Zeitdauer: beliebig
Material: feine Pinsel, Lupen, Becherlupen, Schaufel, Sieb, Grabegabel und ein helles Leintuch

Der Kompost ist das »Herzstück« jedes Gartens, denn hier entsteht Nahrung für Gemüse, Obst und Blumen. Betrachten wir einmal, was mit Kartoffelschalen, Rasenschnitt, Blättern oder Kaffeesatz passiert, sobald sie auf den Kompost geworfen werden:

Alle diese Abfälle haben eines gemeinsam – sie sind organisch. Im Kompost werden diese organischen Stoffe zerkleinert und in Humus umgewandelt. So sind beispielsweise an der Umwandlung eines einzigen Laubblattes Milliarden kleiner Lebewesen beteiligt: Pilze, Mikroorganismen, aber auch kleine Bodentiere und Regenwürmer. Diese Umwandlung nennt man Rotte.

Die Bodenlebewesen, die die organische Substanz in Humus umwandeln, brauchen natürlich auch gute Arbeitsbedingungen: sie benötigen ausreichend Wärme, Luft und Feuchtigkeit. Ist ein Kompost zu naß oder hat er zuwenig Sauerstoff, dann mögen die Bodenlebewesen auch nicht arbeiten. Das Material verrottet dann nicht, sondern es verfault. Deshalb riecht ein gut funktionierender Kompost auch nach Erde; wenn er dagegen vor Nässe trieft, verströmt er einen fauligen Geruch.

Wir schieben die Laubabdeckung eines Komposthaufens, der schon mindestens 6 Monate liegen sollte, beiseite und öffnen ihn vorsichtig mit einer Grabegabel. Ein bis zwei Schaufeln halbverrotteter Kompost werden nun durch das grobe Sieb vorsichtig auf das helle Leintuch verteilt. Mit einer Lupe oder einem Mikroskop werden die Kleinlebewesen genauer betrachtet. Die Kinder entdecken Regenwürmer und andere Kleinlebewesen, wie z. B. Tausendfüßer, Erdläufer oder Springschwänze, die das abgebaute Material fressen, vermischen, verdauen, wieder ausscheiden und dabei den gesamten Kompost gut durchmischen. (Eine grobe Übersicht über die Bodenlebewesen findet sich im Kapitel »Wege und Zäune«, S. 90)

Organische Abfälle auf dem Kompost. Vorher . . .

. . .und nachher als fruchtbarer Humus.

Regenwurmglas

*Altersgruppe: Vorschulkinder, Kinder und Jugendliche
Gruppengröße: bis 30
Zeitdauer: mehrere Tage bis Wochen
Material: ein großes Einmachglas, Erde, Sand, Kompost, wenige Salatblätter*

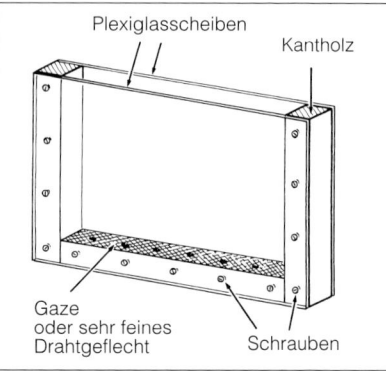

In natürlich gewachsenem Boden fühlen sich Regenwürmer immer noch am wohlsten. Deshalb sollte man sie nach dem Beobachten ihrer Bodenaktivitäten baldmöglichst wieder in die Freiheit lassen.

Regenwürmer sind richtige »Arbeitstiere«. Ihr ganzes Leben lang fressen und schieben sie sich durch die Erde. Dabei entstehen Röhren, in die Luft und Wasser eindringen können. Der Boden wird so gelockert, gelüftet und gleichzeitig durchmischt, denn die Erde und die organischen Abfälle, die die Regenwürmer in sich hineinfressen, kommen am anderen Ende als fruchtbarer Humus wieder heraus. Man findet diesen Humus dann auf der Erdoberfläche als sogenannte Kotbällchen.

Um das arbeitsame Leben eines Regenwurmes beobachten zu können, bauen wir ein Regenwurmglas. Hierzu benötigt man zwei 30 × 50 cm große Plexiglasscheiben (etwa 3 mm dick), 1 m Kantholz (5 × 5 cm), 26 kleinere Holzschrauben, 2 größere Holzschrauben, etwas Gaze oder ein sehr feines Drahtgeflecht. Das Kantholz sägt man in drei Stücke, eines zu 40 cm und zwei zu je 30 cm für die beiden Seiten. Damit überschüssiges Wasser abfließen kann, bohrt man mit einer Bohrmaschine mehrere Löcher durch das längere Kantholz, das auf den Boden zu liegen kommt. Auf die Oberseite des Kantholzes befestigt man den Gazestreifen oder das sehr feine Drahtgeflecht und schraubt dann an

den beiden Enden des Kantholzes die Seiten-Kanthölzer fest, so daß es ein »U« ergibt. Nun bohrt man an den kürzeren Seiten der beiden Plexiglasscheiben 4 und an der längeren Seite 5 Löcher (etwa 1,5 cm vom Rand entfernt). Die Löcher sollten etwas versetzt gebohrt werden. Die Plexiglasscheiben werden nun auf beiden Seiten der Kanthölzer fest angeschraubt, die Gaze muß fest anliegen, damit sich keine Würmer darin verfangen können.

Nun kann man mehrere Schichten von Sand, Erde und Kompost in das so entstandene Behältnis füllen. Auf die unterste Schicht Sand füllen wir feuchte Erde, auf diese wiederum eine Schicht Sand, dann eine Schicht Kompost, eine Schicht Sand, eine Schicht feuchte Erde mit einigen Laubblättern und zuletzt eine Schicht Kompost. Im Garten suchen wir einen oder mehrere Regenwürmer und setzen diese auf die oberste Kompostschicht. Das Regenwurmglas sollte an einen dunklen, kühlen Ort gestellt – auf keinen Fall über die Heizung – und mit einem Tuch abgedeckt werden.

Nach etwa 30 bis 60 Minuten halten wir das Tuch kurz hoch, um zu schauen, wo sich die Regenwürmer befinden. Bald schon kann man beobachten, wie die Regenwürmer Gänge durch die verschiedenen Schichten bohren und diese dabei vermischen. Nach ein oder zwei Tagen füttern wir die Würmer mit etwas welken Salatblättern und beobachten, was passiert. Nach Beendigung der Beobachtungen werden die Regenwürmer vorsichtig wieder im Garten freigelassen.

Tiere als Gärtnergehilfen

Altersgruppe: Vorschulkinder, Kinder und Jugendliche
Gruppengröße: bis 30, dann aber in Kleingruppen
Zeitdauer: 45 Minuten
Material: eventuell Lupen, Bestimmungsliteratur

Ob Maulwurf, Sperling, Grasfrosch oder Marienkäfer – ein Gemüsegarten ist voller Tiere! Viele davon sind nützliche Helfer, die Schädlinge, wie die gefräßigen Blattläuse, Schnecken und Raupen jagen und vertilgen, so daß noch genügend Ernte für uns Menschen übrig bleibt. Allerdings muß ein Gärtner seine Gehilfen auch kennen, sonst weiß er nicht, wer ihm schadet und wer ihm nützt.

Gemeinsam wird in Kleingruppen nach diesen tierischen Helfern Ausschau gehalten. Die Kinder und Jugendlichen werden eingeladen, am Boden, auf Bäumen, auf Pflanzen, unter Steinen, im Lattenzaun oder auch im Gießwasser nach ihnen zu suchen. Nach 15 Minuten kommen alle wieder zusammen. Gemeinsam wird nun eine Liste der Nützlinge im Garten zusammengestellt.

Einige tierische Helfer im Garten:

Fledermäuse sind in ihrem Vorkommen stark gefährdet, weil sie nur noch wenige Scheunen oder Höhlen als Unterschlupf finden. Fledermäuse können sich sehr gut in der Dunkelheit orientieren und fangen nachts vor allem Insekten, wie z. B. Eulenfalter, Spanner und Schnaken.

Auch **Igel** jagen in der Dämmerung. Ihre bevorzugte Beute sind Schnecken, Engerlinge, Würmer, Raupen und Mäuse. Als Belohnung für ihre guten Taten holen sie sich manchmal aber auch die eine oder andere Erdbeere aus dem Garten.

Vögel erfreuen uns nicht nur durch ihren munteren Gesang, bei dem jede Arbeit leichter fällt. Viele Gartenvögel wie Rotkehlchen, Meisen, Finken, Sperlinge und Rotschwänze sind eifrige Helfer und jagen Insekten, Raupen und Larven von Insekten. Da ihre Jungschar aber nie genug zu fressen bekommen kann, scharren sie auch schon einmal Samenkörner oder junge Keimlinge aus der Erde. Um das zu verhindern, sollte die Aussaat grundsätzlich mit einem Maschendraht o. ä. abgedeckt werden.

Blindschleichen leben nur in Gärten, in denen es auch nasse Stellen gibt, denn sie lieben den Wechsel von Land

Das Rotkehlchen ernährt sich von Insekten, Spinnen und Würmern. Auch Beeren oder die Steinfrüchte der Schlehe verschmäht es in den kalten Wintermonaten nicht.

Die metallisch glänzenden, graubraunen Blindschleichen ähneln den Schlangen. Sie gehören aber zu den Echsen.

und Wasser. Blindschleichen sind keine Schlangen, sondern Echsen. Auch sie haben sich auf die Jagd von Schnecken, Würmern und Insekten spezialisiert.

Florfliegen gehören zu den anmutigsten heimischen Insekten. Man erkennt sie sofort an ihren durchsichtig grüngeäderten Flügeln und ihren relativ großen, goldfarbenen Augen. Ihre Larven sind äußerst gefräßig: Bis zu 500 Blattläuse pro Tag kann eine Larve vertilgen! Als Erwachsene halten Florfliegen eher Diät: sie ernähren sich von Honigtau und Wasser.

Der gepunktete **Marienkäfer** ist der Lieblingskäfer aller Kinder! Obwohl Käfer eher zu den sogenannten Ekeltieren gehören – bei dieser Art machen alle Kinder eine Ausnahme. Nicht alle Marienkäfer haben 7 Punkte, die Anzahl und die Größe der Punkte können variieren. Sowohl Larven als auch ausgewachsene Käfer ernähren sich vorwiegend von Blattläusen – und das nicht zu knapp: Bis zu 3000 Blattläuse frißt eine Larve im Durchschnitt bis zu ihrer Verpuppung.

Ohrwürmer leben gerne im Dunkeln, so zum Beispiel in Erdröhren oder in umgedrehten und mit Heu gefüllten Tontöpfen, die in Bäumen aufgehängt werden. Nachts macht der Ohrwurm sich auf die Jagd nach Läusen, die tagsüber den gefräßigen Larven der Marienkäfer und Florfliegen entkommen sind.

Schwebfliegen ähneln sehr unseren Wespen und werden deshalb oftmals Opfer ängstlicher Menschen. Von den Wespen sind sie jedoch an zwei Merkmalen sehr klar zu unterscheiden: Sie haben keine Wespentaille, und sie sind sehr klein (7–15 mm). Auch ihre Larven fressen vor allem Blattläuse. Die erwachsenen Schwebfliegen spielen eine wichtige Rolle als Bestäuber von Blütenpflanzen.

Schlupfwespen erkennt man an den dunklen, schimmernden Flügeln und an ihrem langen Legestachel. Für sie hat sich die Natur etwas Raffiniertes einfallen lassen: Mit dem Legestachel bohren die Insekten Blattläuse an und legen ihre Eier in die lebende Laus! Die Larve frißt dann von innen die Laus auf und verpuppt sich auch darin. Bis zu 1000 Läuse können von einem Schlupfwespenweibchen als Brutstätte benützt werden.

Die anmutigen Florfliegen nennt man wegen ihrer hübschen Augen oft auch Goldaugen. Florfliegen sind im Garten sehr nützlich, da sie sich hauptsächlich von Blattläusen ernähren.

Marienkäfer gehören zu den Lieblingstieren aller Kinder. Diese besonders hübschen Exemplare aus Pistazienschalen haben Kinder im Rahmen des Projektes »Erlebter Frühling« der Naturschutzjugend Deutschland gebastelt.

Spinnen rufen bei vielen Menschen panische Angst hervor – dabei müßten die mechanischen Eigenschaften ihrer Spinnfäden jeden Brückenbauer vor Neid erblassen lassen. Und auch

Die Zebraspinne wird wegen ihrer typischen Zeichnung kaum verwechselt. Da sie in ihrem Aussehen an eine Wespe erinnert, wird sie auch oft Wespenspinne genannt.

als Gartengehilfen sind Spinnen besonders nützlich. Fliegen und Mücken stehen auf dem Speiseplan, aber auch Blattläuse, Käfer und Falter werden gefressen.

Natur be-greifen

Kapuzinerkresse-Essig

*Altersgruppe: Vorschulkinder,
Kinder und Jugendliche
Gruppengröße: bis 30
Zeitdauer: Ansetzen 1 Stunde,
insgesamt 14 Tage
Material: Obstessig, Blüten der
Kapuzinerkresse*

Ein Geheimrezept aus unserem Garten: Kapuzinerkresse-Essig! Von der Kapuzinerkresse können Blätter und Blüten genutzt werden. Aber auch die geschlossenen Knospen und die grünen, noch unreifen Samen finden in der Küche Verwendung. Sauer eingelegt schmecken sie wie ein Kapernersatz.

Um den Essig herzustellen, füllen wir ein Einmachglas mit den prächtigen Blüten der Kapuzinerkresse. Zuvor wird jede Blüte aber vorsichtig ausgeschüttelt, damit keine Ohrwürmer und andere Insekten in den Essig gelangen.

Danach wird das Glas randvoll mit Obstessig aufgefüllt und dicht verschlossen. Der angesetzte Essig muß nun an einem sonnigen, aber nicht zu warmen Platz 14 Tage ausharren.

Nach dieser Zeit ist der Essig fertig, die Blüten werden abgeseiht und der würzige Kapuzinerkresse-Essig kann in hübsche Gefäße abgefüllt werden.

Selbstgemachter Kapuzinerkresse- oder Kräuteressig ist etwas ganz Besonderes.

Gartentagebuch

*Altersgruppe: Kinder und
Jugendliche
Gruppengröße: bis 30
Zeitdauer: beliebig
Material: je nach Bedarf ein leeres Heft, Blätter, Farben, Fotos
etc.*

Die Beobachtungen, die wir während des Jahres in einem Garten machen, lassen sich in einem Gartentagebuch dokumentieren. Darin wird in Wort und Bild alles, was erlebt, beobachtet und erforscht wurde, eingetragen. Ein Gartentagebuch kann auch von einer ganzen Klasse gemeinsam erstellt werden.

Feuerbohnen-Tipi

Altersgruppe: Vorschulkinder, Kinder
Gruppengröße: bis 30
Zeitdauer: 1 Stunde
Material: 11 Holzstangen, jeweils etwa 2,50 Meter, Sisalschnur (erhältlich im Gartenfachmarkt)

Als Rückzugsecke für Kinder eignet sich in den Sommermonaten ein »Feuerbohnen-Tipi«. Hierzu bauen wir mit 11 etwa 2,50 m langen Holzstangen ein »Tipi«. Wir markieren einen Kreis von einem Meter Durchmesser und stecken zunächst drei Holzstangen, mit einer leichten Neigung zur Kreismitte, bis zu 20 cm tief in die Erde, so daß wir diese oben am Kreuzungspunkt mit Sisalschnüren zusammenbinden können. Danach fügen wir nach dem gleichen Prinzip die nächsten drei Stangen in die entstehenden Freiräume ein und binden auch diese zusammen. Die restlichen Holzstangen werden nun ebenfalls in die übrigen Zwischenräume eingefügt, wobei zwischen zwei Stangen ein Freiraum für den Eingang bleibt und zwischen den restlichen Stangen der Abstand etwa 30 cm beträgt.

Die Bohnensamen sollten erst ab Mitte Mai in die Erde gesteckt werden. Etwa zwei Tage zuvor weichen wir die Samen über Nacht in einer

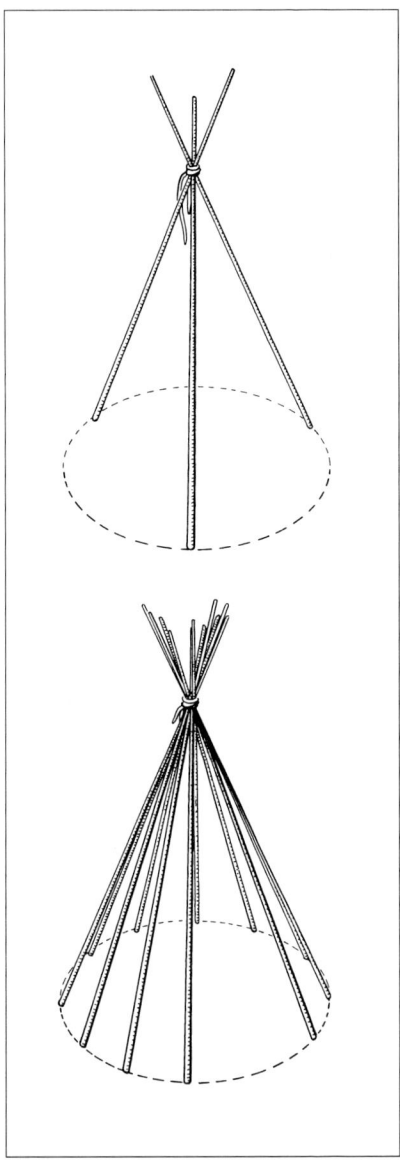

Das Feuerbohnen-Tipi ist bei Kindern ein beliebtes Versteck im Gemüsegarten.

54

Schüssel mit Wasser ein. Am Morgen wird das Wasser fortgeschüttet, die angekeimten Bohnensamen werden weiterhin morgens und abends mit Wasser besprüht. Sobald die Keimlinge etwa 1 cm groß sind, können jeweils drei Samen am Fuße einer Stange in die Erde gesteckt werden. Dann wird mit Spannung verfolgt, wie sie an den Stangen hochranken und wie ein grünes Zelt entsteht!

Feurige Experimente

 Altersgruppe: Vorschulkinder, Kinder und Jugendliche
Gruppengröße: bis 30
Zeitdauer: beliebig
Material: Brennmaterial

Ob Kartoffeln oder Mais gebraten werden – ein Grillfeuer ist immer ein ganz besonderes Erlebnis für Groß und Klein. Zu beachten ist aber, daß nur an vorgesehenen Feuerstellen Feuer entfacht werden darf. Sowohl in der freien Natur als auch in Wohnsiedlungen – wilde Feuerstellen dürfen nicht gebaut werden! Auch sollte darauf geachtet werden, daß immer ein Erwachsener dabei ist, wenn gezündelt wird.

Wem es gelingt, ohne Streichholz und nur mit Lupen, trockenen Blättern, Feuersteinen und trockenem Holz ein Feuer zu entfachen, der darf den ersten gegrillten Maiskolben essen!

> **Achtung:**
> Ein Feuer darf nur an vorgesehenen Feuerstellen entzündet werden. In Wohnsiedlungen ist Feuer machen nicht erlaubt!

Erlebnisraum Kräutergarten

Wo Feen ihre Zauberpflanzen finden

Zu Kräuterpflanzen gewinnen Kinder schon sehr früh einen Bezug – ob mit Zwerg Nase, der dank des Kräutleins »Niesmitlust« wieder zu seiner früheren wunderschönen Gestalt zurückfindet, oder mit Fatme, die dank einer Arznei, die sie in einen todähnlichen Schlaf versetzt, aus der Sklaverei befreit werden kann: Kräuter weisen vielen Märchengestalten ihren Weg zum Glück.

Aber nicht nur in der Märchenwelt – auch in jedem noch so kleinen Blumenkasten ist Platz für die verschiedensten Kräuter, die dann mit ihrem würzigen oder betörenden Duft und ihren hübschen, farbenfrohen Blüten jeden Balkon zu einem Erlebnis für die Sinne werden lassen. Kräuter eignen sich ausgezeichnet, um gemeinsam mit Kindern Natur zu be-greifen. Duftende Lavendelsäckchen können gefüllt, Blütenbilder gezaubert und allerlei Leckereien mit Kräutern hergestellt werden. Gleichzeitig sind Kräuterpflanzen ideale Beobachtungsplätze, um heimische Insekten genauer kennenzulernen.

Vor allem Wildbienen und Hummeln suchen in der warmen Frühsommersonne in den Blüten von Pfefferminze, Kerbel, Kümmel, Melisse, Bergbohnenkraut, Salbei, Ysop oder Boretsch nach Nektar. Die Raupen des Kleinen Feuerfalters oder des Schwalbenschwanzes fressen an Sauerampfer und Gemeinem Dost. Und auch die Raupenfliegen, die die Raupen vieler landwirtschaftlicher Schädlinge, so z. B. von Kohl- oder Saateulen, parasitieren und so zu deren Reduzierung beitragen, finden ihr Futter an Würzkräutern wie Dill, Fenchel, Liebstöckel, Thymian oder Petersilie.

Es macht Freude, gemeinsam mit Kindern Kräuterbeete anzulegen oder auch einmal einen Blumenkasten zu einem Kräuterkasten umzufunktionieren. Der Phantasie sind dabei keine Grenzen gesetzt. So können Beete z. B. in streng geometrischen Mustern, ähnlich den früheren Bauerngärten, oder in verschiedenen Blütenformen angelegt werden. Auch in jeder Staudenrabatte oder im Gemüsegarten stellen wohlriechende Kräuter zwischen den anderen Blumen und dem Gemüse eine hübsche und pflegeleichte Auflockerung dar.

Wissenswertes über Kräuter

Kräuter gehören zu den ein-, zwei- oder mehrjährigen Gewächsen. **Einjährige Kräuter** gelangen in einer Wachstumsperiode zu Blüte und Samenreife und sterben danach ab. Zu den einjährigen Kräutern gehören etwa Dill, Boretsch, die Garten-Ringelblume, die Echte Kamille und Koriander. **Zweijährige Kräuter** bilden im ersten Jahr nur Triebe und Blätter und sterben am Ende der ersten Wachstumsperiode bis auf ihre unterirdischen Teile ab. Im zweiten Jahr entwickeln sie die Blüten. Nach der Samenbildung im zweiten Jahr sterben die zweijährigen Kräuter ebenfalls ab. Typische Vertreter sind Kümmel und Petersilie, vor allem aber Gemüsearten wie Fenchel oder Sellerie, die ja auch zum Würzen verwendet werden können.

Wegen seinem aromatischen Duft ist der Dost (Origanum vulgare) als »Pizzagewürz« (»Oregano«) sehr beliebt. Aber auch der Kohlweißling wird durch den würzigen Geruch angelockt.

Der Großteil unserer bekannten Würzkräuter gehört allerdings zu den mehrjährigen Pflanzen und bildet Stauden, Halbsträucher oder Sträucher aus. Stauden produzieren jährlich neue oberirdische Sprosse und Blüten und sterben im Herbst bis auf ihre unterirdischen Organe, wie z. B. Knollen, Rhizome oder Zwiebeln, ab. Die Überwinterungsknopsen sitzen meist dicht über dem Boden und sind dort auch zu sehen. Bei den Halbsträuchern und Sträuchern bleiben die jungen Triebe krautig, die alten Triebe verholzen dagegen. Im Winter frieren die krautigen Teile der Pflanzen bis zu den verholzten Teilen zurück.

Zu den Stauden gehören die Gewöhnliche Schafgarbe, der Meerrettich, Wermut, Estragon, Gemeiner Beifuß, Ysop, Echter Alant, Echter Lavendel, Liebstöckel, Zitronenmelisse und viele mehr. Die Halbsträucher und Sträucher sind im Kräutergarten durch Rosmarin, Garten-Salbei und Echten Lavendel vertreten.

Ein- und zweijährige Kräuter werden im Frühjahr direkt auf die Beetfläche ausgesät und leicht – höchstens bis zum Zweifachen der Dicke des Samens – mit feinem Sand oder Erde zugedeckt. Damit die Samen schneller keimen und die Jungpflanzen möglichst schnell heranwachsen, legt man ein Vlies über die Aussaatfläche. Aussaatzeit ist, je nach Pflanzenart, von Mitte März bis Mai.

Jungpflanzen lassen sich aber auch schon im Zimmer in Saatkisten oder Preßtöpfen vorziehen. Im Mai – nach den Eisheiligen – werden sie dann ausgepflanzt. Mehrjährige oder ausdauernde Pflanzen können aber auch geteilt werden. In diesem Fall nehmen wir den Wurzelballen im Frühjahr aus dem Boden und teilen diesen mit dem Spaten, wobei darauf zu achten ist, daß jedes Teilstück mit Wurzeln und Knospen ausgestattet ist. Die Teilstücke sollten nach der Teilung sobald wie möglich wieder eingepflanzt werden. Dabei werden die Wurzelballen bodeneben in genügendem Abstand – etwa 50 cm – in den Boden gesetzt. Nach dem Pflanzen wird angegossen, damit die Wurzeln Bodenschluß bekommen und mit Wasser und Nährstoffen versorgt werden können.

Damit sich Aroma, Würzkraft und Heileigenschaften der Kräuter auch voll entfalten können, sollten diese eher an einem sonnigen Platz im Garten wachsen. Richtige Sonnenfans sind Schafgarbe, Knoblauch, Meerrettich, Estragon, Beifuß, Boretsch, Kümmel, Kamille, Majoran, Echter Lavendel, Garten-Salbei, Rosmarin, Ysop und Zitronenmelisse. Gartenkerbel, Wermut, Gartenkresse und Salbei-Gamander vertragen dagegen auch schattigere Plätze im Garten.

Die Füße der meisten Kräuter stehen lieber im Trockenen. Sieht man einmal von der Brunnenkresse ab, der es, wie der Name schon sagt, gar nicht naß genug sein kann, suchen sich die Kräuter in der freien Natur eher einen warmen, trockenen Standort. Deshalb sollte auch bei der Erdmischung darauf geachtet werden, daß ein ausgewogenes Verhältnis zwischen Sand, Humus und Lehm besteht. Zu trocken und sandig darf die Mischung allerdings auch nicht geraten, weil ansonsten lebenswichtige Nährstoffe zu schnell ausgewaschen werden.

Einigen Kräuterpflanzen sieht man schon äußerlich an, wo sie gerne wachsen. So fühlen sich Kräuter mit harten, schmalen Blättern, wie beipielsweise der Rosmarin, in der Sonne auf einem trockenen Standort wohl. Bei anderen Küchenkräutern, wie z. B. Zitronenmelisse, Liebstöckel oder Boretsch erkennt man an den weichen, teils behaarten Blättern und an dem starken Blattzuwachs im Jahr, daß sie einen gut mit Nährstoffen versorgten Boden benötigen.

Die Wirkstoffe des Beinwells finden sich vor allem im Wurzelstock.

Natur erleben

Summende Kräuter

 Altersgruppe: Vorschulkinder, Kinder und Jugendliche
Gruppengröße: bis 20
Zeitdauer: 10 Minuten
Material: keines, eventuell Papier, Zeichenunterlagen und Stifte

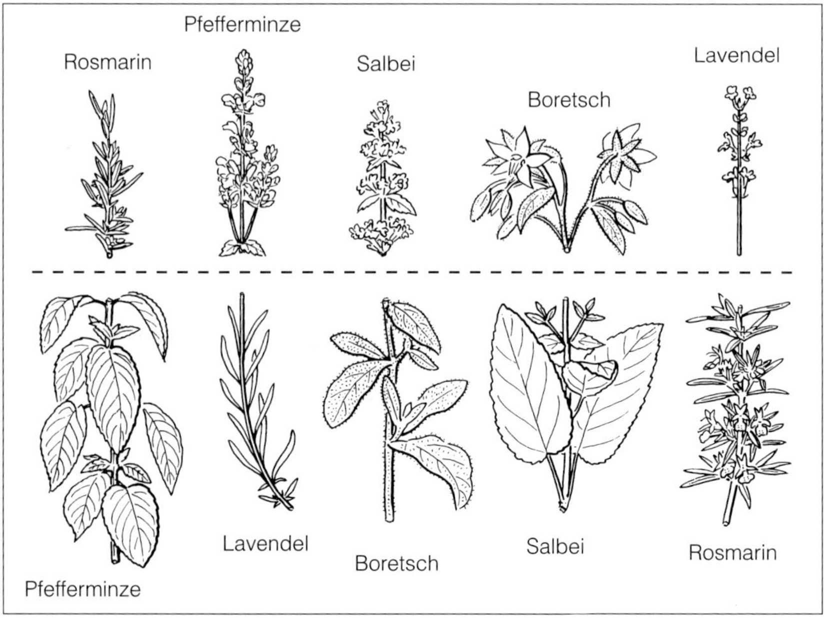

Rosmarin   Pfefferminze   Salbei   Boretsch   Lavendel

Lavendel   Boretsch   Salbei   Rosmarin

Pfefferminze

Welche Pflanzenteile gehören wohl zusammen? Kräuter-Memories können ganz schön knifflig sein!

Um bewußter wahrzunehmen, daß Kräuter geradezu ein Paradies für allerlei Insekten sind, setzen wir uns an einem sonnigen Tag vor ein Kräuterbeet und schließen die Augen. Welche Geräusche nehmen wir wahr? War da das Summen von Bienen oder das Brummeln von Hummeln zu hören? Nach etwa 5 Minuten kommen die Kinder zusammen und berichten ihre »Hörerlebnisse«.

Das Spiel kann fortgesetzt werden, indem die Kinder aufgefordert werden, einmal zu beobachten, welche Kräuter besonders gerne von Insekten besucht werden und welche nicht. Nach ein paar Minuten kann gemeinsam eine »Besuchs-Hitliste« erstellt werden. Die Kinder können die besonders begehrten Kräuter auch zeichnen oder malen. Zusätzlich können Insekten bestimmt werden.

Kräuter-Memory

Altersgruppe: Kinder und Jugendliche
Gruppengröße: bis 15
Zeitdauer: 20 Minuten
Material: blühende Kräuter, ein helles Leintuch

Wir trennen Blüten und Blätter von verschiedenen Kräutern, legen sie auf ein helles Leintuch und vermischen sie miteinander. Die Kinder und Jugendlichen sollen nun die entsprechenden

Pflanzenteile einander wieder zuordnen.
Spielvariante: Wir bilden zwei Gruppen. Jede Gruppe erhält ein helles Leintuch und eine Anzahl von Pflanzenteilen von Gartenkräutern, die einander wieder zugeordnet werden sollen. Die Gruppe, die am schnellsten Blätter, Stengel und Blüten der verschiedenen Gartenkräuter richtig einander zugeordnet hat, hat gewonnen.

Welch ein Duft in meiner Nase!

Altersgruppe: Vorschulkinder, Kinder und Jugendliche
Gruppengröße: bis 30
Zeitdauer: 10 Minuten
Material: für größere Kinder und Jugendliche eventuell Augenbinden

Die Kinder und Jugendlichen bekommen den Auftrag, sich im Kräutergarten ein Blatt eines Würz- oder Duftkrautes zu holen, ohne es den anderen Mitspielern zu zeigen.

Sobald alle Kinder und Jugendlichen mit ihrem Blatt in der geschlossenen Hand zurückgekommen sind, sucht sich jeder Mitspieler einen Partner, dem er das Blättchen unter die Nase hält. Welch ein Duft in meiner Nase! (Damit sich der Duft besser entwickelt, sollte das Blättchen zuvor leicht zerrieben werden.) Mit offenen Augen riecht es sich schlechter. Deshalb bleiben die Augen geschlossen, solange man an dem Gewürzkraut riecht.

Spielvariante 1: Die Kinder und Jugendlichen sollen nun einander berichten, an was sie der Duft erinnert.

Hier werden Aussagen zu hören sein, wie z. B. »Das erinnert mich an Waschmittel oder an mein Duftschaumbad.«

Spielvariante 2: Sobald die Kinder und Jugendlichen den Duft in der Nase aufgenommen haben, werden sie aufgefordert, die dazugehörige Pflanze zu suchen und sich neben sie zu stellen.

Natur wahrnehmen

Wildkräutern auf der Spur!

Altersgruppe: Kinder und Jugendliche
Gruppengröße: bis 30
Zeitdauer: beliebig
Material: keines, eventuell Bestimmungsbücher und Lupen

Nicht nur im Kräutergarten, auch vor der eigenen Haustüre finden sich Trockenstandorte mit zahlreichen wilden Würz- und Duftkräutern. Ob zwischen Gehwegplatten, Pflastersteinen, auf Bahndämmen oder an Straßenböschungen: Salbei, Esparsette, Johanniskraut und viele andere Kräuter, die wir auch im Kräutergarten anpflanzen, beleben das sonst eintönige Grau. Oft sind es Kräuter der Steppen Osteuropas oder von Trockenstandorten der Mittelmeergebiete, die sich besonders an die extremen Bedingungen an den urbanen Standorten angepaßt haben.

Die Kinder und Jugendlichen erhalten bei diesem Spiel die Aufgabe, nach Kräutern in ihrem direkten Wohnumfeld zu suchen, die sich an trockene, extreme Ruderalstandorte angepaßt haben. In Kleingruppen sollen verschiedene Fragen untersucht werden:

1. Wo sind die Kräuter ursprünglich beheimatet?
2. Wie schützen sich die Kräuter vor Trockenheit und starker Sonneneinstrahlung?
3. Gibt es diese Vertreter oder Verwandte auch im Kräutergarten?

Heilwirkung von Kräutern

Altersgruppe: Kinder und Jugendliche
Gruppengröße: bis 30
Zeitdauer: beliebig
Material: eventuell Bestimmungsliteratur

Der Name der Kräuterpflanzen gibt oft schon einen Aufschluß über ihre Verwendungsmöglichkeiten als Heilpflanzen. Gemeinsam wird nach solchen Beispielen gesucht: z. B. Beinwell, Augentrost oder Echtes Herzgespann.

Die Wirkstoffe der Kräuter sind dabei in bestimmten Pflanzenteilen, also in Blättern, Stengeln, Wurzeln, Blüten, Früchten oder Samen konzentriert. Gemeinsam werden die Kräuter im Schul- oder Hausgarten auf ihre Verwendungsmöglichkeiten hin untersucht. Die Kräuter können auch entsprechend ihrer heilkräftigen Pflanzenteile in Beeten zusammengefaßt werden.

Ätherische Öle finden sich in vielen Gartenkräutern, zum Beispiel in Pfefferminze, Melisse und Baldrian. Daneben gibt es aber auch andere wichtige Wirkstoffe: Bitterstoffe in Löwenzahn oder Tausendgüldenkraut, Gerbstoffe

in Minze-Arten oder Glykoside in Knoblauch und Rhabarber (Arznei-Rhabarber). Bei Schulklassen können im Unterricht begleitend zur Neuanlage eines Kräuterbeetes oder eines Kräutergartens die wichtigsten Wirkstoffe behandelt werden.

Natur be-greifen

Duftende Wegweiser

Altersgruppe: Kinder und Jugendliche
Gruppengröße: bis 30
Zeitdauer: beliebig
Material: je nach Bedarf

Aus Holz oder anderen Naturmaterialien lassen sich hübsche und einfallsreiche Hinweisschilder für den Kräutergarten basteln. Darauf können neben dem Namen der Pflanze auch Hinweise auf die Heilwirkung, die heilkräftigen Pflanzenteile oder andere Eigenschaften gegeben werden.

Duftende Wegweiser erhält man, wenn man die Namen der Kräuter aus den Pflanzenteilen zusammensetzt, die die Wirkstoffe innehaben. Das Wort »Pfefferminze« läßt sich z. B. aus kleinen Blättchen der Pfefferminze zusammensetzen, »Johanniskraut« aus seinen Blüten etc.

Kräuter in der Küche

Altersgruppe: Vorschulkinder, Kinder und Jugendliche
Gruppengröße: bis 30
Zeitdauer: 20 Minuten
Material: siehe Rezept

Wo sind die Wirkstoffe in den Pflanzen gespeichert?

Pflanzenname	Wissenschaftlicher Name	Pflanzenteil mit Wirkstoff
Berg-Arnika	*Arnica montana*	Blüten, Wurzelstöcke
Boretsch	*Borago officinalis*	Blätter
Eberraute	*Artemisia abrotanum*	Triebspitzen
Echte Engelwurz	*Angelica archangelica*	Blätter, Wurzeln
Echter Alant	*Inula helenium*	Wurzel
Echter Andorn	*Marrubium vulgare*	blühende Sproßspitzen
Echter Dost; Origano	*Origanum vulgare*	Blätter, junge Triebe
Echter Eibisch	*Althaea officinalis*	Blätter, Wurzeln
Echter Lavendel	*Lavandula angustifolia*	Blattspitzen
Echter Lein	*Linum usitatissimum*	Samen
Echter Thymian	*Thymus vulgaris*	junge Triebe
Echtes Herzgespann	*Leonurus cardiaca*	blühende Sproßspitzen
Eisenkraut	*Verbena officinalis*	blühende Pflanzen
Garten-Ringelblume	*Calendula officinalis*	Blüten
Gemeiner Beinwell	*Symphytum officinale*	Wurzeln
Heiligenkraut	*Santolina chamaecyparissus*	blühende Sproßteile, Blätter
Knoblauch	*Allium sativum*	Grün, Knoblauchzehen
Koriander	*Coriandrum sativum*	Samen
Liebstöckel	*Levisticum officinale*	Blätter, Wurzeln
Minze-Arten	*Mentha*-Arten	Blätter
Rosmarin	*Rosmarinus officinalis*	Triebspitzen, Blätter
Tüpfel-Johanniskraut	*Hypericum perforatum*	Blätter, Blüten
Weinraute	*Ruta graveolens*	junge Triebe, Blätter
Wermut	*Artemisia absinthium*	Blätter
Ysop	*Hyssopus officinalis*	junge Triebe, Blätter
Zitronenmelisse	*Melissa officinalis*	junge Triebe, Blätter

![Ringelblumen]

Die farbenprächtigen Ringelblumen dürfen in keinem Garten fehlen. Die Blüten sind nicht nur schön anzuschauen, sie können auch zur Herstellung von wundheilenden Salben verwendet werden.

Für die Küche bietet ein Beet mit Küchenkräutern zu jeder Jahreszeit die ideale Würzmischung. So läßt sich z. B. aus getrockneten Pfefferminzblättern ein schmackhafter Tee zubereiten. Mit Blättern von Zitronenmelisse kann man Desserts garnieren. Oder wie wäre es mit einem Pfefferminzquark oder einem Verbenensirup?

Pfefferminzquark
200 g Quark
3 Eßlöffel Joghurt
1 Eßlöffel Honig
1/2 Vanilleschote
1 dl Sahne
1/2 Handvoll Pfefferminzblätter

Den Quark mit dem Joghurt und Honig verrühren. Das Vanillemark und die steifgeschlagene Sahne unter den Quark geben. Pfefferminzblätter waschen (falls nötig), fein hacken und in den Quark geben. In Schälchen oder Gläsern anrichten und mit Minzeblättern dekorieren.

Verbenensirup
250 g Verbenenblätter
250 g Zucker
1 l Wasser

Die Verbenenblätter werden mit 1 l Wasser aufgekocht und bis zum Erkalten stehengelassen. Danach seiht man die Blätter ab. Mit den 250 g Zucker in einem Topf unter stetem Rühren aufkochen, sofort in vorgewärmte Flaschen füllen und diese verschließen.

Kräutersäckchen – kinderleicht

*Altersgruppe: Vorschulkinder,
Kinder und Jugendliche
Gruppengröße: bis 30
Zeitdauer: eine Stunde
Material: getrocknete Kräuter,
Seidenstoff oder Spitzentaschen-
tücher, Watte, Wollschnüre oder
bunte Stoffbänder*

Schon mit kleineren Kindern lassen sich hübsche und wohlriechende Kräutersäckchen herstellen. Für Säckchen mit gemischten Blüten sind besonders die Blüten von Kamille, Duftrose, Linde oder Holunder beliebt. Zimtstangen, Zitrusschalen oder Anissamen verstärken den Duft. Es können aber auch Duftöle (aus der Apotheke) verwendet werden, die man direkt auf die getrockneten Blüten oder auf einen Wattebausch träufelt. Den Wattebausch legt man dann zwischen die Blüten in das Säckchen hinein.

Kräuterspirale

*Altersgruppe: Kinder und
Jugendliche
Gruppengröße: bis 30
Zeitdauer: mehrere Tage
Material: Steine, Erde, Sand,
Gartengeräte*

Da unsere Küchenkräuter aus ganz unterschiedlichen Regionen Europas stammen, haben sie dementsprechend auch verschiedene Ansprüche an den Standort. Neben zahlreichen Kräutern, die Sonne und Trockenheit lieben, gibt es andere, die leichte Beschattung, humose und feuchte Böden bevorzugen oder sogar in seich-

tem Wasser gedeihen. Auf einer Grundfläche von nur drei bis vier Quadratmetern bietet die Kräuterspirale jedem Kraut die passenden Bedingungen.

Gleichzeitig ist die spiralförmig aufgeschichtete Trockenmauer Lebensraum für zahlreiche Mauerpflanzen und Tiere (vgl. Kapitel »Weinberg und Trockenmauer«). Durch die spiralförmige Anordnung und das Angebot unterschiedlicher Bodenqualitäten lassen sich sehr viel mehr Kräuter ansiedeln, als dies auf einem ebenen Beet mit gleicher Grundfläche möglich wäre.

Zuerst wird der Grundriß abgesteckt, dann werden die Natursteine wie eine freistehende Trockenmauer aufgeschichtet. Sie sollte sich leicht nach innen neigen, damit keine Steine herausfallen. Der Innenraum wird mit Erde, grobem Schotter oder Bauschutt verfüllt (Bauschutt ist besonders gut geeignet, weil er viel Kalk enthält und die meisten Kräuter kalkhaltigen Boden brauchen). Im oberen Bereich, wo die Sonne ungehindert einstrahlen kann, bekommt die Spirale eine magere, mit viel Sand versetzte Bodenabdeckung und zwei- bis dreimal im Jahr etwas Algenkalk – das ist der Standort für anspruchslose und wärmeliebende Kräuter wie Thymian, Salbei, Tripmadam und Rosmarin. Die Steine der Trockenmauer sind hervorragende Wärmespeicher für kühle Nächte. Weiter nach unten wird der Boden allmählich lehmig bis humos. Der untere, nach Norden orientierte Teil wird mit Gartenerde und Kompost aufgefüllt. Hier wachsen schattenverträgliche und feuchtigkeitsliebende Kräuter wie Petersilie, Pimpinelle und Dill. Hochwachsende Kräuter pflanzt

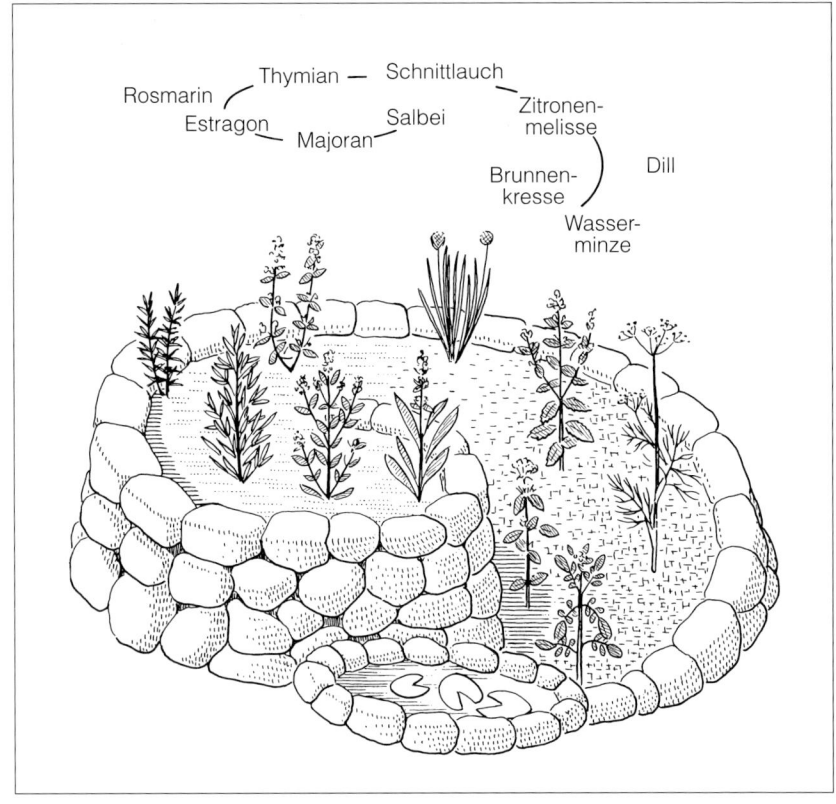

Ein Beispiel für die Bepflanzung einer Kräuterspirale.

man am besten am nördlichen Rand, damit sie den kleinwüchsigeren Arten kein Sonnenlicht wegnehmen. Zu den höherwüchsigen Arten gehört Oregano auf dem nährstoffarmen oder die Weinraute auf dem weniger nährstoffreichen Abschnitt der Kräuterspirale.

Am Fuß der Spirale kann ein kleiner Teich so angelegt werden, daß die Folie zur Kräuterspirale hin Anschluß hat. So entsteht ein feuchter Standort, an dessen Rand Brunnenkresse, Sauerampfer und Wasserminze sich wohl fühlen.

Erlebnisraum Brachflächen in Städten

Unbekannte Oasen für Pioniere und Genügsame

Die Jungen strolchen durch das Gelände. Sie schneiden Zweige von Gehölzen ab und schnitzen sich Speere. Es dauert nicht lange, und sie graben mit ihren Speeren ein großes Loch in die Erde. Wenn es regnet, dann wird sich vielleicht darin eine Pfütze bilden, durch die sie springen oder hüpfen können. Sie hören ihre Freunde lachen und schauen zu ihnen hinüber. Peter und Michael sind im Goldrausch! Die gelben Blütenköpfchen des Rainfarns haben die beiden zu »reichen Herren« gemacht. Angelockt durch das Lachen kommen auch andere Kinder herbeigelaufen, um zu sehen, was es da Interessantes gibt. Diese erzählen, daß sie gestern hier auf den Steinen einer richtigen Schlange begegnet sind. Das ist natürlich eine Neuigkeit! Eine echte Schlange wiegt jeden noch so großen Sack reinen Goldes auf. Mit einer Mischung aus Unbehaglichkeit und angespannter Vorfreude machen sich nun alle gemeinsam auf die Suche nach dem Tier. Der kleine Bruder läuft hinterher – er hat zwar noch nicht so genau begriffen, was denn jetzt eigentlich so spannend sein soll, aber Hauptsache er ist dabei . . .

Große und kleine Sträucher, aus denen man Speere oder Pfeil und Bogen schnitzen kann, Blüten in allen Farben und Formen, kleine Tümpel, Steine unterschiedlichster Größe und

»gefährliche« Tiere – kein Zweifel, die Kinder spielen mitten in ihrer Stadt!

Verlassene Fabrikgelände, alte Gleisanlagen, wildes Gelände – das ist ihre Spielfläche. Keine Schaukel oder Wippe ist so aufregend wie diese wilde Natur mit ihrem Laub, ihren Wiesen und den hohen Bäumen, die im Gegensatz zu den vorgeformten Klettertürmen noch wahre Herausforderungen darstellen. Hier läßt es sich unbeobachtet spielen, hier können Kinder ihre Kräfte und ihre Geschicklichkeit messen und ihre eigenen Grenzen erfahren. Im Laufe des Jahres verändert sich dieser Spielraum ständig, so daß neue, selbst erdachte Spiele möglich sind. Und das Beste daran: in diesen Spielraum kann auch eingegriffen werden! Im Gegensatz zu Spielplätzen, wo meist nur im Sandkasten kreatives Spiel möglich ist, sind hier die Kinder Baumeister und können ihren Lebensraum mitgestalten und eigene Verantwortung für ihn übernehmen.

Je nach Boden und vorheriger Nutzung entwickeln sich auf diesen Flächen die unterschiedlichsten Pflanzen. Besonders für Arten, die trockene Standorte brauchen, stellen Brachflächen oft die letzten Rückzugsgebiete dar. Befindet sich das Brachland noch in einem jungen Stadium, so trifft man auf trockenen Standorten häufig auf den Scharfen Mauerpfeffer und das Quendel-Sandkraut. Gänsefußgewächse finden sich dagegen mehr auf nährstoffreichen Aufschüttungen. Liegt das Brachland länger ungestört, so gedeihen dort viele Gräser-Arten wie Glatthafer, Rotschwingel oder Wiesen-Rispengras, aber auch Beifuß-Rainfarn-Gesellschaften. Auch viele Tierarten sind auf diese Standorte angewiesen – so die Mau-

Erdkröten sind bei ihrer Wanderung von den Winterquartieren zu den Laichgewässern oft stark gefährdet. Vielerorts werden deshalb entlang von vielbefahrenen Straßen sogenannte Leitzäune (»Amphibienzäune«) angebracht, welche die Kröten zu »Tunnels« als Leiteinrichtung führen. Manchmal sammeln Naturschützer die Kröten ein und lassen sie auf der anderen Straßenseite wieder frei.

ereidechsen, Zauneidechsen, Schling- nattern und viele gefährdete Amphi- bien, die während der Sommermonate auf dem Land leben. Bilden sich in den Winter- und Frühlingsmonaten kleine Pfützen und Tümpel, so können die Amphibien darin auch ablaichen. Sträucher und Bäume, die sich erst nach mehreren Jahren auf den Brach- flächen entwickeln, bieten vielen Vo- gelarten Brut- und Nahrungsmöglich- keiten.

Diese Langfühlerschrecke ist im Natternkopf gut getarnt.

Sicherlich können nicht viele Stadt- oder Dorfkinder auf naturnahen Brachflächen spielen. Wo es aber möglich ist, sollten den Kindern diese meist »verbotenen Flächen« wieder als Erlebnis- und Spielräume zurückgegeben werden. Selbst wenn es nur kleine, ungeordnete Flächen auf Hinterhöfen sind, auf denen Kinder Natur erleben – auch sie tragen zu einer gesunden seelischen Entwicklung unserer Kinder bei.

Aber auch außerhalb von Brachflächen ist es in der direkten städtischen oder dörflichen Umgebung möglich, Kindern Naturerlebnisse zu vermitteln. Manchmal müssen zuvor einige Voraussetzungen dafür geschaffen werden. Aber auch dabei können Kinder und Jugendliche mit einbezogen werden, so zum Beispiel bei der Anlage von Steinriegeln oder Trockenmauern, beim Bau von Nistmöglichkeiten oder einfach bei der Anlage eines Komposthaufens. Im folgenden finden Sie eine kurze Übersicht von Möglichkeiten, wie weitere natürliche Spiel- und Erfahrungsräume in der Umgebung von Kindern und Jugendlichen entwickelt werden können.

Kleinlebensräume anbieten

Wenn wir kleine Randbereiche von Nutzung und Pflege ausgrenzen, werden Wildkräuter sprießen, die früher als Unkraut abgetan und beseitigt wurden. Gerade diese »wilden« Ecken sind aber eine große Bereicherung für die Natur. Wildbienen, Schmetterlinge und andere Insekten finden auf den kleinen Ruderalflächen Futterpflanzen und Nistmöglichkeiten. Es sollte dabei selbstverständlich sein, daß auf den Einsatz von Chemie in jeder Form verzichtet wird!

Auch in einem bepflanzten Wasserfaß können Naturstudien betrieben werden, wenn die Anlage eines Tümpels zu aufwendig ist.

Mit Sonnenblumen bepflanzte Kübel können der Beginn für die Entstehung eines Schulgartens sein, wenn man erst einmal den Arbeitseifer und die Begeisterung für das neue Projekt testen will. Kübelpflanzen können überall zum Einsatz kommen, wo der versiegelte Boden zunächst nicht angegriffen werden soll.

Einen Komposthaufen anlegen

Ein Komposthaufen ist besonders geeignet, um Kindern einen Einblick in den Lebensraum Boden zu geben und den Stoffkreislauf in der Natur zu erklären. Der Verrottungsprozeß kann dabei unmittelbar erlebt und die zahlreichen Bodentiere leicht beobachtet werden. Die Kinder und Jugendlichen lernen zu unterscheiden, was auf dem Kompost verrottet und welche Abfälle nicht umgewandelt werden können. Sie werden mit Spaß und Eifer dafür sorgen, daß »ihre Bodentiere« in ihrem Kompost niemals Hunger leiden müssen.

Für den Kindergarten eignet sich ein Kompostbehälter aus Holz, der preisgünstig im Baumarkt erhältlich ist. Er wird zusammengesteckt und an einem halbschattigen, windgeschützten Ort (z. B. unter Bäumen, hinter einer Hecke) direkt auf den Boden gestellt. Als unterste Lage bringt man eine etwa 20 cm dicke Schicht zerkleinerter Holzreste oder anderes grobes Mate-

rial aus, damit der Kompost ausreichend mit Luft versorgt wird. Nun
kann das zu verkompostierende Material aufgebracht werden. Wichtig
ist, daß möglichst viele verschiedene
Materialien (frisch und holzig, grob
und fein, trocken und feucht) gut miteinander vermischt werden. Über frische Küchenabfälle sollte man eine
dünne Schicht Erde streuen, damit
keine Ratten angelockt werden.
Ist der Kompost fertig aufgeschichtet
(nicht höher als 75 cm), bleibt er etwa

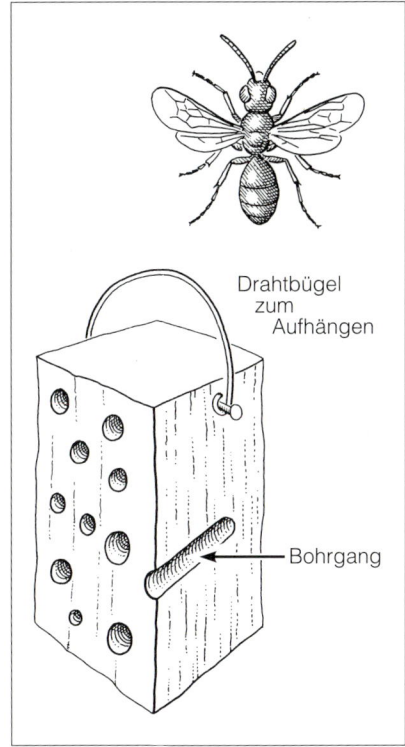

Drahtbügel
zum
Aufhängen

Bohrgang

*Wie die Zeichnung verdeutlicht, sollen
die Bohrgänge im Holz immer leicht nach
oben verlaufen, damit Regenwasser ggf.
abfließen kann und die Bohrgänge nicht
unter Wasser setzt (Bauanleitung siehe
Seite 72).*

ein halbes Jahr liegen, bis die Zersetzung zu Komposterde weitgehend ab-
geschlossen ist.

Regenwasser sammeln

Eine Regentonne ist schnell aufgestellt
und funktioniert ganz von alleine. Das
gesammelte Wasser kann als Gieß-

*Nisthilfen für Wildbienen sind schnell
gebaut und finden in jedem noch so
kleinen Garten einen Platz.*

Ein begrüntes Garagendach dient der Vernetzung von Lebensräumen und sichert damit das Überleben vieler bedrohter Tier- und Pflanzenarten siehe Seite 73).

wasser verwendet werden, um kostbares Trinkwasser aus der Leitung einzusparen. In unseren niederschlagsreichen Breiten macht sich diese Nutzung auch finanziell bald bemerkbar.

Nistplätze schaffen und Nisthilfen bauen

Schleiereulen, Turmfalken und auch Fledermäusen ist der Wohnraum knapp geworden. Sie haben sich zwar an die menschlichen Siedlungen angepaßt, werden nun aber häufig durch unser Sauberkeitsbestreben ausgesperrt. Wir könnten diesen Kulturfolgern helfen, indem wir Kirchtürme, öffentliche Gebäude und Scheunen

mit ungenützten Dachböden offenlassen. Gerade in Scheunen erhalten Eulen die Möglichkeit, auch bei Eis und Schnee erfolgreich auf Mäusejagd zu gehen. Wer den Eulen helfen, aber die Tauben fernhalten will, kann auch im Freien Steinkauznisträhren aufhängen.

Insektennisthilfen lassen sich leicht selbst bauen. Man nimmt kamingerechte Stücke von Hartholz, z. B. Buche, und bohrt mit einem Handbohrgerät unterschiedlich tiefe und große Löcher (von 3 mm Durchmesser und 2 bis 4 cm Tiefe bis hin zu 10 mm Durchmesser und 6 bis 10 cm Tiefe) in die Seitenflächen des Holzstückes. Die Bohrlöcher sollten im Holz leicht nach oben verlaufen, damit sich darin kein

Regenwasser ansammeln kann. Aufgehängt werden die neuen Behausungen mit den Brutröhren für Schlupfwespen und Wildbienen an sonnenexponierten Stellen. Wird eine Röhre zur Eiablage genutzt, so erkennt man das daran, daß die Löcher von den Insekten mit einem Pfropfen verschlossen werden. Die Insektennisthilfen bleiben auch im Winter draußen.

Fassaden- und Dachbegrünung

Fassaden- und Dachbegrünung sind keine Erfindungen unserer Zeit: schon die alten Griechen schmückten ihre Lauben mit Weinreben, römische Patrizier legten üppig bepflanzte, idyllische Dachgärten an, und auch Moos- und Reetdächer zeugen von alten Traditionen.

Die Bepflanzung und Begrünung von Fassaden und Dächern ist eine ideale Möglichkeit, an anderen Stellen verloren gegangenen Lebensraum für Tiere und Pflanzen zurückzugewinnen. Auch sorgt ein »Pflanzenpelz« für ein verbessertes Kleinklima, er reinigt die Luft, schützt Gebäude rundherum vor Wind, Regen und Energieverlusten und belebt das Stadtbild.

Zahlreiche Tiere und Pflanzen haben sich auf diese zusätzlichen ökologischen Nischen eingestellt. So ernährt sich z. B. die Mönchsgrasmücke, wenn sie nicht genügend Insekten findet, fast ausschließlich von den Beeren des Efeus. Aber auch Bienen, Schmetterlinge und Nachtfalter haben sich auf das Nektarsammeln an Kletterpflanzen spezialisiert.

Nahezu für jede Mauer gibt es auch die passende Kletterpflanze. Entweder rankt sie durch eigene Saugwurzeln und Haftscheiben empor oder man bringt einfache Kletterhilfen wie Spanndrähte, Schnüre, Latten und Stangen an.

Um eine Fassade erfolgreich und dauerhaft zu begrünen, sollten jedoch die klimatischen Standortverhältnisse, Lage und Orientierung der zu begrünenden Fläche berücksichtigt und danach die geeigneten Kletterpflanzen ausgewählt werden.

Unseren Dächern eine »grüne Haube« aufzusetzen, schafft neue Lebensräume für Tiere und Pflanzen, verbessert die Luftqualität, erhöht die Sauerstoffproduktion, hilft Energie zu sparen und verbessert das Stadtklima, denn begrünte Dächer speichern und verdampfen Niederschläge, die sonst über Regenrinne und Gully direkt abgeleitet würden.

Dach- und Fassadenbegrünungen entstehen auch auf natürlichem Wege in der freien Landschaft. Viele alte Friedhofsmauern, Schloßruinen, kleine Waldkapellen und historische Gebäude sind ganz von selbst von einem dichten Blätternetzwerk umhüllt worden. Besondere »Lebenskünstler« (Pioniere) besiedeln ältere, nicht zu steile Ziegel- oder Eternitdächer. So finden wir Flechten, die im ausgetrockneten Zustand Hitze und Frost überdauern können, oder Hauswurzarten mit dickfleischigen Blättern, die als Wasserspeicher dienen. Sie bereiten den Weg für die Ansiedlung anderer höherer Pflanzen. Durch den ständigen Pollenflug siedeln sich allmählich Pflanzengesellschaften an, die mit diesen kargen Lebensbedingungen auskommen. Ein weiterer natürlicher Fassaden- und Dachbewuchs, der in der freien Landschaft beobachtet werden kann, ist das Moos. Es hat hervorragende Isolationseigenschaften und dient unzähligen Käfern, Spinnen, Ameisen und Insekten als Unterschlupf.

Natur erleben

Kamera auf zwei Beinen

 Altersgruppe: Vorschulkinder, Kinder und Jugendliche
Gruppengröße: bis 30, in Zweiergruppen
Zeitdauer: 20 Minuten
Material: keines

Wir bilden Paare, wobei ein Partner den anderen,»blinden« Partner über das Gelände führt. Zu Beginn kann eine Proberunde gelaufen werden, damit sich beide an das neue Gefühl des »Geführt-werdens« oder des »Führens« gewöhnen können. Der Mitspieler, der führt, ist der Fotograf, die geführte Person die Kamera, mit der die Fotos geknipst werden. Der Fotograf führt nun die »Kamera« mit geschlossenen Augen an sechs bis acht verschiedene Pflanzen oder Orte im Garten. An den ausgewählten Motiven bringt er die »Kamera« in Position, so daß das Objekt am eindrucksvollsten zu sehen ist. (Bei dem Spiel sollte nicht gesprochen werden, Fotograf und Kamera verständigen sich nur durch Berührungen.) Stimmt die Einstellung, so betätigt der Fotograf den Auslöser, indem er der Kamera auf die Schulter klopft und »Klick« sagt. Nun darf der Verschluß, d. h. die Augen, für knapp 3 Sekunden geöffnet werden. Läßt der Fotograf den

Auslöser los und wiederholt die Aufforderung»Klick«, so schließt die geführte Person wieder ihre Augen. Haben wir alle Aufnahmen gemacht, so werden die Rollen getauscht. Abschließend sollten die Eindrücke, d. h. die Fotos, gemeinsam besprochen werden. Welches Bild hat besonders gefallen, welches am wenigsten?

Steinschmeichler

 Altersgruppe: Vorschulkinder, Kinder und Jugendliche
Gruppengröße: bis 30
Zeitdauer: 15 Minuten
Material: Kieselsteine

Die Kinder und Jugendlichen werden aufgefordert, sich einen Kieselstein beliebiger Größe zu suchen, der eine bestimmte Eigenschaft besitzt: z. B. einen Stein, der besonders gut gefällt, der von einem Grashalm beschattet wird oder der schön gefärbt ist. Danach setzen sich alle in einem Kreis auf den Boden, schließen die Augen und »erfühlen« in aller Ruhe ihren Stein. Als Hilfestellung kann der Spielleiter unterstützende Fragen stellen, wie z. B. »Wie fühlt sich der Stein an: rauh oder glatt, kantig oder rundlich?« »Welche Größe hat der Stein?« »Ist er größer oder kleiner als die Handinnenfläche?« Danach werden alle Steine von dem Spielleiter in einem Stoffbeutel eingesammelt und gemischt.

Die Mitspieler schließen erneut die Augen und erhalten nun von dem Spielleiter einen beliebigen Stein aus dem Stoffbeutel. Ihre Aufgabe ist es nun, den »eigenen« Stein wiederzufinden. Dabei werden die Steine mit geschlossenen Augen so lange im Uhrzeigersinn weitergegeben und mit den Händen befühlt, bis jeder seinen eigenen Stein wiedergefunden hat.

Ist das der Fall, können diese Mitspieler ihre Augen wieder öffnen. Sie bleiben aber im Kreis sitzen und geben den anderen Mitspielern, die noch auf der Suche nach ihrem Stein sind, die noch kreisenden Steine weiter.

...schwer, ...etc. ist und erzähle niemandem von diesem Geheimnis. Das Gesuchte muß sich in Deiner geschlossenen Hand verstecken lassen.

Nach einer Weile stellen sich alle im Kreis auf und zeigen sich gegenseitig, was sie gefunden haben. Die anderen müssen nun erraten, welche Eigenschaft das Geheimnis besitzen soll.

Wer am meisten errät, hat gewonnen.

Steintrommler

Altersgruppe: Vorschulkinder, Kinder und Jugendliche
Gruppengröße: bis 30
Zeitdauer: 10 Minuten und länger
Material: Steine verschiedener Größe

Musik mit Steinen! Wir sammeln verschieden Steine und testen ihre Töne beim Zusammenschlagen. Dann bilden wir als »Steintrommler« ein Orchester, zu dem natürlich auch ein Dirigent gehört, der die Einsätze und Pausen anzeigt.

Wer sucht, der findet ...

Altersgruppe: Kinder und Jugendliche
Gruppengröße: bis 30
Zeitdauer: beliebig
Material: vorbereitete Aktionskärtchen

Vorbereitete Kärtchen werden an die Mitspieler verteilt. Auf den Kärtchen steht z. B.: »Suche etwas, das glatt, ...rund, ...kalt, ...rauh, ...leicht,

Lieblingsplätze

Altersgruppe: Kinder und Jugendliche
Gruppengröße: bis 30
Zeitdauer: 60 Minuten
Material: keines

Wir führen uns gegenseitig durch unser Dorf oder den Stadtteil und zeigen uns die Plätze, die wir lieben, und die, die wir nicht so schön finden. Dieser Ausflug kann sehr gut mit einem Ratespiel verbunden werden. An bestimmten Plätzen angekommen, wird die Person, die hierher geführt hat, befragt, wo das Besondere ist und ob es ein Lieblingsplatz oder ein nicht gern besuchter Platz ist. Die gestellten Fragen müssen so formuliert werden, daß sie nur mit »Ja« oder »Nein« beantwortet werden können. So lernen wir gegenseitig unser Wohn- und Lebensumfeld, den Schulweg und durch genaues Fragen und Zuhören auch unsere Freunde und Nachbarn kennen.

Unseren Stadtteil aus unbekannter Sicht erleben!

Altersgruppe: Vorschulkinder, Kinder und Jugendliche
Gruppengröße: 1 bis 30
Zeitdauer: 20 bis 60 Minuten
Material: für alle Papierrohre, Handspiegel oder Fernglas

Bei einer »Stadtführung« bilden wir jeweils Paare. Diese führen sich nun abwechselnd (eine Person wird etwa 5 bis 10 Minuten geführt) auf bekannten Wegen, wobei die geführte Person ständig ein Papierrohr oder ein Fernglas vor die Augen hält. Statt Fernglas oder Papierrohr können wir auch einen größeren Spiegel mitnehmen, den wir mit beiden Händen festhalten und nach oben oder auf die Seite halten, so daß wir gut hineinschauen können. Ohne den Blick abzuwenden, lassen wir uns nun auf gewohnten Wegen führen.

Was konnte Neues beobachtet werden? Finden wir den gegangenen Weg wieder zurück? Ein Austausch in der Gruppe ist nach diesem Erlebnis sicher interessant.

Danach steigen wir gemeinsam mit unseren Papierrohren, Spiegeln oder Ferngläsern auf den Kirchturm und schauen uns alles einmal aus der Vogelperspektive an. Können wir bekannte Plätze, Straßen oder Häuser entdecken?

Diese Spiele, die zugleich faszinierende Wahrnehmungsübungen sind, können wir natürlich mit verschiedenen Fragestellungen immer wieder aufs Neue wiederholen. So ist es beispielsweise interessant, auf diese Art beliebte oder neue Spielräume zu entdecken.

Natur wahrnehmen

Bewohner mit extremen Ansprüchen

Altersgruppe: Vorschulkinder, Kinder und Jugendliche
Gruppengröße: bis 30
Zeitdauer: beliebig
Material: helle Leintücher (je nach Anzahl der Kleingruppen), eventuell Klapp- oder Becherlupen, Bestimmungsbücher

Trockene Standorte bieten Sandbienen, zahlreichen Heuschrecken- und Laufkäferarten einen wertvollen Lebensraum. Die Kinder und Jugendlichen bilden Kleingruppen zu 4 bis 6 Personen. Jede Gruppe erhält ein Leintuch, das sie nun an einem selbst ausgewählten Platz auslegt. Dort wird das Tuch für einige Minuten liegengelassen. Aus einem Abstand von mindestens 5 m beobachten die einzelnen Kleingruppen, wie Insekten auf das Leintuch hüpfen, kriechen oder fliegen. Nach ein paar Minuten nähern sich die Kinder vorsichtig den Leintüchern und betrachten – eventuell auch mit Hilfe von Klapp- oder Becherlupen – welche Insekten sich auf dem Tuch niedergelassen haben. Mit geeigneter Literatur werden die Kleinlebewesen bestimmt.

Wachsames Auge

Altersgruppe: Vorschulkinder, Kinder und Jugendliche
Gruppengröße: 1 bis 30
Zeitdauer: 60 Minuten
Material: Bleistift, Papier, Lupe

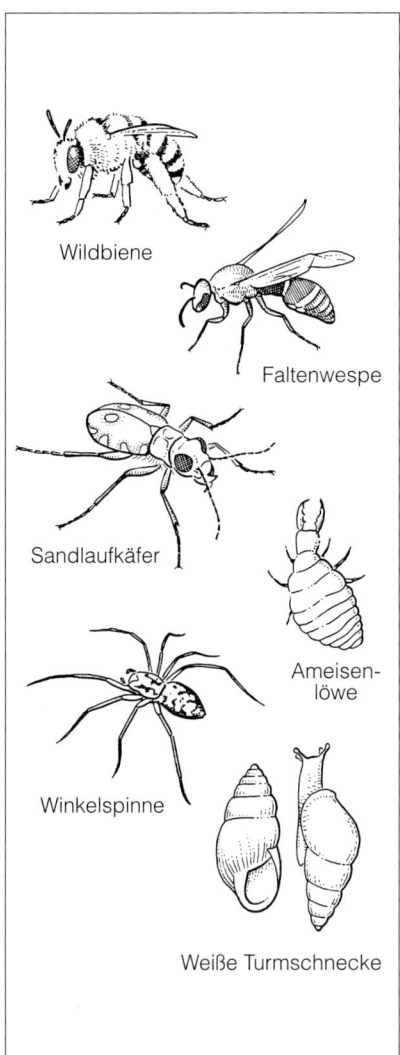

Wildbiene

Faltenwespe

Sandlaufkäfer

Ameisen-
löwe

Winkelspinne

Weiße Turmschnecke

Tiere und Insekten, die vor allem auf eher trockenen, warmen Standorten zu finden sind. Besonders versteckt lebt der Ameisenlöwe, der seine Beute (vor allem Ameisen!) im lockeren, sandigen Boden mit Hilfe seines Fangtrichters erbeutet.

Die Gruppe wandert durch die Stadt und sucht nach Lebensräumen. Wer ein Nest an der Hauswand, bewachsene Fugen, ein grünes Dach etc. entdeckt, bekommt einen Punkt. Der Leiter notiert alle Punkte pro Teilnehmer und zählt sie am Schluß zusammen. Wer die meisten Punkte gesammelt hat, bekommt die Auszeichnung »Wachsames Auge« verliehen.

Schön wäre die Wiederholung des Rundganges zu verschiedenen Jahreszeiten, denn das »Kleid« der Häuser wandelt sich, sofern sie nicht nur mit Efeu bewachsen sind.

Der Natur auf der Spur

Altersgruppe: Kinder und Jugendliche
Gruppengröße: 1 bis 30
Zeitdauer: beliebig
Material: Aufgabenzettel

Mehrere Gruppen bekommen eine unterschiedliche Aufgabe zur Beobachtung:
– Wie viele markante Einzelbäume zählt ihr? (Laub- und Nadelbäumen werden getrennt erfaßt)
– Welche fremdländischen Gehölze wurden in Vorgärten gepflanzt?
– Gibt es Wasser im Dorf oder Stadtteil?
– Wo sind noch »wilde Ecken« übriggeblieben?

Die Gruppe geht gemeinsam durch die Stadt und versucht alle Naturräume und Einzelelemente zu erfassen und trägt beim Rundgang alle Beobachtungen in einen Stadtplan ein. Am Schluß sieht man ihn sich gemeinsam an und faßt die Ergebnisse zusammen.

Die Roßkastanie ist ein beliebter Stadtbaum.

Stadtrallye

Altersgruppe: Kinder und Jugendliche
Gruppengröße: bis 30, in Klein-gruppen
Zeitdauer: Rallye: eine bis mehrere Stunden; Vorbereitung: etwa einen Tag
Material: Aktionskärtchen

Der Leiter hat während einer Vorbesichtigung einzelne Lebensräume und Beispiele für positive und negative Eingriffe im Ort erkundet. Daraufhin schreibt er für zwei Gruppen jeweils fünf Aktionskärtchen mit einer Aufgabe oder Frage und versteckt sie an den verschiedenen Stationen. Auch beschreibt er auf jedem Zettel die jeweils nachfolgende Station.
Beispiele:
1. Zettel: Wir stehen auf einer asphaltierten Hoffläche. Gibt es hier noch »wilde« Randflächen mit spontaner Vegetation, die nicht angepflanzt wurde? Suche das nächste Aktionskärtchen an dem einzelnen Hofbaum.
2. Zettel: Wir stehen unter einem heimischen Laubbaum. Wie heißt er? Sieht er gesund aus? Welche Gefahren drohen ihm? Suche das nächste Aktionskärtchen am Eingang zum Lebensmittelgeschäft »...« an der Kreuzung».
3. Zettel: Welche Produkte bietet der Laden an, die auch ein Bauer verkaufen könnte? Nenne Obstsorten, die aus dem Ausland importiert wurden. Suche das nächste Aktionskärtchen am Springbrunnen vor dem Rathaus.
Die Teilgruppen beginnen am gleichen Startpunkt, aber mit verschiedenen Aktionskärtchen, die zu unterschiedlichen Stationen weiterführen. Jede Gruppe notiert ihre Ergebnisse. Am 5. Punkt, der gemeinsamen Endstation, treffen sich alle zum Austausch der Ergebnisse wieder.

Natur be-greifen

Rassel-Orchester

Altersgruppe: Vorschulkinder, Kinder und Jugendliche
Gruppengröße: bis 30
Zeitdauer: beliebig
Material: verschiedene Dosen, kleine und große Kartonrollen

Mit kleinen Kieselsteinen lassen sich herrliche Rasseln bauen, indem Steinchen beispielsweise in eine Dose oder Kartonrolle gefüllt werden. Schüttelt man diese, rasselt es ordentlich. Werden Steine in unterschiedliche Gefäße gefüllt, läßt sich ein ganzes »Rassel-Orchester« gründen.

Straßenbilder aus Steinen

Altersgruppe: Vorschulkinder, Kinder und Jugendliche
Gruppengröße: bis 30
Zeitdauer: beliebig
Material: (Kiesel-)Steine; eventuell Klebstoff

Ob Kiesel- oder Bruchsteine: Alle Steine eignen sich vorzüglich für die Gestaltung von Straßenbildern. Die Steine werden dabei einfach auf dem Boden zu einem Bild arrangiert oder ergänzen Pflanzenbilder. Kleinere Kieselsteine können wir auch auf einen stabileren Karton aufkleben.

Alter Stein mit neuem Glanz

Altersgruppe: Vorschulkinder, Kinder und Jugendliche
Gruppengröße: bis 30
Zeitdauer: 1 Stunde
Material: Kieselsteine, eventuell Schellack (erhältlich im Bio-Fachhandel)

Einen Kieselstein können wir mit Sandpapier glatt schmirgeln, mit Schellack einlassen und danach mit einem weichen Tuch polieren. So werden aus besonders schönen Steinen zum Beispiel noch schönere Briefbeschwerer.

Städtische Rubbel-Impressionen

Altersgruppe: Vorschulkinder, Kinder und Jugendliche
Gruppengröße: 1 bis 30
Zeitdauer: beliebig
Material: mehrere Bogen Papier, Holz- oder Wachsmalstifte

Bei einer Stadterkundung nehmen wir große Bogen Papier und Holz- bzw. Wachsmalstifte mit. So können wir uns interessant erscheinende Strukturen durchrubbeln, indem wir einfach das Papier auflegen oder darauf festhalten und mit den Stiften von oben flächig bemalen. Verschiedene Strukturen von Hauswänden, Blättern, Straßenbelägen, Kanaldeckeln etc. können wir zu interessanten und vielfältigen Collagen gestalten.

Lebensraum für Spezialisten

Altersgruppe: Vorschulkinder, Kinder und Jugendliche
Gruppengröße: bis 30
Zeitdauer: beliebig
Material: Steine mittlerer Größe

Auf dem Schulgelände, aber auch in jedem Garten läßt sich mit der Anlage eines Lesesteinhaufens ein idealer Standort für die unterschiedlichsten Lebensraumspezialisten anlegen. Lesesteinhaufen oder bis zu mehrere Meter mächtige Steinriegel findet man heute nur noch in stark landwirtschaftlich geprägten Gegenden. Dort sammelten die Bauern über Jahrzehnte die bei der Bewirtschaftung der Felder störenden Steine auf. Vor allem in den Alpen, auf der Schwäbischen Alb, aber auch in typischen Weinbaugegenden findet man noch heute Zeugnisse dieser mühevollen Arbeit entlang der Grundstücksgrenzen.

In aufgeschichteten Steinhaufen versickert das Wasser sehr rasch. Aus diesem Grund fühlen sich hier nur ganz bestimmte Pflanzen und Tiere wohl, die auch extreme Hitze und Trockenheit vertragen können – Schlingnattern, Zauneidechsen und Smaragdeidechsen gehören dazu.

Wo man Steine für den Aufbau einer Lesesteinmauer beziehen kann, erfährt man bei der Gemeinde- oder Stadtverwaltung. Ersatzweise können auch Bruchsteine vom Abriß eines alten Hauses herangeholt werden.

Welt für Spezialisten und Grenzgänger

Wie oft in unserem Leben befinden wir uns auf dem Weg – auf dem Weg in den Kindergarten, zur Schule, zur Arbeit, nach Hause, in den Urlaub oder zu Freunden? Die Kinder werden mit dem Auto zum Kindergarten gefahren, die Schüler legen ihren Schulweg mit dem Bus oder Moped zurück und auch wir Erwachsene müssen natürlich schnellstmöglich – mit Auto, Bus oder Bahn – den Arbeitsplatz oder Urlaubsort erreichen.

Ist für uns Erwachsene der Weg eher ein notwendiges Übel, um ans Ziel zu kommen, so können Wege für Kinder zum Spiel- und Erlebnisraum werden. Wieviel Neues und Aufregendes kann sich auf dem Schulweg ergeben! Neben der Bewegung an sich und den Gesprächen, die sich dabei entwickeln, sind die aufregendsten Abenteuer zu bestehen. Eine Fußgängerbrücke wird zur wild schaukelnden Hängebrücke, über die man nur vorsichtig balancieren darf. Dichte Hecken dienen als Beobachtungsposten für Spione, und verfaulte Astlöcher in den Bäumen werden zu Briefkästen für Geheimbotschaften. Und es gibt viel Arbeit für die Spione – Grenzgänger, wohin das Auge blickt! Hunderte von Ameisen verschleppen Samen von Schöllkraut und Schafgarbe und lassen diese heimlich in Ritzen von Mauern und in Spalten verschwinden. Ein frecher Zaunkönig hält Wache und schmettert sofort auf seinem Ausguck los, sobald er Gefahr im Anzug sieht. Ein Igel schleicht

sich heimlich am Zaun entlang und verschwindet verschreckt unter dem Gartentor hindurch, die Eidechse gibt sich dagegen ahnungslos und aalt sich scheinbar gelangweilt in der Mittagssonne. Abenteuer und Beobachtungen, die den Kindern bei einer Autofahrt entgehen!

So beliebt und wichtig der Spielort »Weg« oder »Straße« auch heute noch für Kinder ist, er wird immer weniger verfügbar für sie. Wege und Straßen dienen heute ausschließlich dem Verkehr, der mehr und mehr zur Barriere wird, die überbrückt werden muß, um sich mit Freunden zu treffen. Kein Platz lädt zum Verweilen, zur Kommunikation oder sogar zum Spielen ein. Und auch die Tier- und Pflanzenwelt hat hier das Nachsehen, denn der Verkehr muß in Fluß bleiben und duldet keine Unterbrechung!

Um so wichtiger ist es aber, daß im Hausgarten, im direkten Wohnumfeld der Kinder, aber auch im Kindergarten- und Schulumfeld Wege, Straßen und Plätze weitgehend naturnah gestaltet und den Kindern und Jugendlichen als Spiel- und Kommunikationsorte zurückgegeben werden.

In ein naturnahes Umfeld von Kindern gehören keine weiten Beton- oder Asphaltflächen. Es gibt heute bereits genügend erprobte Alternativen zur Befestigung von Wegen, so zum Beispiel mit Holzpflaster, Schotterrasen, Naturstein- oder Backsteinpflaster, Sand oder Kies. Diese Wegbefestigungen wirken nicht nur freundlicher als graue Betonflächen; sie schließen den Boden nicht völlig ab, so daß einer Bodenversiegelung entgegengewirkt wird. Und noch einen Vorteil haben diese Materialien: Durch ihre zahlrei-

Entlang von naturnahen Wegrainen machen Kinder immer wieder die spannendsten Entdeckungen.

chen Farbvariationen, Strukturen und Musterungen fördern sie, im Gegensatz zu fertigen Betonsteinen, zusätzlich die Kreativität der Kinder und Jugendlichen beim Bauen und Spielen. Auch besitzt jede Region ihre eigenen, typischen Gesteine. Mit der Verwendung dieser ortstypischen Materialien helfen wir mit, die umgebende Kulturlandschaft in den Garten einzubeziehen und eine Verbindung zu ihr darzustellen. So erhalten Kinder und Jugendliche einen persönlichen Bezug zur umgebenden Natur.

Wege können stabil oder als Trampelpfad angelegt werden. Im ersteren Falle benötigt man auf jeden Fall die Hilfe von Fachleuten und geeignete Maschinen und Werkzeuge. Ergeben sich auf dem Gelände spontane »Trampelpfade«, so werden diese als scheinbar ideale Wege akzeptiert. Wegerich-Arten und verschiedene Gräser bilden hier einen trittfesten Bewuchs. Sollte der Trampelpfad aber aufgrund der häufigen Nutzung doch rutschig werden, können Trittsteine gelegt werden, zwischen denen sich die Vegetation wieder entwickeln kann.

Genauso wie die Wege gehören auch die Zäune zum I-Tüpfelchen eines Gartens. Mit wenig Aufwand und viel Phantasie können Zäune aus Naturmaterialien zu wunderschönen und naturnahen Gartenumgrenzungen werden, die für eine Vielzahl gefährdeter Gartenbewohner einen wichtigen Lebensraum darstellen. Kann auf Drahtgeflechte nicht verzichtet werden, z. B. wenn Tiere vom Gemüsegarten abgehalten werden sollen, läßt man diese am besten von Brombeeren, Winden und reichblühenden Wicken überwuchern. Es eignen sich aber auch andere Blattranker oder Schlingpflanzen.

Selbst Bohnen oder Erbsen lassen sich an diesen Geflechten hochziehen. Und wer ist nicht begeistert, wenn er auf einem Spaziergang an Zäunen vorbeikommt, hinter denen sich die hohen und tief dunkelroten oder rosafarbenen Stockrosen fröhlich im Wind schaukeln?

Zu überlegen ist, ob sich nicht eine einreihige Heckenanpflanzung aus verschiedenen heimischen Gehölzen als Einzäunung am besten eignet. Diese Anpflanzungen nehmen vielleicht relativ viel Platz ein, als wichtiger Lebensraum für Tiere sind sie aber gerade in einer dicht besiedelten Umgebung von unschätzbarem Wert.

Im Frühjahr bestechen sie durch ihre reiche Blütenpracht, die unzählige Bienen und Hummeln in den Garten locken. Im Herbst setzen sie mit dem bunten Farbenspiel ihres Laubs fröhliche Akzente in graue Regentage und liefern den Vögeln des Gartens schmackhafte Beeren.

Auch Flechtzäune aus Weiden oder anderweitigem Schnittgut sind nicht nur relativ schnell und einfach anzulegen, sie zeichnen sich zusätzlich durch ihre Pflegeleichtigkeit aus und überdauern mehrere Jahre. Je nach Bedarf können sie aber auch in jedem Frühjahr mit dem anfallenden Schnittgut ausgebessert werden.

Flechtzäune zu erstellen, macht nicht nur Kindern und Jugendlichen großen Spaß; gleichzeitig eignen sich diese Zäune auch ganzjährig als Beobachtungsplatz für Gartenvögel, Igel und Insekten.

Auf einem Fühlpfad können die verschiedensten Bodenbeläge mit den Füßen erfühlt werden. Das haben Kinder bei dem Projekt des Arbeitskreises »Kinder und Natur« getestet.

Natur erleben

Gehen auf weichen Sohlen

 Altersgruppe: Vorschulkinder, Kinder und Jugendliche
Gruppengröße: bis 30
Zeitdauer: 15 Minuten
Material: keines, eventuell Augenbinden

Wie herrlich erholt fühlt man sich nach einer Wanderung auf einem weichen und abwechslungsreichen Waldboden, und wie ermüdend wirkt ein Gehen auf gepflasterten oder asphaltierten Wegen!

Um die anregende Wirkung auf unser Wohlbefinden bewußt wahrzunehmen, führen wir uns jeweils zu Paaren über unterschiedliche Bodenbeläge. Dabei schließt eine Person die Augen, die andere führt behutsam etwa 5 bis 10 Minuten auf möglichst unterschiedlichen Bodenbelägen spazieren.

Bevor wir beginnen, ist es ratsam, sich kurz gegenseitig »blind« zu führen, damit sich alle in die jeweilige Situation einfühlen können.

Während der »Führung« soll nicht gesprochen werden, damit sich beide Mitspieler besser konzentrieren können. Lediglich kurze Hinweise sollten gegeben werden, wie z. B.: »Vorsicht, hier kommt eine Stufe!« oder »Bitte langsamer gehen!« etc . . .

Das Wahrnehmen der verschiedenen Bodenbeläge und die damit verbundenen Auswirkungen auf unseren Körper sind einprägsamer, wenn wir barfuß laufen.

Blinder Vielfüßer auf Tour

Altersgruppe: Vorschulkinder, Kinder und Jugendliche
Gruppengröße: bis 16 (wenn nötig, mehrere Gruppen bilden)
Zeitdauer: 20 Minuten
Material: keines; eventuell so viele Augenbinden wie Mitspieler

Erlebnisreich ist die oben beschriebene Führung auch als »Blinder Vielfüßer«. Dabei hat nur der »Kopf« des Vielfüßers, also die vorderste Person, die Augen offen. Alle anderen schließen die Augen und halten sich mit den Händen an den Schultern oder Hüften der vorangehenden Person fest. Um ein gemeinsames Gehtempo einhalten zu können, sollten entweder alle barfuß gehen oder alle ihre Schuhe anbehalten.

Vielfalt für die Nase

Altersgruppe: Vorschulkinder, Kinder und Jugendliche
Gruppengröße: bis 30
Zeitdauer: 10 Minuten
Material: keines

Auch Steine riechen. Das werden wir feststellen, wenn der erste Regenschauer über die Wege aus den verschiedensten Naturmaterialien gezogen ist. Die Kinder und Jugendlichen werden eingeladen, die gesamte Wege-Duftpalette kennenzulernen.

Sie werden feststellen, daß die Rindenwege eher harzig, andere Bodenbeläge eher modrig riechen und die zwischen den Steinen wachsenden Kräuter einen würzigen Duft verströmen. Nachdem die Kinder und Jugendlichen einige Minuten lang die verschiedenen Düfte und Gerüche mit ihren Nasen eingefangen haben, kommen alle zusammen und berichten, was alles gerochen wurde. Kann eine Duftpalette, ähnlich einer Farbpalette gemeinsam zusammengestellt werden? Hierfür sucht man nach Düften von »süßlich« bis »modrig« oder »stechend«.

Düfte können auch eingefangen werden. Die Pflanzenteile oder Teile von Naturgegenständen, die den Duft verströmen, gibt man in kleine Filmdöschen (kostenlos erhältlich in Photogeschäften) und sortiert diese nach den verschiedenen Duftnoten.

Übung macht den Meister!

Altersgruppe: Vorschulkinder, Kinder und Jugendliche
Gruppengröße: bis 30
Zeitdauer: 30 Minuten bis eine Stunde
Material: je nach Bedarf

Um das Gehen und Balancieren über unebene Flächen und bewegliche Hindernisse spielerisch zu üben, werden verschiedene Materialien zur Verfügung gestellt, mit denen Wege, Brücken oder Tunnels gebaut werden können. Dazu eignen sich Holzstämme, -balken und -bretter in verschiedener Dicke und Länge, aber auch Äste, mit Stroh gefüllte Säcke und loses Material, wie z. B. Rindenhäcksel, Erde,

Gras, Kies, Sand und vieles mehr.
Mit dem Material wird nun gemeinsam ein Stück Weg durch den Schul- oder Kindergarten als Geschicklichkeitsparcours gestaltet. Auf bestimmten Wegstrecken können die Kinder auch zusätzlich bestimmte Aufgaben erhalten, z.B. auf einem Bein zu hüpfen, den Boden nicht zu berühren oder rückwärts zu gehen.

Natur wahrnehmen

Augen auf!

 Altersgruppe: Kinder und Jugendliche
Gruppengröße: bis 30, in Kleingruppen
Zeitdauer: beliebig
Material: vorbereitete Aktionskärtchen, Bestimmungsliteratur, helles Leintuch

Entlang des Wegrains wird genaues Hinsehen geübt, indem kleine Gruppen Beobachtungsaufgaben bekommen. Jede Gruppe zieht sich zwei bis fünf Aktionskärtchen, auf denen kurze Aufgabenstellung vermerkt sind. Beispiel: Sammle
– 5 verschiedene Gräser;
– 5 verschiedene Samen oder Früchte;
– 5 verschiedene Beweisstücke, daß Tiere in der Gegend waren;
– 5 verschiedene Lippenblütler.

Nach etwa 10 Minuten treffen sich die Kleingruppen wieder und legen ihre Funde auf ein großes, helles Leintuch aus. Alle Entdeckungen werden begutachtet und besprochen.

Das Widderchen gehört zu den geschützten Schmetterlingen. Im Sommer trifft man es oft auf der Tauben-Skabiose, die an Wegrainen und auf trockenen Standorten zu finden ist.

Geheimnisvolle Verstecke unter Steinen

 Altersgruppe: Vorschulkinder, Kinder und Jugendliche
Gruppengröße: bis 30
Zeitdauer: beliebig
Material: einige Steinplatten, eventuell Bestimmungsliteratur

Entlang von Wegen werden einige Steinplatten, die z.B. von einer Bauaktion im Garten übriggeblieben sind, im Abstand von einem bis mehreren Metern verteilt.

Bei Aufenthalten im Freien werden diese Steine in regelmäßigen Abständen immer wieder einmal aufgesucht, um zu schauen, welche Kleinlebewesen darunter Schutz suchen. Danach werden die Steine wieder behutsam zurückgelegt.

Wissenswertes über die Kleinlebewesen erfährt man in Bestimmungsbüchern.

Welche Tiere finden wir unter Steinplatten?

a) in Hohlräumen zwischen Stein und Boden:
Ameisen leben im Garten gerne unter großen Steinplatten, da diese dem Volk, das sich darunter angesiedelt hat, nicht nur Schutz, sondern auch Wärme bis in die Nacht hinein liefern. Die Lieblingsspeise von Ameisen sind süße Säfte, manche Arten leben allerdings auch von Insekten. Wenn sie auf die Suche nach Nahrung gehen, benutzen sie immer bestimmte Wege, die sogenannten Ameisenstraßen – manchmal führen diese direkt in die Küche von Wohnhäusern, wo die Ameisen dann sehr lästig werden können.

Ohrwürmer sind vor allem nachts aktiv und leben unter Steinen und Holzstücken. Sie fressen pflanzliche und tierische Nahrung. Oft findet man Ohrwürmer auf Streuobstwiesen auch an Fallobst. Der Ohrwurm ist ein Nützling, denn er frißt sehr viele Blattläuse.

Einige **Laufkäfer** werden bis zu 4 cm lang. Man erkennt sie an ihrem schlanken, aber kräftigen Körperbau, den langen Beinen und Fühlern. Laufkäfer können schnell laufen, aber meist nicht fliegen. Sie leben vor allem auf der Bodenoberfläche, nur kleine Arten dringen in den Boden ein. Laufkäfer sind ganz schön kämpferisch. Sie greifen sogar Schnecken und Würmer mit ihren spitzen Oberkiefern an. Ist die Beute zu groß, wird sie sozusagen vorverdaut, indem die Käfer einen Verdauungssaft auf das Beutetier spritzen. Dann werden die so »vorzerkleinerten« Tiere gefressen.

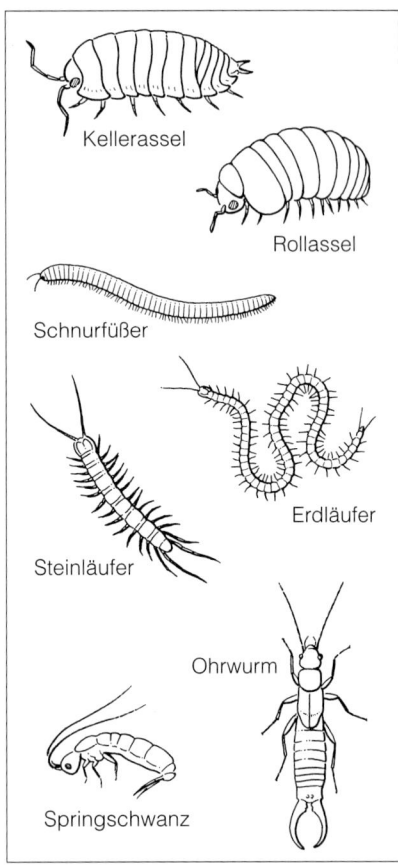

Kellerassel

Rollassel

Schnurfüßer

Erdläufer

Steinläufer

Ohrwurm

Springschwanz

Typische Bodenbewohner.

b) im Boden und gelegentlich auch in Hohlräumen unter Steinen:
Regenwurm: Auf Wegen finden wir oft kleine Erdhäufchen: den Kot der Regenwürmer. Regenwürmer bewegen sich mit Hilfe ihrer Hautmuskulatur und der Borsten auf der Unterseite fort. Sie fressen und schieben sich durch die Erde. Dabei entstehen Röhren, in die Luft und Wasser eindringen

können. Der Boden wird so gelockert, gelüftet und durchmischt. **Schnurfüßer** besitzen einen runden, langgestreckten Körper mit mindestens 35 Segmenten. Davon besitzt jedes – außer den vorderen – je ein Beinpaar. Werden Schnurfüßer bedroht, rollen sie sich zu einer Spirale zusammen. Sie ernähren sich von Laubstreu und Pilzmyzel.

c) Bodentiere, die sowohl in Hohlräumen als auch im Boden zu finden sind:
Asseln gehören zu den Krebstieren! Sie besitzen einen abgeplatteten Körper mit einem dicken, chitinisierten Außenskelett. Asseln ernähren sich von abgestorbenen Pflanzenteilen, sie nagen aber auch an toten Tieren. Im Garten gibt es Gartenasseln, Mauerasseln und Rollasseln. Letztere rollen sich bei Gefahr zu einer Kugel zusammen. Rollasseln findet man meistens in kleinen Grüppchen an trockenen Stellen, unter Steinen oder liegenden Baumstämmen.
Erdläufer sind gelblichbraune Hundertfüßer mit 49 bis 51 Beinpaaren. Sie jagen nachts Regenwürmer und andere Gliederfüßer. Manche Erdläufer-Arten scheiden, wenn sie sich angegriffen fühlen, aus den Poren ihrer Bauchplatten einen Abwehrstoff aus, der Blausäure enthält.
Steinkriecher (Steinläufer) besitzen einen abgeflachten Körper mit langen Fühlern und 15 Paare lange Laufbeine. Sie sind recht aggressiv und wehren Angreifer mit ihren zangenförmigen Kieferfüßen ab, an deren Enden Giftdrüsen ausmünden. Fühlen sie sich sehr bedroht, laufen sie schnell weg. Steinkriecher ernähren sich von Tieren, die sie zufällig berühren.

Kalt und heiß

Altersgruppe: Vorschulkinder, Kinder und Jugendliche
Gruppengröße: bis 30
Zeitdauer: 20 Minuten
Material: keines

Materialien mit einer geringen Wärmeleitfähigkeit (z.B. Holz, Kork, Holzwolle) fühlen sich eher warm an als solche mit einer hohen Leitfähigkeit (z.B. Stein, Eisen). An einem bedeckten Sommertag lädt man die Kinder und Jugendlichen ein, barfuß im Freien über verschiedene Bodenbeläge zu gehen. Sofort werden sie feststellen, daß sich einige Bodenoberflächen warm und andere eher kalt anfühlen. Gemeinsam wird eine Liste der eher warmen und eher kalten Bodenoberflächen erstellt. Wovon hängt die Wärmeleitfähigkeit der verschiedenen Materialien ab? Das Experiment wird an einem sonnigen, heißen Tag mit Bodenbelägen wiederholt, die der Sonne ausgesetzt sind. Was hat sich geändert?

Blühende Zäune

Altersgruppe: Vorschulkinder, Kinder und Jugendliche
Gruppengröße: bis 30
Zeitdauer: beliebig
Material: Pflanzenmaterial

Gartenzäune können mit Schlingpflanzen wie z.B. Feuerbohne, Pfeifenwinde, Ackerwinden oder Wicken begrünt werden. Viele dieser Schlinger blühen zudem wunderschön. Welche Insekten besuchen diese Pflanzen, und welche Schlingpflanzen finden

Stockrosen mit ihren prächtigen weißen oder tief dunkelroten Blüten beleben jeden noch so nüchternen Gartenzaun.

Gruppengröße: bis 30
Zeitdauer: beliebig
Material: je nach Bedarf Aussaatmaterial

Mit einer Jugendgruppe läßt sich ein interessantes Projekt zum Thema »Wege und Zäune in unserer Gemeinde« realisieren. Die Jugendlichen machen sich auf die Motivsuche in ihrer Umgebung. Wie sehen die Wege und Straßen in meiner Umgebung aus, wie die Zäune?

Die Beobachtungen können photographiert, gezeichnet, gemalt oder – wenn möglich – auch nachgebaut werden. Alle Ergebnisse werden in einer großen Ausstellung einem breiten Publikum vorgestellt. Vielleicht regen die sicherlich oft auch tristen Darstellungen die Stadtplaner zu naturnaheren und kindgerechteren Lösungen an?

Gleichzeitig kann das Thema »Wege- und Straßenbau« aber auch fächerübergreifend behandelt werden (z. B. Behandlung der Themen: Geschichte des Wege- und Straßenbaues, Reisen, Tourismus, Klimaschutz, Probleme des Straßenbaues, Geschichten und Lieder zum Thema »Weg, Reisende, Wanderschaft«).

Natur be-greifen

Kunstvolle Gartenwege

 Altersgruppe: Kinder und Jugendliche
Gruppengröße: bis 30
Zeitdauer: beliebig
Material: Steine, Werkzeuge, Maschinen

wir in unserer heimischen Umgebung? Gemeinsam wird in der direkten Wohnumwelt nach Beispielen für eine Begrünung von Zäunen Ausschau gehalten.

Auf der Suche nach ehemaligen Wegen und Zäunen

 Altersgruppe: Kinder und Jugendliche

Jeder Gartenweg wird durch einen abwechlungsreichen Belag zu einem besonderen Erlebnis. So lassen sich beispielsweise triste Wege durch die Kombination von verschiedenen Steinarten mit unterschiedlichen Färbungen in kunstvolle und einladende Promenaden verwandeln. Die Entwürfe hierfür können von den Kindern und Jugendlichen gezeichnet werden.

Für die Anlage eines Steinweges ist unbedingt eine fachkundige Anleitung notwendig. Zusätzlich sind für den Bau des Untergrundes Baumaschinen (Rüttler) und Werkzeuge (Schaufeln, Rechen, Hacken, Schubkarre für den Transport der Steine) erforderlich. Diese können in den meisten Gartenfachmärkten oder auch beim städtischen Bauhof ausgeliehen werden.

Phantasievolles Wegenetz

Altersgruppe: Kinder und Jugendliche
Gruppengröße: bis 30
Zeitdauer: beliebig
Material: je nach Bedarf

Im Nutzgarten der Schule oder auch im Hausgarten lassen sich die Stauden- und Gemüsebeete auf vielerlei Weise miteinander verbinden. Stellen Sie den Schülern einfach nur das Material, wie z.B. Holzlatten, Ziegelsteine, Zweige, Rindenhäcksel und Sand zur Verfügung und lassen Sie diese das Wegenetz einmal selbst gestalten. Vorbilder für ein Wegenetz finden sich sicherlich auch in der Natur – beispielsweise könnten die Netze der Spinnen als Vorbild dienen. Auf jeden Fall werden die Ergebnisse sicherlich phantasievoll und sehenswert ausfallen.

Ein guter Kontakt zum Grünflächenamt der Stadt oder zum Bauhof der Gemeinde ist bei der Anlage von Gartenwegen von Vorteil. Bei ihnen können einige Materialien zum Nulltarif bezogen werden.

Wo geht's hier zum Komposthaufen?

Altersgruppe: Vorschulkinder, Kinder und Jugendliche
Gruppengröße: bis 30
Zeitdauer: mehrere Stunden, beliebig
Material: je nach Bedarf

Wo Wege sind, werden wir auch meist von Wegweisern geführt. Gemeinsam können dafür Objekte aus Holz, Stein, Blech und vielem mehr gebaut und gestaltet werden.

Einladende Eingänge

Altersgruppe: Vorschulkinder, Kinder und Jugendliche
Gruppengröße: bis 30
Zeitdauer: beliebig
Material: je nach Bedarf

Der Eingang prägt den ersten Eindruck eines Gartens. Unter einem reichblühenden Bogen aus Heckenrosen den Garten zu betreten, macht sicherlich mehr Laune als durch ein kahles Tor zu gehen. Für die Torbegrünung können auch Schling- oder Rankpflanzen eingesetzt werden. Noch einfacher geht es mit langen Weidenruten, die in die Erde gesteckt und oben mit Sisalschnüren oder an-

Name	Wissenschaftlicher Name	Wuchs	Höhe	Blätter	Blüte/ Blütenfarbe	Standort
Pfeifenwinde	*Aristolochia macrophylla*	Schlinger	bis 10 m	herzförmig	Mai/ gelbgrün	windgeschützt feucht
Gemeine Waldrebe	*Clematis vitalba*	Blattranker	bis 8 m	unpaarig gefiedert	Juli/ cremeweiß	anspruchslos
Geißblatt	*Lonicera caprifolium*	Schlinger	bis 6 m	gegenständig elliptisch	Mai/ gelb und rot	anspruchslos
Wilder Wein	*Parthenocissus quinquefolia*	Ranker	bis 15 m	3- bis 7zählig gefingert	Juli / unscheinbar	anspruchslos
Wilde Rebe	*Vitis vinifera*	Schlinger	bis 10 m	3- bis 5lappig	unscheinbar	tiefgründig
Kapuzinerkresse	*Trapaeolum*-Hybriden	Schlinger	bis 3		Juni bis Oktober gelb/ orangerot	anspruchslos

deren bunten Schnüren zusammengebunden werden.

Hat man den Garten in mehrere Räume unterteilt und beispielsweise mit »Naturzäunen« abgetrennt, so kann auch hier der Eingang in einen anderen Bereich des Gartens mit Pflanzenbögen oder Pergolen abwechlungsreicher gestaltet werden.

Web-Zäune

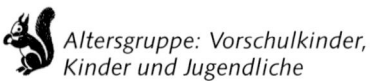

Altersgruppe: Vorschulkinder, Kinder und Jugendliche

Gruppengröße: bis 30
Zeitdauer: beliebig
Material: je nach Bedarf

Zäune aus Drahtgeflecht können begrünt werden, sie müssen es aber nicht. Naturmaterialien wie Gräser, Äste, Blätter, Blüten, Früchte, Getreide oder auch Wollvlies und Federn von Vögeln können in die Maschen eingewoben werden. So kann aus einem häßlichen Maschengeflecht ein einfallsreicher, witziger »Webteppich« werden, an dem das ganze Jahr nach Lust und Laune weitergearbeitet wird.

Lebende Zäune

Altersgruppe: Kinder und Jugendliche
Gruppengröße: bis 30
Zeitdauer: beliebig
Material: je nach Bedarf Aussaatmaterial

Mit Zäunen aus lebendem Naturmaterial läßt sich das Außengelände jedes Jahr anders gestalten. Der Vorteil dieser Zäune liegt darin, daß sie über einen gewissen Zeitraum Rückzugsecken für Mensch und Tier bieten und das Gelände auflockern und unterteilen. Gleichzeitig können die Kinder und Jugendlichen das Gedeihen der Pflanzen beobachten.

Sehr gut eignen sich dazu Getreidepflanzen wie z. B. Mais, Weizen oder Roggen. Im Anschluß daran ist zu überlegen, ob das Getreide nicht geerntet, gedroschen und gemeinsam zu Brot oder Fladen verarbeitet werden kann.

»Blühende Zäune« gedeihen aus dem Saatgut von Sonnenblumen oder Topinambur, wobei letztere bis zu 2 m und mehr hoch werden können. Zur Anlage genügt meist ein Streifen von etwa 50 bis 100 cm Breite.

Zäune aus Weiden

Altersgruppe: Kinder und Jugendliche
Gruppengröße: bis 30
Zeitdauer: beliebig
Material: Weidenruten mit 3 bis 6 cm Durchmesser und einer Länge von etwa 1,50 m; ausreichendes Weidenschnittgut zum Verflechten

Geflochtene Zäune aus Weiden sind auch mit Kindern schnell und einfach gebaut.

Zäune aus lebenden Weiden haben den Vorteil, daß sie platzsparend und billig sind. Mit Kindern und Jugendlichen können sie zudem relativ schnell angelegt und über Jahre hin einfach gepflegt werden. Verwendet wird dafür das im Frühjahr anfallende Weidenschnittgut.

Bei städtischen Bauhöfen und Gartenämtern können die Weidenruten meist direkt zum Nulltarif bezogen werden. Um in den Genuß des kostenfreien Materials zu kommen, soll-

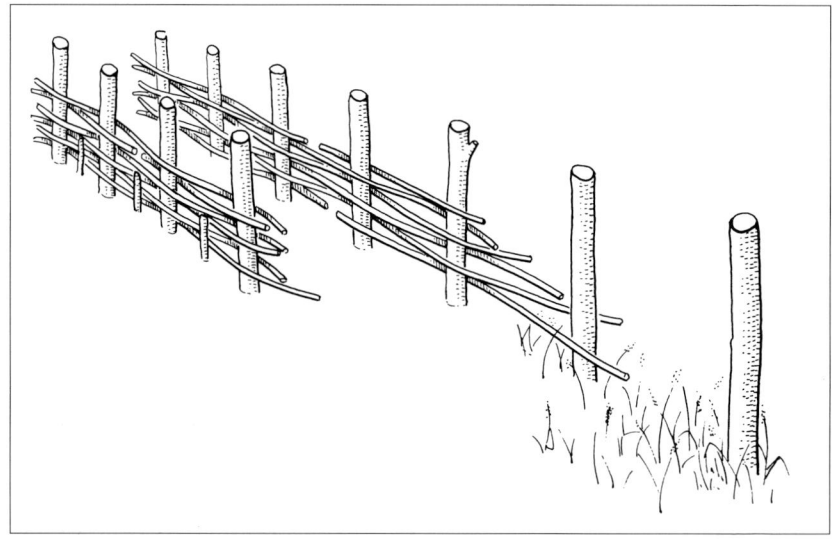

Zäune aus Weiden sind schön, kosten wenig Geld und halten mehrere Jahre. Will man einen Weidengang oder einen Weidentunnel bauen, so wird aus einem Weidenzaun eine der beiden Wände des Tunnels. Für die Erstellung einer länglichen Weidenbank müssen zusätzlich an den Seitenflächen Wände erstellt werden. Schließlich füllt man den entstehenden Hohlraum mit so viel Weidenschnittgut auf, daß man bequem darauf sitzen kann.

ten Sie aber schon im Herbst bei den entsprechenden Stellen ihr Interesse an Schnittgut kundtun.

Die bis zu 6 cm dicken und etwa 1,50 m langen Weidenstangen werden am unteren Ende angespitzt. Anschließend schlägt man sie mit einem großen Hammer mindestens 40 cm tief in den Boden ein, damit möglichst viele schlafende Augen an den Weidenruten in der Erde Wurzeln bilden können. Die Stangen sollten voneinander einen Abstand von etwa 40 bis 50 cm haben.

Zwischen die Stangen werden die 1 bis 3 cm dicken Weidenruten wechselseitig – vorne, hinten – bis in die gewünschte Höhe des Zaunes einge-

flochten. Am oberen Ende werden die ausgefransten Weidenstangen sauber und eben abgeschnitten, damit sie nicht anfangen zu faulen. Die oberen Enden sollten nicht zu weit überstehen, damit sich die Kinder und Jugendlichen nicht daran verletzen können. Auch Zweige oder herausstehendes Astmaterial sollte sauber abgeschnitten werden, damit niemand am Zaun hängenbleibt und sich verletzt.

Länge und Höhe des Weidenzauns hängen von der zur Verfügung stehenden Materialmenge ab. Je nachdem ob der Untergrund eher trocken oder feucht ist, treiben die schlafenden Augen an den Weidenruten aus und bewurzeln. Deshalb ist es sinn-

Kopfweiden sind nicht nur Kletterbäume für »kleine Wassermänner«. Aus ihrem Schnittgut lassen sich auch naturnahe Gartenelemente bauen, die vielen Tieren im Winter zudem als Unterschlupf dienen.

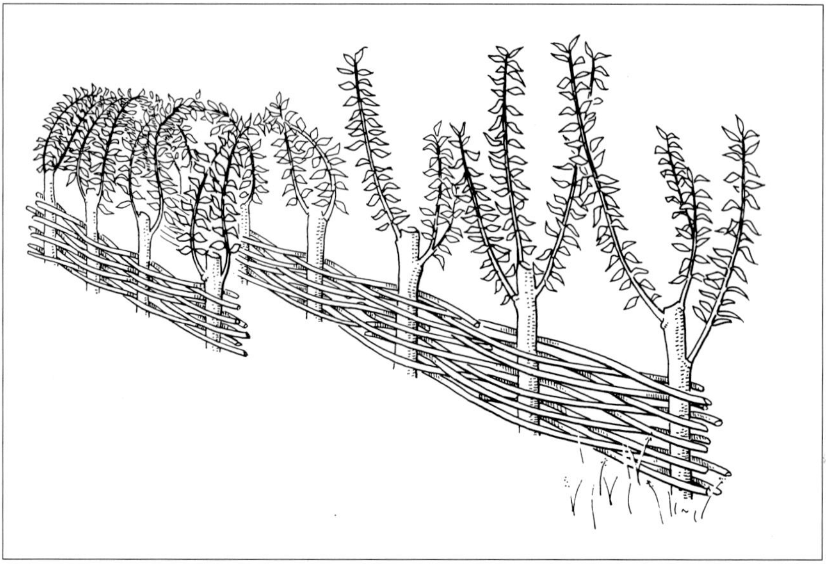

Damit die Weiden austreiben, darf der Boden nicht zu trocken sein. Es empfiehlt sich deshalb, die in den Boden getriebenen Weidenstangen öfters zu bewässern.

voll, nach dem Bau des Weidenzaunes diesen mindestens einen Monat lang regelmäßig zu bewässern.

Achtung:
Weiden dürfen in der freien Landschaft nur in der Vegetationsruhe – November bis Februar – geschnitten werden!

Nicht in jedem Tunnel ist es dunkel ...

*Altersgruppe: Kinder und Jugendliche
Gruppengröße: bis 30
Zeitdauer: beliebig
Material: je nach Bedarf*

Eine interessante und zugleich außergewöhnliche Auflockerung von Gartenwegen bietet der Weidentunnel; er läßt sich überall in ein Wegesystem integrieren und ist wie der Weidenzaun leicht zu pflegen. Um einen solchen Tunnel zu erhalten, pflanzt man zwei Weidenzäune (Anlage siehe oben), und verbindet deren Triebe in einer Höhe von etwa 1,80 m miteinander. Der Abstand der beiden Zäune sollte dabei mindestens 80 cm bis 1 m betragen. Für einen Weidentunnel braucht man allerdings etwas Geduld, bis die Weidenpflanzen die notwendige Höhe erreicht haben. Ist er aber fertig, so hat sich das Warten gelohnt, denn er gibt jedem Spaziergang im Garten ein Quentchen Spannung und Reiz.

Erlebnisraum Trockenmauer

Trockenheißes Wüstenklima für Spezialisten

Schlingnattern – hier ein noch ganz junges Exemplar – leben sehr versteckt. Sie ernähren sich von Eidechsen und Kleinsäugern.

Vera sitzt im Garten. Es ist ein warmer Sommerabend und ihr ist langweilig. Ihre Eltern haben Freunde eingeladen und sitzen nun vergnügt bei einem Glas Wein auf der Veranda. Leider haben die Freunde der Eltern keine Kinder mitgebracht, mit denen sie sich die Zeit vertreiben könnte. Gelangweilt blickt Vera vor sich hin. Eben geht die Sonne unter und die letzten Sonnenstrahlen werfen ein warmes Licht auf die Steine, die am Gartenhang zu einer Mauer aufgeschichtet sind. Vera blickt zu den Steinen hinüber und entdeckt eine Schlingnatter. Auch das noch! Voller Ekel flieht sie zu den Eltern und beschwert sich über die Schlange im Garten, die Steine, die die Schlange überhaupt in den Garten gelockt haben . . .

Schlangen gehören zu den Tieren, vor denen Kinder und Jugendliche oft Angst und Ekel empfinden. Sucht man nach der Ursache dieser Abneigung, so läßt sich bei Schlangen vermuten, daß in der Abneigung der Kinder vor allem die Reaktion auf ein unbekanntes »Tier« zum Ausdruck kommt, das sich zu allem Überfluß auch noch schnell und unberechenbar bewegt. Aber auch ein glitschiges oder schleimiges Äußeres von Tieren ruft Abneigung hervor.

Was tun? Sogenannte Ekeltiere im Umfeld der Kinder völlig zu vermeiden ist nicht nur unmöglich, sondern ruft im »Ernstfall« oft auch überzogene hysterische Reaktionen hervor. Ein alltäglicher, normaler Umgang scheint am ehesten geeignet, um eine Gewöhnung an diese Tiere herbeizuführen. Naturerfahrungen dienen hier also nicht nur dazu, die Lebensgewohnheiten und das Umfeld der Tiere kennenzulernen, sondern sie bewahren Tiere wie Spinnen, Schnecken, Würmer oder Schlangen vielleicht auch vor einer panischen Reaktion der Menschen, die oft mit dem unnötigen Tod der Tiere endet.

Es bietet sich also an, im eigenen Garten an einem vollsonnigen Standort eine Trockenmauer zu errichten, um mit Kindern auch den normalen Umgang mit Tieren zu üben, die uns auf den ersten Anblick gar nicht so sympathisch sind. Hier können Lebensräume für Insekten, Spinnen, kleine Wirbeltiere und Schnecken entstehen. Werden einige Fugen und Spalten der Trockenmauer mit Erde aufgefüllt, siedeln sich zusätzlich wärmeliebende Pflanzen an, die wiederum gerne von Insekten aufgesucht werden. Besonders wenn nach einigen Regentagen

Die im Weinberg gesammelten leeren Schneckenhäuser kann man zum Basteln verwenden. Wie, das zeigt sehr schön das Beispiel der Gesamtschule Neu Zittau, die im Rahmen des Projektes »Erlebter Frühling« der Naturschutzjugend Deutschland eine Schnecke aus Schneckenhäuschen geklebt hat.

die Sonne die Steine wieder erwärmt, schleichen sich die Zauneidechsen aus ihren Verstecken heraus, um die Sonnenplätze aufzusuchen und auf Insekten zu lauern. Den Schnecken dagegen wird es dann zu warm. Sie ziehen sich während der Tageshitze in die Spalten und Fugen zurück.

Ist kein Garten oder kein Platz für eine Trockenmauer vorhanden, lohnt sich eine Entdeckungstour in einen alten Weinberg, in dem die ursprüngliche Nutzung noch erhalten geblieben ist. Hat man sich den steilen Weinberg einmal selbst hochgemüht, so kann man sich kaum vorstellen, wie die Menschen früher ohne technische

Hilfsmittel hier oben unzählige Steine zu Mauern und Stufen aufgestapelt haben. Natürlich schleppten die Weingärtner nicht ohne guten Grund die Steine den Berg hinauf. Trockenmauern, die die Steilhänge abstützen und Bodenabschwemmung vermindern, können Wärme speichern und das Kleinklima für die Reben erheblich verbessern, so daß die Verluste durch Frostschäden minimiert werden. Und natürlich fühlen sich hier auch wärmeliebende Tierarten wie die Blindschleichen, die Zaun- und Mauereidechsen und Schlangen wie die Schlingnatter oder die Kreuzotter sehr wohl. Sie lieben warme, sonnenbegünstigte, felsige

99

Trauben-Hyazinthen und Wild-Tulpen findet man oft in typischen Weinbaugebieten.

Nahrungsquelle und bieten ihnen einen geeigneten Lebensraum: so z. B. die Rote Taubnessel, die den überwinternden Hummelköniginnen als »Gästehaus« dient, oder die Weinraute, an denen der Schwalbenschwanz seine Eier ablegt.

Aber auch auf den Wegen und zwischen den Reihen der Rebstöcke siedeln sich eine Vielzahl von Pflanzen an. 200 bis 300 verschiedene Pflanzenarten – darunter Heil- und Gewürzpflanzen wie Fenchel, Bohnenkraut und Wermut – finden wir in einem Weinberg. Auch die Trauben-Hyazinthen, die Wild-Tulpen und andere, selten gewordene Zwiebelgewächse sind hier zu Hause.

Natur erleben

Heulende Schnecken

Altersgruppe: Kinder und Jugendliche
Gruppengröße: bis 30
Zeitdauer: beliebig
Material: leere Schneckenhäuser

Wo es feuchte Verstecke zwischen den Steinen gibt, sind auch die Landschnecken zu finden. Jeder Mitspieler sucht sich ein leeres Schneckenhäuschen, klemmt es zwischen zwei Finger und versucht durch Hineinblasen einen Heulton zu erzeugen. Wer schafft es zuerst oder am lautesten?

Schnecken-Knobeln

Altersgruppe: Kinder und Jugendliche

oder steinige Geländeabschnitte, brauchen aber auch Felsspalten, Steinplatten oder Erdlöcher, um sich darin zu verstecken.

Pflanzen, die in den Fugen der trockenen Mauern gedeihen, müssen sich sogar an die oft bis zu 70 °C hohe Temperatur anpassen. Nur Spezialisten mit ihren mit Wachs überzogenen, dickfleischigen, wasserspeichernden Blättern, wie z. B. der Mauerpfeffer, können hier noch leben.

Durch die häufige Bodenbearbeitung in einem Weinberg entstanden aber auch andere spezielle »Hack-Unkraut-Gesellschaften«, zu denen Hirtentäschel, Winde, Vogel-Miere und viele andere Pflanzenarten gehören. Diese typischen Bewohner von Weinbergen und Trockenmauern dienen wiederum einer Vielzahl gefährdeter Tiere als

*Gruppengröße: das Spiel wird zu
zweit gespielt
Zeitdauer: beliebig
Material: leere Schneckenhäuser*

Die Kinder suchen sich insgesamt 16
Schneckenhäuschen. Dann werden
vier Reihen mit jeweils vier Häuschen
gelegt. Abwechselnd darf nun jeder
Mitspieler ein bis vier Schneckenhäuschen in einer waagrechten oder senk-
rechten Reihe wegnehmen. Wer das
letzte Häuschen wegnimmt, hat diese
Runde verloren.

Mauergeistern auf der Spur

 *Altersgruppe: Vorschulkinder,
Kinder und Jugendliche
Gruppengröße: bis 30
Zeitdauer: beliebig
Material: keines*

Trockenmauern sind ein idealer Fundort für »Mauergeister«! Wir setzen
oder legen uns an einen gemütlichen
Platz und betrachten die vielen Stein-
formen mit ihren unterschiedlichen
Kanten und Rundungen. Wo können
wir die oft unscheinbaren Gesichter
und Körper der Mauergeister finden?
Wer entdeckt noch weitere Phantasie-
bilder?

Blüten-Pantomime

 *Altersgruppe: Vorschulkinder,
Kinder und Jugendliche
Gruppengröße: bis 30
Zeitdauer: 30 Minuten
Material: keines*

Weinberghänge können bis zu 300
verschiedene Pflanzenarten beherber-

*Die wärmeliebenden Weinbergschnecken
gehören zu den größten mitteleuro-
päischen Gehäuseschnecken.*

gen – darunter Heil- und Gewürzpflanzen wie Fenchel, Bohnenkraut
und Wermut. Aber auch typische
Wildkräuter, wie z. B. Acker-Winde,
Hirtentäschel oder Vogel-Miere haben
hier ihre Heimat gefunden.

Die Kinder und Jugendlichen werden aufgefordert, im Weinberg nach
verschiedenen Blütenformen Ausschau zu halten und diese zu zeichnen. Nach etwa 20 Minuten werden
alle Zeichnungen ausgelegt und miteinander verglichen. Die Mitspieler
werden erkennen, daß z. B. die trich-
terförmigen Blütenkronen der Acker-
Winden anders aufgebaut sind als die
Lippenblüten der Taubnessel, die Blü-
tentraube der Trauben-Hyazinthe oder
die Doldenblüten des Hirtentäschels.

Drei oder vier verschiedene Blütenformen sollen nun in Kleingruppen

Alte Weinbergmauern – ideale Lebensräume für Zaun- und Mauereidechsen.

nachgebaut werden, indem jeder Mitspieler einen Teil der Blüte darstellt. Nachdem eine Kleingruppe ihre Blüte pantomimisch dargestellt hat, muß die restliche Gruppe erraten, um welche Blütenpflanze es sich handelt.

Natur wahrnehmen

Wie warm wird es im Weinberg?

Altersgruppe: Kinder und Jugendliche
Gruppengröße: bis 30
Zeitdauer: beliebig
Material: Thermometer, Papier und Stifte

An heißen Sommertagen kann die Temperatur an der Oberfläche von Mauersteinen bis zu 70 °C betragen. Findet der Rundgang durch den Weinberg bei Sonnenschein statt, lassen sich die Temperaturen an den Mauern und zwischen den Reben mit dem Thermometer messen. Wo können die höchsten Temperaturen, wo die niedrigsten gemessen werden?

Netzwerk Weinberg entdecken

Altersgruppe: Kinder und Jugendliche
Gruppengröße: bis 30
Zeitdauer: 20 Minuten
Material: keine, eventuell Papier und Stifte (Aquarellfarben)

Weinberge sind von Menschenhand geschaffen, und so entspricht den Rebstockflächen kein anderer Lebensraum in der Natur. Unter und zwischen den Reben entwickelt sich aber Wildkrautbewuchs, der in seiner Artenvielfalt der Flora von Schutt- und Ruderalflächen ähnelt. Auch die naturnahen Bereiche im Weinberg, die Trockenmauern, Steintreppen und Feldraine ähneln den echten Trockenrasen. Krautsäume und Graswege durch die Weinbergflächen verbinden diese von Trockenheit geprägten Kleinbiotope. Nach außen hin verzahnen sich die Weinberge oft mit Obstwiesen und trockenen Waldrändern und bieten so ideale Lebensbedingungen für eine artenreiche Tier- und Pflanzenwelt.

Das »Netzwerk« Weinberg zu entdecken ist Ziel dieser Aufgabe. In Kleingruppen untersuchen und entdecken die Mitspieler die einzelnen Elemente eines Weinberges. Weiterhin soll bei diesem Spiel aber auch die Vernetzung der einzelnen Kleinbiotope erkannt und – am besten mit Aquarellfarben – zu Papier gebracht werden.

Gewußt wie?!

Altersgruppe: Kinder und Jugendliche
Gruppengröße: bis 30
Zeitdauer: 30 Minuten
Material: Bestimmungsliteratur, Papier, Stifte

Fugen-, ritzen- und spaltenreiche Mauern bieten einer Vielzahl von Pflanzen, die aus typischen Felsstandorten eingewandert sind, einen idealen Lebensraum. So zum Beispiel dem Braunen Streifenfarn (*Asplenium trichomanes*), der Mauer-Raute (*Asplenium ruta-muraria*), dem Frühlings-

Der Scharfe Mauerpfeffer hat seinen Namen von seinen scharf schmeckenden Blättern. Achten Sie darauf, daß Kinder keine Blätter der Pflanze schlucken. Das darin enthaltene Alkaloid führt zu Erbrechen.

Fingerkraut (*Potentilla tabernaemontani*), dem Scharfen Mauerpfeffer (*Sedum acre*) und dem Weißen Mauerpfeffer (*Sedum album*), dem Natternkopf (*Echium vulgare*) und dem Milzfarn (*Ceterach officinarum*), um nur einige zu nennen.

Aufgrund der hohen Temperaturen, die an den Mauersteinen entstehen können, schützen sich diese Pflanzen durch ganz bestimmte »Überlebensstrategien«. So rollt beispielsweise der Braune Streifenfarn bei großer Hitze seine Blättchen eng zusammen, der Mauerpfeffer verkleinert seine Blattoberfläche durch Zusammenziehen und verringert die Verdunstung durch die dicke Wachsschicht auf den Blättern. Das Frühlings-Fingerkraut bildet

einen rosettenartigen Polsterbewuchs, der den Wurzelansatz vor zu großer Sonneneinstrahlung schützt.

Andere Pflanzen – hier besonders die Gewürzkräuter wie Wilder Thymian, Quendel und Rosmarin, die wir auch aus der Küche kennen – weisen verholzte untere Stengelteile auf, die vor Verbrennung schützen; so auch der Natternkopf, ebenfalls eine alte Heilpflanze. Der Milzfarn dreht bei starker Sonneneinstrahlung seine behaarten Blattunterseiten der Sonne zu und senkt so die Verdunstungsrate.

Die Kinder suchen an einem sonnigen Tag im Weinberg oder an Trockenmauern nach diesen »Trockenheits-Spezialisten« und erstellen eine Liste der Überlebensstrategien.

Zur Paarungszeit zeigt das Zauneidechsen-Männchen die typische smaragdgrüne Seitenfärbung.

Zauneidechse & Co.

Altersgruppe: Kinder und Jugendliche
Gruppengröße: bis 30
Zeitdauer: 30 Minuten
Material: eventuell Lupen, Bestimmungsliteratur

Die Trockenmauern der Weinberge zeigen nicht nur eine interessante Pflanzenwelt, sondern auch die hier vorkommenden Tiere verweisen auf die Bedeutung der Trockenmauern als wichtiges Kleinbiotop. Zauneidechsen, Mauereidechsen, in manchen Gegenden von Deutschland auch die Smaragdeidechsen, Blindschleichen, Schlingnattern und Ringelnattern sind nur einige wenige der zahlreichen Vertreter aus der Tierwelt, die sich in und an den Trockenmauern wohlfühlen. Hinzu kommen auch andere Kleinlebewesen wie zum Beispiel der Mauerfuchs und andere Schmetterlinge sowie zahlreiche Spinnen- und Schneckenarten.

Die Kinder werden an einem sonnigen Tag aufgefordert, sich einen gemütlichen Platz im Weinberg zu suchen und sich möglichst ganz ruhig zu verhalten. Welche Tiere sind zu beobachten? Gegebenenfalls können kleinere Insekten auch mit der Lupe betrachtet werden. Mit Hilfe von geeigneter Bestimmungsliteratur lassen sich diese »Trockenbiotop-Spezialisten« bestimmen.

Erlebnisraum Trockenmauer

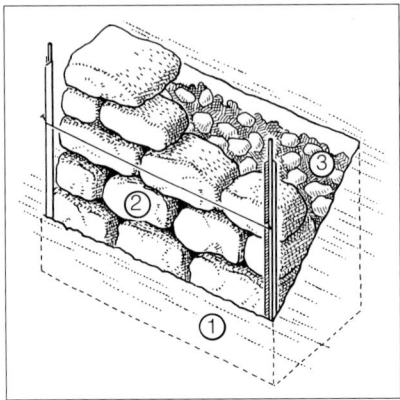

Bau einer Trockenmauer. 1 = Aushub des porösen Humusbodens; 2 = Schichtung der Mauersteine im Verbund; 3 = Hinterfütterung des Hohlraums mit einem Stein-Erde-Gemisch.

Natur be-greifen

Wir bauen eine Trockenmauer

Altersgruppe: Kinder und Jugendliche
Gruppengröße: bis 30
Zeitdauer: mehrere Stunden
Material: Bosierhammer, Fäustel, Meißel, Wasserwaage, Schnüre, Senkeisen, Schubkarren; Arbeitshandschuhe, Arbeitskleidung

In ausgeräumten Weinbergflächen können Naturschützer aktiv werden und zusammengebrochene und schadhafte Trockenmauern wieder aufzubauen. Aber auch in jedem Garten läßt sich durch den Bau einer Trockenmauer ein wertvolles Kleinbiotop schaffen.

Zum Bau einer Trockenmauer benötigt man Bosierhammer, Fäustel, Meißel, Wasserwaage, Schnüre, Senkeisen, einen Schubkarren, Arbeitshandschuhe und Arbeitskleidung. Als Material dienen ortstypische Natursteine, die aus Steinbrüchen oder beim Abbruch alter Häuser günstig erhältlich sind.

Die Basis der Trockenmauer ist das Erdfundament. Zunächst wird der poröse Humusboden etwa 50 bis 60 cm tief ab- und ausgehoben. In die entstandene Vertiefung setzt man die erste Schicht aus großen Steinen. Da Trockenmauern vor allem durch das Gewicht ihrer Steine halten, ist es wichtig, große Steine nach unten und die leichteren Steine obendrauf zu setzen. Damit die Mauer nicht kippt, werden die Steine gegen den Hang und in einem Winkel von etwa 5 bis 7° geneigt. So hält die Trockenmauer dem Hangdruck stand.

Bei der Schichtarbeit kommt es im wesentlichen darauf an, die passenden Steine zusammenzufügen. Bei Natursteinen ist das oft nicht ganz einfach. Hier hilft eine waagrecht gespannte Schnur, zumindest Steine der gleichen Höhe aufzuschichten. Sofern die Steine trotz längeren Auswählens nicht passen, muß mit dem Hammer nachgeholfen werden. Dabei genügt es aber, wenn die Steine nach vorne hin einheitlich abschließen.

Damit die Mauer hält, müssen die Steine immer im Verbund gelegt werden, d. h. die Stoßfugen der unteren Schichten werden durch einen überbrückenden Stein gedeckt. Kleinere Fugen sind dabei natürlich erwünscht, denn sie dienen als Lebensraum für eine Vielzahl von Tieren. Ein Teil der Fugen bleibt deshalb offen; die restlichen Fugen werden mit einem Sand-Lehm-Gemisch ausgefüllt (nicht mit Gartenerde!), damit sich die wärmeliebenden Pflanzenarten leichter ansiedeln können.

Parallel zur Schichtung kann auch die Hinterfütterung des Hohlraums zum gewachsenen Boden erfolgen. Hierzu werden kleinere Steine verwendet, welche eine Entwässerung und über Pflanzenbewuchs und Verwurzelung auch eine zusätzliche Stabilität ermöglichen. Anschließend wird der Hohlraum mit lockerem Rohboden ausgefüllt.

Wird die Mauerkrone nicht bepflanzt, so schließt man die Mauer mit großen, schweren Platten ab, die auf die Steine gelegt werden.

Trockenmauern gibt es in vielen Variationen. Neben der Hangbefestigung können mit Steinen auch kleine Sitzbänke, Einfassungen von Gärten oder Kräuterspiralen gebaut werden. Dabei muß aber immer darauf geachtet werden, daß die Mauer fest in sich ruht. Bei freistehenden Sitzmauern ist es deshalb wichtig, daß der Mauerfuß breiter als die Krone ist und die Seiten schräg aufeinander zulaufen. Eine Seite der Sitzmauer kann auch mit Erde aufgeschüttet und bepflanzt werden.

Sind nicht genügend Steine vorhanden oder die Kinder noch zu klein, um eine Trockenmauer zu bauen, schichtet man einfach kleinere Steine einfach zu einem Lesesteinhaufen an ei-

Wer entdeckt hier den Mauergeist?

ner sonnigen Stelle im Garten oder an der Hausmauer auf. Auch hier werden sich schon bald wärmeliebende Tier- und Pflanzenarten ansiedeln, die dann das ganze Jahr über beobachtet werden können.

Erlebnisraum Hecke und Feldgehölze

Orte der Geborgenheit und ständigen Veränderung

Die Larve des Marienkäfers krabbelt zufrieden über das Blatt der Wiesen-Margerite. Soeben hat sie eine große Kolonie von Blattläusen entdeckt, die an der Pflanze saugt. Pflanzenläuse sind ihre Leibspeise! Bis zu ihrer Verpuppung kann sie bis zu 3000 von ihnen fressen . . . Soweit kommt es allerdings nicht. Eine Langfühlerschrecke, das Große Heupferdchen, hat sie entdeckt und freut sich über die fette Beute. Dieses Insekt ist ein guter Flieger, legt aber auf diese Weise nur kurze Strecken zurück. Jetzt nützt ihr das gar nichts: Zu lange saß sie träge in der Sonne und hat die Larve verdaut. Jetzt wird sie selbst zur Beute der Zauneidechse. Diese saß völlig regungslos auf dem Stein und lauerte auf ein unvorsichtiges Insekt. Aber auch die Zauneidechse kommt nicht weit: Sie hat das kurze 'wäw'-Rufen des Neuntöters überhört. Dieser sucht für seine Jungen, die hungrig im Nest warten, nach Nahrung. Fangen die Neuntöter zu viele Beutetiere, dann spießen sie diese als Vorrat auf Dornen und Stacheldraht auf. Keine Frage – wir befinden uns mitten im wahren »Hecken-Leben« und haben soeben einen Blick in die Beziehungen und Abhängigkeiten der Lebewesen in einer Feldhecke geworfen!

Feldhecken durchziehen – ähnlich wie Lebensadern – bandartig unsere Kulturlandschaft. Sie sind das Werk von Menschen, die sie dort ansiedeln, wo Flächen landwirtschaftlich nur schlecht zu bewirtschaften sind, so zum Beispiel an Böschungen, auf Steinriegeln, an Acker- oder Wiesenrändern oder auch an Gräben und Mauern.

Feldhecken bieten verschiedene Vorteile. So befestigen beispielsweise die Wurzeln der Kräuter, Sträucher und Gehölze steile Hänge und verhindern damit eine drohende Erosion. Auf steinigen und heißen Standorten schützt das Blätterdach der höher wachsenden Pflanzen die Pflanzen der Krautschicht vor einer zur starken Verdunstung. Darüber hinaus finden viele gefährdete Pflanzenarten, die nicht mit den landwirtschaftlichen Nutzpflanzen konkurrieren können, hier einen letzten Überlebensraum. Bis zu 1000 Pflanzen- und bis zu 7000 Tierarten hat man schon in Feldhecken nachgewiesen! So findet der Mäusebussard darin einen idealen Ansitzplatz, Feldhasen überwintern darin, Neuntöter und andere Vögel finden in den zum Teil sehr dornigen Sträuchern und Gehölzen sichere Verstecke für ihre Nester.

Hecken sind aber auch unbedingt eine optische Bereicherung! Sie erhöhen durch ihre Strukturvielfalt den Erholungswert von Landschaften und schaffen Nischen und Räume. In ihrem Umfeld wirken Hecken auf das Klima ausgleichend. So bieten sie Wind- und Erosionsschutz und tragen zu einer gleichmäßig hohen Luft- und Bodenfeuchtigkeit bei.

Feldgehölze bilden im Gegensatz zu Feldhecken einen eher flächig ausgeprägten, inselartigen Lebensraum in der offenen Feldflur. Einige größere dieser Feldholzinseln stellen Reste ehemaliger Waldgebiete dar, andere entwickelten sich nach dem Brachfallen von Ackerflächen durch natürliche Sukzession. In neuerer Zeit werden Feldgehölze aber auch wieder vom Menschen bewußt angepflanzt, um von ihren positiven Wirkungen auf das ökologische Gleichgewicht zu profitieren.

Da Feldgehölze immer mit anderen Lebensräumen verbunden sind oder an diese angrenzen, findet sich in ihnen ein besonders großes Artenspektrum. In ihnen sind deshalb nicht nur Heckenarten vertreten, sondern auch typische Laubbaumarten. Der an Feldgehölze angrenzende Strauchbereich entspricht Hecken auf vergleichbaren Standorten.

Der Aufbau einer Feldgehölzinsel beginnt mit der **Saumzone**, die meist an eine landwirtschaftliche Nutzfläche grenzt. Der Saum legt sich wie ein Gürtel um die inneren Bereiche der Gehölzinsel. An den sonnenexponierten Seiten wachsen darin viele Wildkraut-Arten mit geringen Ansprüchen, d. h. sie brauchen kaum Wasser und wenig Nährstoffe zum Leben. Wilde Möhre, Hauhechel, Vogel-Wicken und Kletten-Labkraut gehören dazu. In den Schattenlagen leben die etwas hungrigeren Pflanzenvertreter, die mehr Nährstoffe brauchen. Brennessel, Weidenröschen, Mädesüß, Wiesen-Kerbel, Rainfarn und viele Beerensträucher bevorzugen diese Lagen. Ob anspruchslos oder nicht – die Vielfalt an krautigen Pflanzen in der Saumschicht läßt diese vor allem für Insekten, aber auch für andere Tiergruppen zu einer wichtigen Nah-

Die Steinfrüchte der Schlehe schmecken erst nach Frostbeginn richtig gut.

rungs-, Brut- und Aufwärmstätte werden.

An die Saumzone schließt sich die **Mantelzone** an, die das Innere, den Kern der Insel umgibt. Hier wachsen größere Sträucher, die ausgesprochen lichthungrig sind. Schlehen, Wildrosen, Pfaffenhütchen, Faulbaum, Hartriegel, Haselnuß, Kreuzdorn, Traubenkirsche und viele mehr buhlen hier um das begehrte Sonnenlicht. Die Mantelzone hat in ihrer Bedeutung als Lebensraum Ähnlichkeit mit der Hecke. Hier versteckt sich mit Vorliebe das Wild. Greifvögel finden darin einen idealen Spähplatz, Singvögel sichere Plätze für ihre Brut und Schmetterlinge und andere Insekten einen reichen Mittagstisch.

In der **Kernzone** der Insel wachsen schließlich einheimische und standortgerechte Laubbaumarten. Hainbuche, Birke, Aspe, Linde, Weiden- und Wildobst-Arten, Ulme, Speierling, Mehl- und Elsbeere – auf diese Bäume trifft man, schlägt man sich bis zum Inneren der Feldgehölzinsel durch.

Auch Kinder kommen schon frühzeitig in ihrer Umgebung mit Hecken in Kontakt. Diese »Gartenhecken« sind sicherlich nicht so artenreich oder großflächig angelegt wie die Feldhecken oder Feldgehölze. Doch wenn Hecken im Garten, in der Außenanlage von Kindergärten und Schulen naturnah, vielfältig und strukturreich angelegt sind, werden sie von den Kindern schon bald als beliebter Spielraum entdeckt, denn:

• *Hecken geben Geborgenheit!* Man kann sich in ihnen verstecken, klei-

Hagebutten, die Früchte der Hundsrose, sind reich an Vitamin C. Kinder und Jugendliche interessieren sich meist aber weniger für den Gesundheitsaspekt, sondern vielmehr für den Inhalt der roten Schalen. Die darin enthaltenen Nüsschen und Härchen eignen sich wunderbar als »Juckpulver«!

Werden Hecken neu gepflanzt, darf der Schwarze Holunder nicht fehlen! Aus seinen Beeren kann Saft gepreßt werden. Aber auch sein Pflanzenfarbstoff ist beliebt – die Blätter färben leicht grün, die Beeren violett.

ne Hütten und Buden bauen – sich wohlfühlen und sich zurückziehen.

• *Hecken spenden Spielzeug!* Mit Hagebutten, Haselnüssen, Holunderbeeren läßt sich nicht nur wunderbar spielen und malen – mit ihnen läßt sich Natur auch aktiv be-greifen.

• *Hecken verändern sich ständig!* Im Frühjahr zeigen sich Hecken in einem anderen Kleid als im Herbst oder Winter. Deshalb spielen die Kinder im Frühjahr andere Spiele in den Hecken als in den anderen Jahreszeiten. Diese Veränderungen schaffen neue Reize. Neue Erfahrungen werden gemacht, neue Spiele gespielt und neue Dinge erforscht. Vielfältige Reize sind die Voraussetzung für ein aktives und dynamisches Lernen.

• *Hecken sind ideale Beobachtungsplätze!* Was gibt es nicht alles in Hecken zu entdecken: verlassene Schneckenhäuschen, Vogelnester, Federn, Mäuselöcher, Nüsse, die von Eichhörnchen, Kohlmeisen oder Spechten angefressen wurden und vieles mehr.

Hecken sind die idealen Spiel- und Erlebnisräume für Kinder!

Natur erleben

Hasenversteck

Altersgruppe: Vorschulkinder und Kinder
Gruppengröße: bis 30
Zeitdauer: 5 bis 15 Minuten
Material: keines

Feldgehölze bieten besonders Feldhasen und Wildkaninchen Deckung und Schutz vor Feinden und somit die Möglichkeit, ihre Jungen geschützt aufzuziehen. Jedes Kind sucht sich einen Unterschlupf in der Hecke, setzt sich auf den Boden und späht dann – ähnlich einem Feldhasen – aus seinem Versteck. Natürlich können Hasen nicht sprechen und verhalten sich ganz ruhig! Nach etwa 5 bis 10 Minuten kommen die Kinder aus ihren Verstecken heraus und berichten, was sie in ihrem Versteck gesehen und erlebt haben.

Fordert man kleinere Kinder auf, sich im Gehölz zu verstecken, so muß man darauf achten, daß die Kinder miteinander in Sichtkontakt bleiben, damit sie sich nicht alleine fühlen oder Angst bekommen.

Hecken in der Tasche

Altersgruppe: Vorschulkinder, Kinder und Jugendliche
Gruppengröße: 4 bis 20
Zeitdauer: 20 Minuten
Material: zwei Stofftaschen

Zwei Mitspieler sammeln etwa acht verschiedene Naturmaterialien, wie z. B. Blätter, Zweige, Federn, Schnek-

kenhäuser und ähnliches. Jeder Naturgegenstand wird in eine der Baumwolltaschen gelegt. Die anderen Mitspieler erhalten nun die Aufgabe, nacheinander und mit geschlossenen Augen in die Taschen zu greifen, um die verschiedenen Materialien zu ertasten und sich diese einzuprägen.

Sobald alle Kinder und Jugendlichen die verschiedenen Materialien ertastet haben, werden sie aufgefordert, diese Naturmaterialien in der Umgebung zu suchen und je ein Exemplar mitzubringen.

Variante: Es werden zwei Gruppen gebildet. Die Gruppe, die am schnellsten alle Gegenstände aus den Baumwolltaschen in der Natur wiederfindet, hat gewonnen. Um Schummeleien zu vermeiden, sucht eine Mannschaft immer nach den Naturmaterialien, die die andere Mannschaft gesammelt hat. Achtung! Erst wenn alle Mitspieler alle Naturmaterialien ertastet haben, darf die Suchaktion gestartet werden.

Mit den Händen sehen

Altersgruppe: Vorschulkinder, Kinder
Gruppengröße: bis 30
Zeitdauer: 30 Minuten
Material: auf Wunsch Augenbinden

Wir ertasten Rinde und Blätter verschiedener Gehölze mit geschlossenen Augen. Dazu bilden wir Paare, wobei eine Person von der anderen »blind« an verschiedene Bäume und Sträucher geführt wird. Auf Wunsch können die Augen auch verbunden werden. Die »blinde« Person beschreibt, was sie

Hecken eignen sich wunderbar zum Spielen und Verstecken.

mit ihren Händen erfühlt. Mit Hilfe des Spiels sollen Strukturen unterschiedlicher Rinden, die Festigkeit verschiedener Blätter und Knospen oder verschiedene Wuchsformen bewußt wahrgenommen werden: Nach etwa 10 bis15 Minuten werden die bereits mit den Händen ertasteten Gehölze nochmals mit offenen Augen besucht. Danach werden die Rollen getauscht.

Einfach mal zuhören

Altersgruppe: Kinder und Jugendliche

Gruppengröße: bis 30
Zeitdauer: 20 Minuten
Material: je Mitspieler ein Bleistift, ein Blatt Papier und eine feste Unterlage (z. B. Karton)

Die Kinder sollen eine Art Landkarte zeichnen, auf der keine Berge und Täler, sondern Geräusche in der Umgebung eingezeichnet werden. Dabei vermerkt man alle Geräusche, die in der Natur wahrgenommen werden können, auf einem Blatt Papier mit verschiedenen Symbolen. Jeder Mitspieler sucht sich, ausgerüstet mit Papier, Schreibunterlage und Bleistift, einen Platz in der Nähe einer Hecke oder eines Feldgehölzes. In die Mitte des Papiers schreibt jeder seinen Namen, denn dies ist der Platz, wo man gerade sitzt. Sobald man ein Geräusch wahrnimmt, wird dieses aus der Richtung und Entfernung, wo es herkommt, mit einem kurzen Symbol auf dem Blatt vermerkt. Für einen singenden Vogel verwendet man beispielsweise eine Musiknote, für die Geräusche eines nahegelegenen Baches oder Flusses eine Wellenlinie, für das Rauschen des Windes mehrere langgezogene Striche. Um sich besser auf die Geräusche zu konzentrieren, schließt man immer wieder die Augen.

Nach etwa 10 bis 15 Minuten werden die verschiedenen Geräuschekarten miteinander verglichen.

Natur wahrnehmen

Bäumchen schüttel dich

Altersgruppe: Vorschulkinder, Kinder und Jugendliche
Gruppengröße: bis 15
Zeitdauer: 15 Minuten
Material: ein weißes Leintuch, weiche Pinsel, Lupen, eventuell Becherlupen, Insekten-Bestimmungsbücher

Die artenreichste Tiergruppe der Feldgehölze bilden die Insekten, wobei die Hautflügler wie Wildbienen oder Schlupfwespen, die Zweiflügler wie Fliegen und Mücken sowie die Laufkäfer besonders dominieren. Weniger auffällig sind Blattläuse, Zikaden oder Wanzen. Die Insekten erfüllen wichtige Funktionen in den Feldgehölzen –

♩	= Vogel
♀	= Menschen
♀	= Blätterrauschen
≈	= Wasser
☁	= Verkehr

So kann eine Geräusche-Landkarte aussehen.

als Blütenbestäuber, als Nahrungsgrundlage für andere Tiere, als Parasiten wie z. B. die Schlupfwespen, oder als Aasfresser wie z. B. viele Käfer.

Ein sportlicher Teilnehmer klettert auf einen Baum und schüttelt die Zweige über einem weißen Leintuch. Danach sehen sich alle gemeinsam die Kleinlebewesen an, die beim Schütteln vom Baum gefallen sind. Kleinere Insekten werden in eine Becherlupe befördert und darin betrachtet. Mit einer Zweiweg-Becherlupe können die Tiere gleichzeitig von oben und unten vergrößert betrachtet werden. Falls die Kinder und Jugendlichen Interesse daran haben, werden die Insekten be-

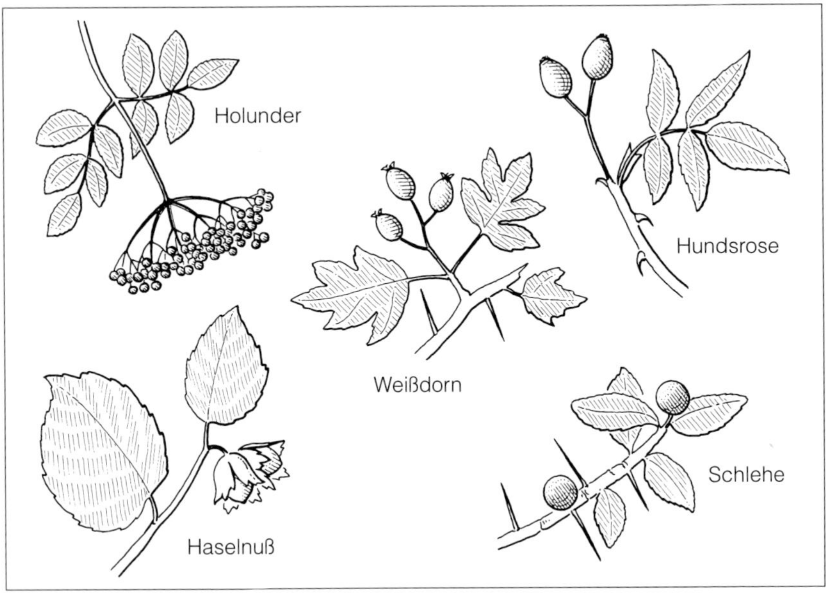

Erlebnisraum Hecke und Feldgehölz

Holunder

Hundsrose

Weißdorn

Schlehe

Haselnuß

Typische Heckenfrüchte.

stimmt, oder man sucht gemeinsam nach einem Phantasienamen für die einzelnen Kleinlebewesen.

Hecken-Memory

Altersgruppe: Vorschulkinder, Kinder und Jugendliche
Gruppengröße: 4 bis 6 je Gruppe
Zeitdauer: 10 bis 20 Minuten
Material: ein helles Leintuch

Im Herbst sammeln wir in Kleingruppen Blätter und Samen von fünf verschiedenen Gehölzen. Alle Fundstücke werden gemeinsam betrachtet und besprochen. Danach werden alle Pflanzenteile miteinander vermischt und auf einem großen hellen Leintuch

ausgelegt. Die Kinder und Jugendlichen erhalten dann die Aufgabe, die Pflanzenteile der einzelnen Arten wieder einander zuzuordnen.

Strauch ärgere dich nicht

Altersgruppe: Vorschulkinder, Kinder
Gruppengröße: 4 je Gruppe
Zeitdauer: 10 bis 20 Minuten
Material: helles Leintuch, ein großer selbstgebastelter Würfel aus Karton mit mindestens 10 × 10 cm Kantenlänge, etwas Klebstoff

Die Kinder werden aufgefordert, gemeinsam insgesamt je zwei Blätter von vier verschiedenen Sträuchern oder Gehölzen zu suchen. Außerdem sollen zu jedem Blatt je vier Rindenstücke des entsprechenden Strauches oder Gehölzes, vier Früchte oder vier Samen gesammelt werden. Auf vier der sechs Würfelseiten wird je ein unterschiedliches Blatt geklebt. Die beiden anderen Seiten des Würfels erhalten je ein Plus- und ein Minuszeichen. Die gesammelten Früchte, Rindenstücke, Blüten oder Samen kommen in den Pool auf das Leintuch.

Jeder Mitspieler wählt ein Blatt aus und legt es vor sich auf das helle Leintuch. Nun wird gewürfelt. Sobald das »eigene Blatt« gewürfelt wird, darf man sich das entsprechende Rindenstück, den dazugehörenden Samen, die dazugehörende Frucht oder Blüte aus dem Pool holen. Wird ein »Plus-Zeichen« gewürfelt, müssen alle anderen ein bereits erwürfeltes Pflanzenteil zurückgeben, wird ein Minus gewürfelt, muß man selbst ein Pflanzenteil zurück in den Pool legen. Gewonnen hat, wer zuerst alle vier Pflanzenteile dem entsprechenden Blatt zugeordnet hat.

Verheckte Gemeinschaft

Altersgruppe: Kinder und Jugendliche
Gruppengröße: bis 30
Zeitdauer: eine Stunde und länger
Material: Bleistifte, Papier, Schere, Konservendosen oder Joghurtbecher, Klebstoff

Am Beispiel einer Nahrungspyramide zeigt man die Beziehungen zwischen Pflanzen und Tieren am deutlichsten.

Am Fuße der Pyramide stehen die Pflanzen und eine große Zahl von pflanzenfressenden Insekten. Die Pflanzenfresser sind wiederum Beutetiere von kleinen Tieren, wie z. B. von Mäusen, Kröten, Eidechsen etc. Diese dienen den größeren Jägern als Nahrung. An der Spitze der Pyramide stehen wenige große Räuber, wie zum Beispiel die Waldohreule in den Hecken.

Die Haselmaus ernährt sich beispielsweise von Samen, Brombeeren und den Früchten der Haselnuß. Sie wird wie andere Mäuse oder Kleinvögel von der Waldohreule gejagt. An den Pflanzen der Krautschicht fressen aber auch Schnecken. Schnecken, Würmer, Spinnen und Insekten gehören zur Beute der Erdkröte. Noch junge Erdkröten stehen wiederum auf dem Speisezettel des Raubwürgers.

»Verheckte Gemeinschaft« ist ein Spiel, das sich auch für drinnen eignet. Verschiedene Tiere und Pflanzen einer Hecke werden einzeln auf etwa 10 × 10 cm große Kärtchen gezeichnet. Es können auch Bilder aus Zeitschriften ausgeschnitten und aufgeklebt werden. Nun kleben wir diese Bilder auf leere Konservendosen, Joghurtbecher o. ä. auf. Gemeinsam wird aus den Dosen eine Nahrungspyramide aufgebaut. Wer frißt wen? Zum Schluß nehmen wir einzelne Dosen vorsichtig aus der Pyramide heraus, um auszuprobieren, was passiert, wenn ein oder mehrere Glieder der Nahrungskette fehlen.

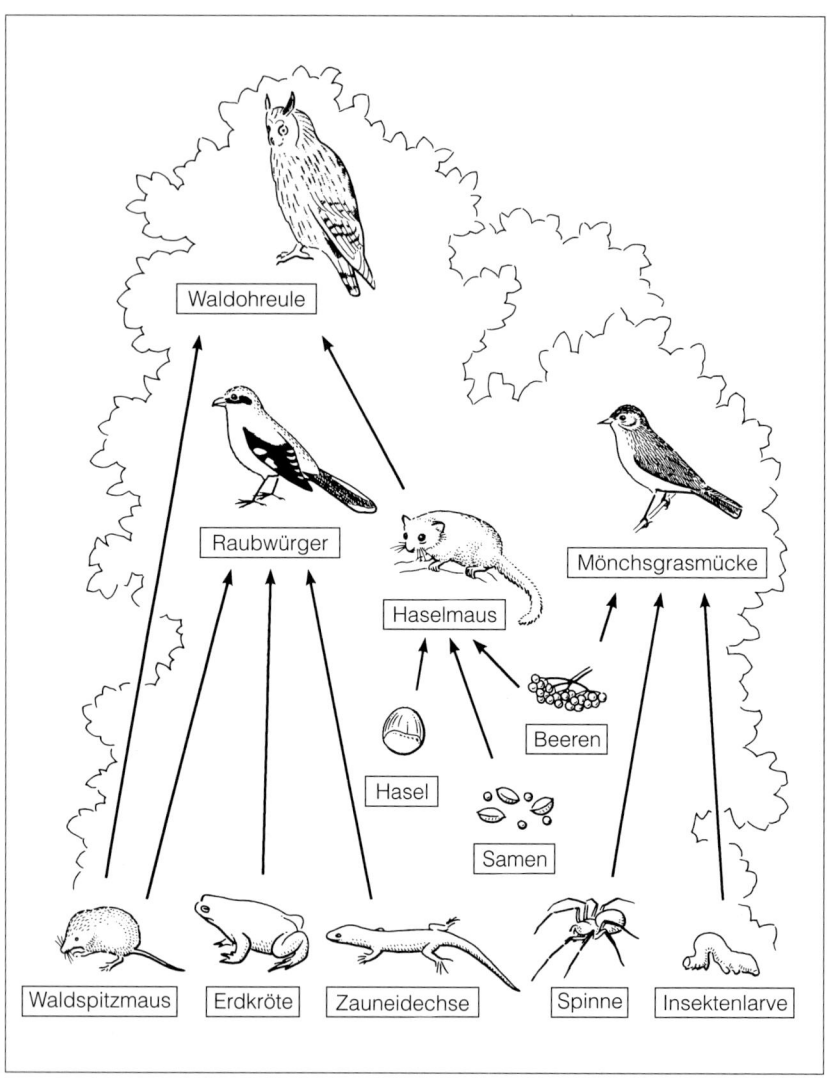

Die Nahrungspyramide in einer Hecke.

Natur be-greifen

Zeichnen und Malen im Freien

*Altersgruppe: Vorschulkinder,
Kinder und Jugendliche
Gruppengröße: bis 30
Zeitdauer: beliebig
Material: Zeichen- und
Malmaterial nach Wunsch*

Kunstunterricht unter freiem Himmel
– Bleistift- und Kohlezeichnungen,
Aquarell- und Ölbilder anfertigen –
wer ist da nicht begeistert? Hecken
und Feldgehölze bieten von Frühjahr
bis Herbst und selbst in der Winterzeit
attraktive und vielseitige Motive.
Zeichnet man im Freien, zeigen sich
im Bild aber auch gleichzeitig momen-
tane Stimmungen in der Natur oder
sogar Wetterlagen (Wind, Regentrop-
fen), was das Gesamtwerk viel leben-
diger erscheinen läßt.

Und da jeder von uns Stimmungen
subjektiv und damit auch unterschiedlich wahrnimmt, werden die einzelnen
Werke der Kinder und Schüler auch
sehr persönlich ausfallen – eher naturgetreu, verfremdet oder abstrakt.

Luftiges Mobile

*Altersgruppe: Vorschulkinder
und Kinder
Gruppengröße: bis 20
Zeitdauer: 30 Minuten
Material: Taschenmesser, Rosen-
schere, Baumwolltaschen zum
Sammeln, Nadel und Faden*

Ein Mobile ist eine schöne Erinnerung
an einen Nachmittag im Freien.

Gleichzeitig bringt ein Mobile auch
jahreszeitliche Stimmungen ins Haus.
Bei einer Wanderung sammeln wir
deshalb Naturmaterialien wie Äste,
Zweige, Blätter und Früchte, die uns
besonders gut gefallen. Die Sammel-
stücke werden mit einem dünnen Faden an Zweigen aufgehängt und
diese miteinander zu einem Mobile
arrangiert.

Besonderen Reiz besitzen auch
»Freiluftmobiles«, an Ästen von Bäumen draußen im Garten oder in der
freien Natur aufgehängt – oft auch
zur Freude anderer Spaziergänger! Bei
künftigen Wanderungen wird das
Freiluftmobile immer wieder einmal
besucht, Veränderungen werden fest-
gestellt und neue Fundstücke daran
befestigt.

Hutzelbrötchen mit Weißdornbeeren

*Altersgruppe: Vorschulkinder,
Kinder und Jugendliche
Gruppengröße: bis 20
Zeitdauer: ein bis zwei Stunden
Material: siehe Rezept*

Aus den Blüten und Früchten vieler
heimischen Hecken und Feldgehölze
können wir köstliche warme und kalte
Speisen, verschiedenste Säfte und Li-
monaden zaubern. Wer kennt sie
nicht, die wohlschmeckenden Holun-
derküchle mit Zucker und Zimt, die
Marmelade aus der Hagebutte oder
die Weißdornbeeren in Hutzelbrötchen? Für letzteres wollen wir ein Rezept vorstellen.

*Hutzelbrötchen
500 Gramm Mehl
1 Eßlöffel Backpulver*

1/2 Teelöffel Salz
75 Gramm kleingeschnittene
Butter
300 Gramm Weißdornbeeren
200 ml Milch
200 ml Wasser

Das Mehl, Backpulver, Salz und die
Butter wird zu einem krümeligen Teig
verarbeitet. Danach gibt man die restlichen Zutaten zu und arbeitet diese
rasch in den Teig ein. Aus dem Teig
können etwa 20 kleine Brötchen ge-
formt werden. Diese setzt man auf ein
gefettetes Backblech und bäckt sie
eine halbe Stunde bei 200 °C. Die lek-
keren Brötchen können heiß und kalt
gegessen werden.

Färben mit Farben aus der Natur

*Altersgruppe: Vorschulkinder,
Kinder und Jugendliche
Gruppengröße: bis 30
Zeitdauer: eine Stunde und län-
ger
Material: Blätter, Früchte, Rinde,
große Kochtöpfe (mindestens 10
Liter), eine Schüssel zum Auswa-
schen der Wolle, Alaun und
Weinstein, Salz, Gummihand-
schuhe, Stöcke zum Rühren und
naturbelassene Wolle*

*Färben mit Pflanzenfarben. 1 = Das
Pflanzenmaterial wird zwei bis drei
Stunden lang in einem großen Kochtopf
gekocht. 2 = Die zuvor behandelte Wolle
und der Pflanzensud werden so lange
miteinander gekocht, bis sich die
gewünschte Farbe zeigt. Ist die Flüssigkeit
abgekühlt, wird die Wolle herausgenommen. 3 = Anschließend wäscht
man die Wolle in klarem Wasser aus.*

Pflanze	Farbe	Menge/Hinweis
Birkenblätter	hellgelb	1000 g Birkenblätter
Birkenrinde	tiefgold	500 g Birkenrinde 2 Stunden kochen. Der Beize 50 g Weinstein zufügen; Rinde kochen lassen, dann Wolle zufügen;
Holunderbeeren	violett bis lilafarben	500 g Holunderbeeren; Wolle in Alaun beizen; ein intensives Lila wird erreicht, wenn dem Alaun etwas Salz zugegeben wird;
Holunderblätter	grün	mit Alaun vorbeizen
Liguster	bläulich	750 g Ligusterbeeren; Vorsicht: Beeren sind giftig, mit Handschuhen arbeiten!
Grüne Walnußschalen	dunkelbraun	500 g grüne Walnußschalen

(Die Beispiele beziehen sich jeweils auf 500 g Wolle)

Um satte, lichtechte Farben zu erhalten, wird die Wolle üblicherweise mit Alaun oder Weinstein vorgebeizt. Diese Vorbeize bedeutet auf jeden Fall eine Umweltbelastung. Wird auf sie verzichtet, wirken die Farben allerdings blasser und waschen schneller aus. Da das Färben von Wolle oder Seide nicht ganz mühelos ist, und Kinder oft enttäuscht sind, wenn sich nach der ganzen Arbeit keine kräftigen Farbtöne zeigen, haben wir die Vorbeize hier mit aufgenommen.

Wie wird mit Pflanzenfarbstoffen gefärbt?
Zuerst muß die Wolle gebeizt werden. Hierzu lösen wir für 500 Gramm Wolle 100 Gramm Alaun und 25 Gramm Weinstein in kaltem Wasser auf. Danach legen wir die Wolle in die Lösung und kochen diese eine Stunde lang. Noch im warmen Zustand wird die Wolle mit einem Stock herausgenommen, vorsichtig ausgedrückt und einige Tage liegen gelassen. Jetzt kann das Färben beginnen.

Das zerkleinerte Pflanzenmaterial wir zwei bis drei Stunden in einem großen Kochtopf gekocht. Danach wird die Wolle mit Wasser angefeuchtet und in den kalten Pflanzensud hineingelegt. Achtung: Wolle und Sud sollten die gleiche Temperatur haben, damit die Wolle nicht verfilzt. Nun wird alles zusammen so lange gekocht, bis die Wolle die gewünschte Farbe hat. Die Flüssigkeit wieder abkühlen lassen und erst dann die Wolle herausnehmen und solange mit Wasser waschen, bis das Spülwasser klar bleibt.

Die Blüten der Hundsrosen erblühen im Juni.

Wichtig:
Beim Färben am besten immer mit Gummihandschuhen arbeiten, da sonst die Hände unter der Beize leiden und ebenfalls Farbe annehmen!

Wir pflanzen eine Hecke

 Altersgruppe: Kinder und Jugendliche
Gruppengröße: bis 30
Zeitdauer: einen Tag und länger
Material: Pflanzmaterial, Spaten, Hacke

Hecken sind nicht nur ein wertvolles Biotop für viele Tier- und Pflanzenarten, sondern sie dienen auch uns Menschen als Lärm- und Staubfilter, Sichtschutz und Rückzugsmöglichkeit. Gleichzeitig bieten sie das ganze Jahr über eine Vielzahl an Erlebnismöglichkeiten und begeistern durch ihre For-

men- und Farbenvielfalt. Mit Hecken wird jeder Garten zum aufgeschlagenen Naturkundebuch, in dem mit Kindern und Jugendlichen das ganze Jahr über »geblättert« werden kann.

Hecken aus heimischen Gehölzen entwickeln sich besonders dicht, wenn man sie dreireihig pflanzt, wobei man die höher wachsenden Arten in die mittlere Reihe setzt. Die niedrig wachsenden Sträucher der Außenseiten können ziemlich dicht (80 bis 100 cm) neben der Hauptreihe stehen, da die höheren Arten später unten leicht verkahlen. Es besteht auch die Möglichkeit, die Außenreihen erst später zu pflanzen, wenn die Hauptreihe schon höher steht.

Die Auswahl an Pflanzmaterial ist groß, allein an Sträuchern stehen mehr als 100 Arten zur Verfügung. Jedoch sollte man sich bei der Anlage immer an der jeweiligen Umgebung orientieren. Hinweise auf eine standortgerechte Pflanzung können etwa vorhandene Gehölzgruppen, Feldhekken oder Wälder in der Umgebung geben. Typische Arten in vielen Hekken sind z. B. Hundsrose (*Rosa canina*), Schlehe (*Prunus spinosa*), Eingriffliger Weißdorn (*Crataegus monogyna*), Haselnuß *(Corylus avellana)*, Schwarzer Holunder (*Sambucus nigra*), Trauben-Holunder (*Sambucus racemosa*), Rote Heckenkirsche (*Lonicera xylosteum*) und viele mehr.

Zusätzlichen Lebensraum bieten schon vorhandene alte Bäume, die in die Neupflanzung einbezogen werden können. Hierfür eignen sich z. B. Eiche (*Quercus robur* oder *Quercus petraea*), Vogelkirsche *(Prunus avium)*, Rotbuche (*Fagus sylvatica*), Vogelbeere (*Sorbus aucuparia*), Weiden (*Salix caprea* oder *Salix viminalis*),

Der Neuntöter, ein typischer Heckenbewohner, spießt seine Beute »als Vorrat« auf Dornen auf.

Linde (*Tilia cordata* oder *Tilia platy-phyllos*), Ahorn (*Acer campestre* oder *Acer platanoides* oder *Acer pseudo-platanus*) und viele mehr. In längere, freiwachsende Hecken sollte zumindest alle 30 Meter ein Baum hineingepflanzt werden.

Entsprechend den unterschiedlichen Ansprüchen der Gehölze, ihrer Wuchshöhe und Durchsetzungskraft kommt es innerhalb der Hecke zu Differenzierungen. So siedeln die auf viel Licht angewiesenen, niedrigwüchsigen Sträucher bevorzugt an den sonnenseitigen Rändern, während höherwüchsige und schattenverträgliche Arten im dichteren Innern oder auf den Schattenseiten zu finden sind.

Wichtig ist es, auch die Wildstauden (z. B. Platterbsen-, Labkraut- so-wie Storchschnabel-Arten) gedeihen zu lassen, die sich als Saum vor der Hecke einstellen. Sie sind wesentlicher Bestandteil dieses Lebensraumes. Häufig übertreffen sie an Formenreichtum und Blütenpracht alles, was auf den angrenzenden Wiesen und Rainen zu finden ist!

Nach einer Pflanzung und ersten Pflege bis zum Gehölzschluß sollte möglichst wenig eingegriffen werden, so daß auch Alt- und Totholz entstehen kann. Der Übergang zum Feldgehölz sollte als unregelmäßiger Saum aus Wildstauden gestaltet werden. Kleine Strukturen wie Steinhaufen, auf denen sich Eidechsen wohlfühlen, Gräben oder feuchte Mulden für Amphibien bereichern diesen Biotop zusätzlich.

Pflanztips:

1. Gepflanzt wird in der Vegetationsruhe, d. h. von Anfang November bis Ende März, jedoch nie bei gefrorenem Boden. In der Regel empfiehlt sich auf leichten Böden eine Herbstpflanzung, auf schweren Böden eine Frühjahrspflanzung.

2. Der ideale Pflanzabstand zwischen den Pflanzen liegt bei 50 bis 80 cm. Werden größere Abstände gewählt, schließen sich die Hecken langsamer.

3. Gepflanzt wird drei- bis mehrreihig, wobei die einzelnen Exemplare versetzt zueinander stehen. Soll die Hecke langgestreckt verlaufen, wird sie quer zur Hauptwindrichtung ausgerichtet! Baum-, Strauch- und Krautschicht werden stufig angeordnet, die höher wachsenden Arten stehen in der Mitte der Hecke.

4. Bei der Pflanzung ist darauf zu achten, daß keine Pflanzen der gleichen Art nebeneinander gesetzt werden, damit der Raum möglichst optimal ausgefüllt wird und ein abwechslungreiches Erscheinungsbild entsteht. Wichtig ist auch, daß der Hauptschatten, den die Hecke im ausgewachsenen Stadium werfen wird, nicht auf eine Nutzfläche, sondern z. B. auf einen Weg fällt.

5. In freier Landschaft wird die Pflanzung in den ersten Jahren mit einem Zaun gegen Verbiß- und Trittschäden geschützt. Statt eines Zaunes kann auch dornenreiches Schnittgut rund um die Hecke herum aufgeschichtet werden.

6. In den folgenden Jahren werden größere Lücken durch Neuanpflanzungen geschlossen.

Erlebnisraum Streuobstwiese

Früchtekorb und Wiesenwunder

Auch im Spätsommer gibt es auf einer Streuobstwiese noch viel zu entdecken. Im Geäst alter Bäume sitzt hie und da der Grauschnäpper ganz aufrecht und zuckt nur gelegentlich mit den Flügeln. Er lauert auf Insekten, die er von dort im kurzen Flug erhaschen und an die Jungen seiner zweiten Brut verfüttern will. Andere Vogelarten wie Stieglitz, Grünfink und Blaumeise haben ihre Jungen bereits großgezogen und ziehen nach dem Ende ihrer Brutsaison sorglos umher. Auch Schmetterlinge sind noch unterwegs. Auf der nochmals erblühten Flockenblume und auf Wildem Majoran suchen Admiral und Distelfalter nach Nektar. Doch bald wird sich dieses traute Bild ändern. Viele Apfelsorten gehen mit den letzten Sommertagen ihrer Reife entgegen. Dann herrscht auf der Streuobstwiese Hochbetrieb: vereint werden Mostäpfel gesammelt oder Tafeläpfel gepflückt.

Streuobstwiesen prägen seit langem unser Landschaftsbild. Früher wurde Streuobst – damit meint man robuste, lokal bewährte hochstämmige Obstsorten wie Apfel, Birne, Kirsche, Zwetschge, Walnuß – aus verschiedenen Gründen von der ländlichen Bevölkerung angebaut: Zum einen natürlich zur eigenen Versorgung mit frischem Obst. Zum anderen bereicherte das zu Dörrobst, Most oder Brannt-

wein verarbeitete Frischobst den damaligen schmalen Speisezettel und bescherte den Bauern ein einträgliches Zubrot. Das bei der Pflege der Bäume anfallende Schnittholz und das Holz gefällter Bäume fand als Brenn- und Baumaterial Verwendung. Auch heute noch gilt das Holz von Kirsche, Birne oder Nußbaum als wertvoller Rohstoff in der Möbelherstellung und im Musikinstrumentenbau.

Streuobstwiesen finden wir in unserer Landschaft hauptsächlich als großflächige Baumwiesen. Unter den Bäumen gedeihen prächtige Blumenwiesen oder man sieht Schafe, Ziegen oder Kühe friedlich weiden. Es müssen aber nicht immer große Wiesen sein – auch Obstbaum-Alleen und Vesperbäume oder Obstbaumgürtel um Dörfer beleben unsere Landschaft. In Württemberg wurden einst sogar auf herzogliche Anweisung Obstbäume entlang der Straßen angepflanzt. So konnten die Menschen, die auf dem Weg zum Marktplatz oder in andere Städte waren, an heißen Sonnentagen gut beschattet vorankommen, was bei der Geschwindigkeit der Ochsen- oder Pferdekarren das Reisen erleichterte.

Nicht nur für uns Menschen sind Streuobstwiesen von Nutzen. Durch das Zusammenspiel von Baum- und Wiesenelementen entwickelt sich in einer Streuobstwiese mit älterem Baumbestand ein ganz besonderer Artenreichtum. Die Blüten buntblumiger Wiesenkräuter und anderer Blütenpflanzen öffnen sich pollensammelnden und nektarsaugenden Bienen, Hummeln, Fliegen und Schmetterlingen. Aber auch die Knospen und Blätter der Obstbäume bieten Nahrung und Lebensraum für unzählige Insekten.

In verlassenen Spechthöhlen finden viele gefährdete Fledermaus-Arten ein Sommerquartier.

Wo sich eine vielfältige Insektenwelt tummelt, da sind auch die Vögel nicht weit! Der Grünspecht zimmert seine Baumhöhlen, in die später oft Wendehals, Kleiber oder Gartenrotschwanz einziehen. In den Baumkronen bauen Singdrossel, Stieglitz und Rotkopfwürger ihre Nester. Viele der Vogelarten finden ihre Nahrung direkt am Baum oder auf den Blättern der Bäume. Am Stamm der Obstbäume stochert der Gartenbaumläufer in den Rissen der Borke nach Holzwespen und Holzkäfern. Die im Blattwerk lebenden Raupen oder Spinnentiere werden von der Kohlmeise bevorzugt. Vor allem die Raupen des Kleinen Frostspanners frißt sie mit Vorliebe! Andere Vögel wie der Gartenrotschwanz oder der Mäusebussard sitzen dagegen auf den Ästen der Bäume und halten Ausschau nach Beutetieren, die sie in der Luft oder vom Boden weg schnappen. Der Mittagstisch ist immer reich gedeckt – vorausgesetzt, die Wiese wird naturnah und damit auch artenreich bewirtschaftet.

Streuobstwiesen sind auch ein Lebensraum für zahlreiche, zum Teil bedrohte Säugetiere wie Fledermäuse, Gartenschläfer, Siebenschläfer und Haselmaus sowie andere häufige Arten wie Wiesel, Steinmarder, Hamster und Igel. So nehmen rund 60 % aller heimischen Fledermaus-Arten verlassene Spechthöhlen, Fäulnishöhlen und Nistkästen als Sommerquartiere in Beschlag. Vor allem der Große Abendsegler lebt den Sommer über in kleinen Gruppen in solchen Baumhöhlen. In der späten Dämmerung kann man ihn dann bei der Jagd auf Nachtfalter beobachten.

Nicht umsonst nennt man Streuobstwiesen die »Perlen der Kulturlandschaft«. Sie sind reich an wohlschmeckendem Obst und bieten vielen gefährdeten Tier- und Pflanzenarten Nahrung und Unterschlupf. Die Mischung aus hochstämmigen Bäumen und verschiedenen Krautschichten verleiht ihnen eine reichhaltige Struktur. Bei einer Wanderung mit Kindern und Jugendlichen gibt es unzählige kleine Wunder zu entdecken, zu erlauschen, zu schmecken, zu erriechen. Vielleicht kann ein Spaziergang durch eine Streuobstwiese auch den entscheidenden Impuls geben, im eigenen Garten einen oder zwei hohe Obstbäume zu pflanzen und so Lebensraum für bedrohte Tier- und Pflanzenarten zu schaffen.

Streuobstwiesen liefern nicht nur Obst, sondern sie besitzen auch viele zusätzliche Funktionen:

1. Artenschutz und Genreservoir
Streuobstwiesen bieten über 5000 Tieren und Pflanzen Lebensraum.

2. Erholungsraum für uns Menschen

3. Boden- und Wasserschutz
Das Wurzelsystem der Bäume und die geschlossene Grasdecke verhindern eine Erosion und vermindern die Auswaschung der Nährstoffe.

4. Klimaausgleich
Die Bäume produzieren Sauerstoff, wirken positiv auf das lokale Klima und gleichen die Luftfeuchtigkeit aus.

Natur erleben

Wer bin ich?

Altersklasse: Vorschulkinder, Kinder und Jugendliche
Gruppengröße: bis 30

Der Steinkauz ist in seinem Bestand stark gefährdet, da er meist vergebens nach geeigneten Nistplätzen in alten Baumhöhlen sucht.

Zeitdauer: Vorarbeit 1 Stunde, Spiel 20 Minuten
Material: Buntstifte, Papier, Schere, Klebstoff, eventuell Zeitschriften mit Tierbildern, Bestimmungsliteratur

Wir zeichnen Tiere, die auf Streuobstwiesen leben, oder suchen Bilder von ihnen aus Zeitschriften und Zeitungen heraus. Aus farbigem Karton schnei-

den wir Kärtchen von etwa 10 × 10 cm Größe. Auf jedes dieser Kärtchen kleben wir ein Tierbild. Danach werden alle Karten gemischt und jeder zieht sich eine Karte mit Tierbild. Diese befestigen wir mit einer Wäscheklammer auf dem Rücken einer anderen Person, ohne ihr zuvor das Bild zu zeigen. Haben alle ein Tierbild, geht das Spiel los: Durch Fragen muß jede Person herausfinden, welches Tier sie darstellt. Die Fragen dürfen nur mit »Ja« oder »Nein« beantwortet werden. Z. B.: *»Habe ich mehr als zwei Beine?«* oder *»Besitze ich Flügel?« »Lebe ich unter der Erde?«* Wird herausgefunden, welches Tier dargestellt ist, darf das Bild abgenommen werden. Mit diesem Spiel lassen sich Spielnachmittage lustig einleiten. Außerdem eignen sich die Karten für weitere Spiele, z. B. für die Tierpantomime.

Steinkauz-Auge sei wachsam!

 Altersklasse: Vorschulkinder, Kinder und Jugendliche
Gruppengröße: bis 30
Zeitdauer: 30 Minuten
Material: 10 bis 15 natürliche und künstliche Gegenstände, z. B. ein Bleistiftspitzer, ein Radiergummi, ein Haushaltsgummi, Zahnstocher, ein kleines Spielzeug, ein Schnürsenkel, eine Kartoffel, ein Apfel, ein Blatt etc.

Es werden zwei Gruppen gebildet. Jede Gruppe sucht sich einen Platz auf der Wiese, der von der anderen Gruppe nicht einsehbar ist. Dort verteilen die Mitspieler jeweils entlang eines mit einer etwa 20 m langen

Schnur markierten Pfades 10 bis 15 natürliche und künstliche Gegenstände (z. B. ein Bleistift, ein Schnürsenkel, eine Kartoffel, ein Kirschzweig unterm Apfelbaum etc.). Manche von ihnen sollen sich gut abheben, andere dagegen gut einfügen. Nach dem Verstecken der Gegenstände besucht jede Gruppe das »Revier« der anderen Gruppe. Die Spieler gehen einzeln und in Abständen den Pfad entlang und versuchen, möglichst viele der ortsfremden Dinge zu entdecken, ohne sie aber wegzunehmen oder andere darauf hinzuweisen. Danach berichten sie über ihre Funde und gehen nochmals miteinander den Pfad ab, um sich gegenseitig die Details zu zeigen.

Mit diesem Spiel läßt sich die Beobachtungsgabe schärfen.

Baum-Welten

Altersklasse: Vorschulkinder, Kinder und Jugendliche
Gruppengröße: bis 20
Zeitdauer: 20 Minuten
Material: eventuell Papierrohre, Lupe, Fernglas

Alle Mitspieler setzen oder legen sich bequem unter die Bäume und schließen die Augen. Schafft man es, bis 10 zu zählen, ohne Vogelgezwitscher zu hören? Nach einigen Minuten des Lauschens erfolgt ein Erfahrungsaustausch.

Da wir es uns schon unter den Bäumen bequem gemacht haben, schauen wir uns die Bäume nun aus verschiedenen Perspektiven an. Mit einem Papierfernrohr, einem Fernglas oder einer Lupe lassen sich dabei neue »Baum-Welten« entdecken.

Alle Mäuse fliegen hoch!

Altersgruppe: Vorschulkinder, Kinder
Gruppengröße: bis 30
Zeitdauer: beliebig
Material: keines

Eine abgewandelte Form des Spiels »Alle Vögel fliegen hoch«: Die Mitspieler bilden einen Kreis und lassen die Arme baumeln. Der Spielleiter ruft: »Alle Mäuse fliegen hoch« und nennt dabei zuerst einige fliegende Tiere, die auf der Streuobstwiese leben (z. B. »Alle Mäuse fliegen hoch – ...Steinkauz, ...Bussard, ...Blaumeise, ...Neuntöter, ...Singdrossel, ...Fledermaus, ...Biene, ...Hummel«). Dabei hebt er die Arme nach oben und die Mitspieler folgen seinem Beispiel. Das wiederholt sich so oft, bis der Spielleiter ein Tier nennt, das weder fliegen kann noch auf der Streuobstwiese lebt. Wer die Arme trotzdem hebt, muß ein Pfand abgeben, das er dann wieder einlösen muß.

Der Spielleiter muß die Arme nicht nach unten nehmen, wenn ein falsches Tier genannt wird – das bringt Spannung ins Spiel!

Baumgeister erzählen Geschichten

Altersklasse: Vorschulkinder, Kinder
Gruppengröße: bis 20
Zeitdauer: 30 Minuten
Material: keines

Mythen und Märchen von Bäumen und Früchten stoßen nicht nur bei kleineren Kindern auf großes Interesse. Märchen lassen sich am besten im Freien unter einem Baum gemeinsam ausdenken.

Zusammen basteln wir an einer eigenen Geschichte, die von einem Baum handeln soll – vielleicht sogar von dem Baumexemplar, unter dem wir sitzen. Was erlebt ein Baum im Jahresablauf, wovor fürchtet er sich, und wer sind seine Freunde? Ein Erzähler beginnt mit der Geschichte, und diese wird dann von den anderen fortgeführt. Um die Phantasie anzuregen, können wir auch die Rolle von »Baumgeistern« einnehmen, die sich gegenseitig aus ihrem Leben berichten.

Apfelrätsel

Altersklasse: Vorschulkinder, Kinder
Gruppengröße: bis 20
Zeitdauer: 5 bis 10 Minuten
Material: keines

Rätsel lösen und eigene Rätsel ausdenken fördert die Wahrnehmungsfähigkeit und die sprachliche Ausdrucksweise der Kinder.

> *Es sitzt ein Bübchen im Baume drinn',*
> *hat rote Bäckchen und Grübchen im Kinn.*
> *Da kommt der Wind und schaukelt's schneller.*
> *Plumps, fällts*
> *herab, auf deinen Teller.*
> *Was ist das? (Apfel)*

Haben die Kinder die Lösung erraten, versuchen sie selbst, eigene Rätsel zu formulieren.

Geheimblatt

Altersklasse: Vorschulkinder, Kinder und Jugendliche
Gruppengröße: bis 15
Zeitdauer: 20 Minuten
Material: verschiedene Blätter von Obstbäumen

Jeder Mitspieler sucht sich auf der Streuobstwiese ein Blatt eines Obstbaumes. Danach setzen sich alle in einen Kreis auf den Boden, schließen die Augen und betasten in aller Ruhe ihr Blatt. Nach etwa 2 Minuten öffnen die Mitspieler die Augen wieder und stellen ihr Blatt kurz in der Runde vor. Wie fühlt es sich an? Wie groß ist es etwa? Von welchem Baum stammt das Blatt? Der Spielleiter sammelt nun alle Blätter in einem Stoffbeutel ein und mischt sie miteinander. Die Kinder und Jugendlichen schließen wieder die Augen und erhalten vom Spielleiter ein beliebiges Blatt in die Hand gelegt.

Jeder betastet nun das neue Blatt und versteckt es dann irgendwo, z. B. in der Jackentasche oder im Ärmel der Jacke. Dann öffnen alle die Augen und jeder stellt nun das Blatt vor, das er soeben vom Spielleiter erhalten und betastet hat. Glaubt der frühere »Besitzer« des Blattes, daß sein Blatt gerade vorgestellt wurde, so meldet er sich. Ziel ist, daß alle Mitspieler ihr eigenes Blatt wieder erhalten.

Sind die Beschreibungen zu ungenau, kann von den Mitspielern auch nachgefragt werden.

Natur wahrnehmen

Pflanzen-Detektiv

 Altersklasse: Vorschulkinder, Kinder, Jugendliche
Gruppengröße: bis 30
Zeitdauer: Vorarbeit 2 Stunden, Spiel 10 Minuten
Material: Photoapparat, Blätter verschiedener Pflanzenarten der Streuobstwiesen; es können Blätter von Bäumen, aber auch von typischen Wiesenblumen sein

Zuvor gesammelte Blätter der verschiedenen Bäume und Blütenpflanzen werden auf einem neutralen Untergrund einzeln fotografiert. Jedes entstandene und geglückte Foto wird auf ein kleines, festes Kärtchen geklebt, das anschließend mit Klarsichtfolie überzogen wird. Bei unserem nächsten Wiesenbesuch legen wir die Karten – etwa 10 Stück davon – auf die Wiese und decken sie mit einem Tuch ab. Für etwa 30 Sekunden (kleinere Kinder etwas länger) dürfen nun alle Mitspielerinnen und Mitspieler die Karten anschauen. Danach werden die Karten sofort wieder abgedeckt. Nun sollte jeder Mitspieler versuchen, innerhalb von 5 Minuten ein entsprechendes Blatt zu den jeweiligen Fotos in der Natur zu finden. Zur Erleichterung können auch kleine Gruppen von 2 bis 4 Personen gebildet werden, die dann gemeinsam die Aufgabe lösen.

Um das Spiel zu erweitern, fotografieren wir zu den jeweiligen Blättern die Rinde des Baumes oder die Blüte der Pflanze. Diese Fotos werden ebenfalls auf Kärtchen geklebt. In einer abgewandelten Form des bekannten Spiels »Memory« bilden nun die Fotos von Blatt und dazu gehörender Rinde oder Blüte ein Paar.

Tagebuch eines Obstbaumes

 Altersklasse: Vorschulkinder, Kinder
Gruppengröße: bis 30
Zeitdauer: beliebig
Material: je nach Bedarf

Ein Obstbaum wird ausgesucht, dessen Entwicklung vom Frühling bis in den Winter hinein beobachtet werden soll. Über die jahreszeitlichen Veränderungen wird ein Tagebuch geführt. Jedem bleibt es frei, seine Eintragungen bunt zu illustrieren oder mit Skizzen sowie gepreßten Pflanzenteilen zu ergänzen. »*Wann springen die ersten Blütenknospen auf?*« »*Welche Tiere besuchen die Blüte?*« Ungeduldig werden Kinder das Heranreifen der Früchte beobachten und die erste Ernte kaum erwarten können.

Es ist auch interessant, gleichzeitig die Entwicklung verschiedener Baumarten wie z. B. Apfel, Kirsche und Zwetschge zu beobachten und zu dokumentieren. Unterschiede und Gemeinsamkeiten können so festgehalten, besprochen und erklärt werden.

Gerade für kleinere Kinder ist es einfacher, statt eines Buches eine Wandtafel zu gestalten – vielleicht in der Form eines Baumes oder der vier Jahreszeiten. Daran werden nun etwa alle 4 Wochen Zweige, gepreßte Blüten und Blätter befestigt und mit Kinderzeichnungen von Tieren oder Erlebnissen auf der Streuobstwiese ergänzt.

![Gartenschläfer auf Holzpfosten vor Sonnenblume]

Der Gartenschläfer ist ein Nachttier und lebt tagsüber sehr versteckt. Obwohl es vielleicht so aussieht, sind die Gartenschläfer nicht mit Mäusen verwandt.

Wer wohnt wo?

Altersklasse: Vorschulkinder, Kinder, Jugendliche
Gruppengröße: bis 20
Zeitdauer: Vorarbeit 1 bis 2 Stunden, Spiel 10 bis 20 Minuten
Material: Buntstifte, Finger- und Wasserfarben, Karton, Schere, Klebstoff, eventuell Zeitschriften mit Tierbildern, Bestimmungsbücher

Gemeinsam wird mit einer Gruppe von Kindern oder Jugendlichen bei einem Besuch einer Streuobstwiese erforscht, welche Tiere und Pflanzen wo auf der Streuobstwiese zuhause sind.

Anschließend läßt man die Kinder in Kleingruppen Ausschnitte aus einer Obstwiese gemeinsam auf ein oder mehrere große Kartons zeichnen oder kleben (100 cm × 200 cm). Möglich ist auch eine Collage. Das Bodenleben sollte nicht vergessen werden, denn auch im Boden einer Streuobstwiese leben Tiere. Die einzelnen Kartons schneiden wir nun in größere Puzzleteile – etwa in der Größe einer Handfläche. Zuhause oder in der Schule versucht man gemeinsam, die einzelnen Baum-, Stamm-, Wiesen- oder Bodenpuzzle wieder zusammenzusetzen und diese zu einem Gesamt-Streuobstwiesen-Puzzle zusammenzulegen.

Mit kleineren Kindern wird nur ein großes Puzzle, auf dem die gesamte Streuobstwiese abgebildet wird, gebastelt.

Apfel-Hitliste

Altersklasse: Vorschulkinder, Kinder, Jugendliche
Gruppengröße: bis 30
Zeitdauer: 20 Minuten
Material: verschiedene Apfelsorten, Messer, Teller oder Schälchen, Papier und Stifte

Wir pflücken verschiedene Apfelsorten, schneiden die Äpfel in kleine Stücke und legen sie, getrennt nach Sorten, in Schälchen. Einen Apfel jeder Sorte lassen wir ganz. Sowohl das Schälchen als auch der Apfel erhalten eine Nummer. Dabei numerieren wir die Schälchen auf der Unterseite. Die Äpfel werden auf kleine Zettelchen gelegt, auf denen die entsprechende Nummer zum Schälchen vermerkt ist.

Nun darf getestet werden. Welche Äpfel befinden sich in den jeweiligen Schalen? Schnell erkennen wir, daß

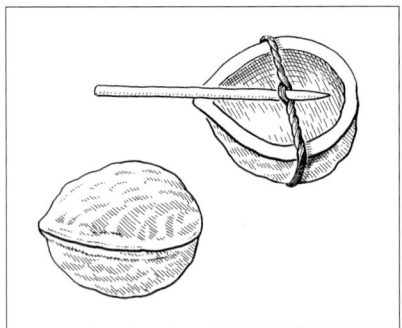

Ein selbst gebasteltes Instrument: Die Walnußtrommel.

nicht alle gutaussehenden Äpfel auch gut schmecken müssen – und umgekehrt.

Zum Schluß der Apfelprobe erstellen wir eine »Apfel-Hitliste«. Welcher Apfel hat allen am besten geschmeckt, und welcher hat gar keine Liebhaber gefunden?

Natur be-greifen

Walnußtrommel

Altersgruppe: Vorschulkinder und Kinder
Gruppengröße: bis 30
Zeitdauer: 15 Minuten
Material: je Mitspieler eine Walnußhälfte, ein kleines Stöckchen, Schere und Zwirn

Aus verschiedenen Gehölzen können einfache oder auch anspruchsvolle Musikinstrumente gebaut werden. Schnell und einfach gehen Klanghölzer und Walnußtrommeln.

Für eine Walnußtrommel brauchen wir nur eine unbeschädigte Walnußhälfte, ein kleines, etwa 8 cm langes Stöckchen und starken Zwirn (0,2 bis 0,6 mm stark). Nun wickeln wir den Zwirn zehnmal um die Walnußhälfte und verknoten ihn an der Unterseite. Danach brechen wir von dem Stöckchen etwa einen Zentimeter ab und stecken dieses kurze Stück zwischen die Fäden auf der Hohlseite der Walnuß. Das längere Stöckchen wird angespitzt und auf die Seite gelegt. Das kleine Hölzchen wird, so oft es geht, gedreht, damit die Fäden gestrafft werden. Dieses Stöckchen wird nun durch das längere Hölzchen ersetzt.

Dabei ist darauf zu achten, daß das längere Stöckchen nur an einem Ende der Walnuß aufliegt und am anderen Ende frei beweglich ist. Nun kann durch das Anheben und Loslassen des Stöckchens getrommelt werden.

Rubbelbilder

 Altersklasse: Vorschulkinder, Kinder und Jugendliche
Gruppengröße: bis 20
Zeitdauer: bis 30 Minuten
Material: Papier, Wachsmalkreide

Wird dünnes Papier über die Rinde eines Baumes gelegt, so läßt sich mit Wachsmalkreiden die Struktur leicht durchpausen. Auch kleine Kinder können sich so die verschiedenen Rindenarten malend »erarbeiten«. Mit der gleichen Methode können auch andere Pflanzenteile auf das Papier gerubbelt werden. So entsteht auf einfache Weise schönes Briefpapier oder Postkarten.

Nistkästen selbst gebaut

 Altersklasse: Kinder und Jugendliche
Gruppengröße: bis 30
Zeitdauer: 5 Stunden
Material: je nach Bedarf

Im Werkunterricht können Nistkästen für Vögel, z. B. Steinkauzröhren, Nisthöhlen für Kleinsäuger oder Fledermausnistkästen gebaut werden. Detaillierte Anleitungen für den Bau von Nistkästen können z. B. bei den jeweiligen Kreisgruppen der verschiedenen Naturschutzverbände angefordert werden. Hier finden sich oft auch ehrenamtliche Helfer, die gerne vorbeikommen und fachkundige Beratung und Unterstützung beim Bau geben.

Spinnen und ihre Netze

 Altersklasse: Vorschulkinder, Kinder, Jugendliche
Gruppengröße: bis 30
Zeitdauer: beliebig
Material: Bestimmungsliteratur, Papier, Stifte

Auf einer Streuobstwiese können bis zu 1000 verschiedene Spinnenarten leben. Sie alle bauen wunderschöne Netze, die sich vor allem in der Zeit des Altweibersommers hervorragend beobachten lassen. Die Herstellung jener Substanz, die außerhalb des Körpers zur sogenannten Spinnseide erstarrt, ist die herausragendste Fähigkeit der Spinnen. Die Spinndrüsen stellen dabei unterschiedlichste Fäden her, z. B. Wegfäden, Fäden, um zu fliegen, Brücken zu schlagen oder die Beute zu fesseln. Gerade in der Zeit des Altweibersommers klettern junge Spinnen zur Besiedlung neuer Lebensräume auf erhöhte Punkte, recken ihren Hinterkörper in die Luft und lassen ihre langen Wegfäden austreten, bis der Wind sie fortträgt.

Diese Spinnennetze oder Spinnfäden stehen uns nun Modell, um gemalt, gezeichnet, fotografiert oder nachgebaut zu werden.

Zeichnen und Malen läßt es sich besonders gut mit musikalischer Begleitung, zum Beispiel mit einer Tarantella, dem sogenannten Spinnentanz. Themen der Tarantella finden sich

![Spinnennetz]

Dieses wunderschöne Spinnennetz kann mit jedem »natürlichen Spinnennetz« konkurrieren. Es wurde von Kindern im Rahmen des Projektes »Erlebter Frühling« der Naturschutzjugend Deutschland gebaut.

auch noch heute in einigen Volks- oder »Trinkliedern«. In Gegenden mit alemannischer Fastnacht singt man – ohne es wahrscheinlich zu wissen – auf die Melodie der bekanntesten Tarantella von Rossini den Text : »Marie, da liegt ein toter Fisch im Wasser . . .«. Wenn das die Spinnen wüßten!

Ein Zuhause für Ohrwürmer

Altersklasse: Vorschulkinder, Kinder
Gruppengröße: bis 30
Zeitdauer: 1 Stunde
Material: Holzwolle, alte Blumentöpfe, Schnur, Messer

Obstbäume dienen als Unterschlupf für viele Tiere, die im Naturhaushalt oft eine wichtige Rolle einnehmen. Dazu gehören auch die Ohrwürmer, denn sie sind die natürlichen Feinde der Blattläuse. Sie verkriechen sich tagsüber gerne in dunklen, feuchten und warmen Quartieren; nachts werden sie aktiv und machen Jagd auf Blattläuse.

Um Ohrwürmer anzusiedeln, füllen die Kinder saubere Blumentöpfe aus Ton mit Holzwolle und hängen diese umgekehrt an langen Schnüren in die Bäume. Wichtig: der Topf muß den Stamm oder Ast direkt berühren, damit die Insekten auch hineingelangen können!

Erntezeit

*Altersklasse: Vorschulkinder,
Kinder und Jugendliche
Gruppengröße: bis 30
Zeitdauer: ein bis mehrere Tage
Material: je nach Bedarf*

Eine gemeinsame Pflückaktion wird die Kinder und Jugendlichen ebenso begeistern wie das gemeinsame Verzehren der rohen oder verarbeiteten Früchte. Schon mit kleineren Kindern kann man gemeinsam einen Apfelkuchen backen oder Marmelade kochen. Auch ein Besuch bei einem Landwirt, der seinen Most noch selbst herstellt, ist für alle lohnend. Eine Umwelt-AG kann hier – nach vorheriger Absprache mit dem Bauern – die Äpfel aus dem Schulgarten selbst pressen und den gewonnenen Apfelsaft wieder mitnehmen und auf einem Herbstfest verkaufen. Aber auch jede Mosterei verarbeitet Äpfel zu Most oder Saft. Meist erhält man zwar nicht den Saft aus den eigenen Äpfeln, dafür aber Gutscheine, um über das Jahr – entsprechend der Anlieferungsmenge – Apfelsaft aus der Mosterei zu beziehen.

Apfelküchlein backen

*Zutaten: 5 große, mürbe Äpfel,
60 g Zucker
Teig: 120 g Mehl, 1 Prise Salz, 1
Teel. Öl, 40 g Zucker, 1/8 l Bier,
4 Eiweiß, Backfett*

Die Äpfel werden geschält und das Kernhaus entfernt. Dann schneidet man die Äpfel in 1 cm dicke Scheiben.
Aus Mehl, Salz, Zucker, Öl und Bier bereitet man einen dickflüssigen Teig

und hebt das steifgeschlagene Eiweiß vorsichtig darunter. Dann taucht man die Apfelscheiben in den Teig und bäckt sie anschließend im heißen Fett (Friteuse) aus. Danach legt man die Apfelküchlein auf ein Küchenpapier und bestreut sie bei Bedarf mit Zucker.

Wir pflanzen einen, zwei, drei . . . Obstbäume

*Altersgruppe: Vorschulkinder,
Kinder und Jugendliche
Gruppengröße: bis 30
Zeitdauer: mehrere Stunden
Material: Pflanzgut, Schaufel,
Spaten, Baumschere, Pfahl,
Maschendraht, Wasser zum
Angießen*

Sollen im Schulgarten, im Gelände des Kindergartens oder im Hausgarten junge Obstbäume gepflanzt werden, muß beim Kauf des Pflanzguts auf lokal bewährte, robuste und alte Hochstammsorten geachtet werden. Da Hochstämme drei Jahre aufgeschult werden und nicht immer alle Sorten erhältlich sind, sollten Sie frühzeitig mit ihrer Baumschule Kontakt aufnehmen. Bei der Wahl der Obstart und Obstsorte muß auf die Standortmerkmale geachtet werden. Nasse und spätfrostgefährdete Lagen sind für Streuobstwiesen weniger geeignet.

Pflanztermin:
Der optimale Termin ist der Herbst; bei großem Befallsdruck durch Wühl- oder Feldmäuse kann auch im Frühjahr gepflanzt werden.

Vorgehensweise:
1. Ausheben der Pflanzgrube
Die Pflanzgrube sollte die Maße 0,8 ×

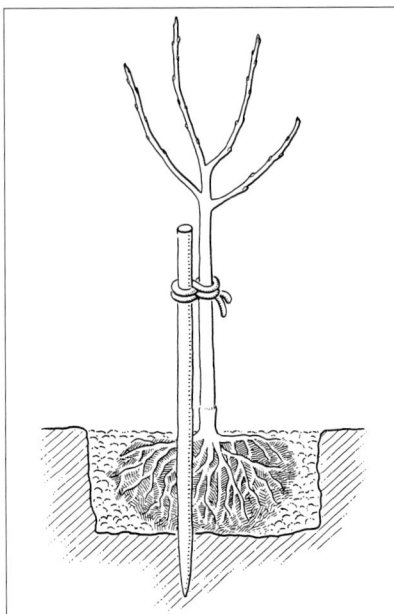

Um den Baum vor Verbiß durch Hasen oder Rehe zu schützen, sollte man den Stamm unbedingt noch mit einer Drahthose versehen!

0,8 m bei 0,5 m Tiefe nicht wesentlich unterschreiten. Vorhandene Erde mit Komposterde vermischen. Nicht in die Pflanzgrube treten, um Verdichtungen zu vermeiden.

2. Verbißschutz
Um den Baum vor Mäusen und Hasen zu schützen, kann man den Wurzelballen in ein feinmaschiges Drahtgeflecht eingeschlagen und den Stamm bis in eine Höhe von etwa 50 bis 100 cm mit einer Drahthose versehen.

3. Baumstütze
Während der ersten fünf Jahre braucht der junge Hochstamm einen Stützpfahl, an dem er unterhalb des Kronenansatzes angebunden ist. Der Pfahl wird vor der Pflanzung zur Hauptwindrichtung hin 50 cm tief in den Boden geschlagen und darf nicht in den Kronenraum ragen.

4. Wurzelschnitt
Kranke und beschädigte Wurzelteile sind zu entfernen, sonstige Wurzeln müssen um ein Drittel eingekürzt werden.

5. Baum pflanzen
Einen Teil der feinen Erde (Erde-Komposterde-Gemisch) an die Wurzeln in den Drahtkorb bringen. Baum vertikal leicht rütteln, um Bodenschluß mit dem Wurzelwerk zu gewährleisten. Drahtkorb oben im Stammbereich zusammenfügen. Restliche lockere Erde und sonstigen Boden in die Pflanzgrube einbringen und verdichten.

> **Achtung!**
> Die Veredelungsstelle muß 10 cm aus dem Boden herausschauen.

6. Schutz vor Wildverbiß
Man kann den Baum durch einen Dreibock mit Querverstrebungen oder Drahtgeflecht schützen.

7. Pflanzschnitt
Beim Pflanzschnitt werden der Mitteltrieb und die drei bis vier um den Stamm gruppierten Leitäste um die Hälfte bis 2/3 auf ein Auge nach außen angeschnitten. Mitteltrieb und Leitäste ergeben so ein Dach von etwa 120°. Die Leitäste nehmen nun einen Winkel von 45 bis 50° zur Stammverlängerung ein. Wenn nicht, wird der Winkel durch Abspreizen, Herauf- oder Herabbinden gefördert.

8. Angießen
Nach jedem Pflanzen muß angegossen werden, damit die Wurzeln Bodenschluß erhalten!

Erlebnisraum Wald

Geheimnisvolle Welt der Märchen

Es ist tiefe Nacht und so still, daß man meinen könnte, die Welt wäre stehengeblieben. Wie mächtige Burgen ragen die schwarzen Baum-Silhouetten gegen den Nachthimmel. Die Kinder schleichen sich vorsichtig und eng an den Förster gedrückt durch die Nacht. Lediglich eine Taschenlampe haben sie dabei, und die löscht Heidis Vater auch noch dauernd. Dann ist es stockdunkel! Aber ansonsten könnten sie ja auch nicht erleben, wie es ist – nachts, allein im Wald. Ganz in der Nähe ruft ein Waldkauz sein schauriges 'huuu-huhuhu-huu'. Die Kinder zukken zusammen und ziehen unwillkürlich die Köpfe ein. Hat man ihnen doch gerade vorher erzählt, daß noch heute viele Menschen glauben, der Waldkauz rufe nur dann, wenn ein Mensch gestorben sei. Vielleicht haben die ja doch recht . . . und die Seele irrt jetzt vielleicht verlassen durch den Wald. Es ist so gruselig!

Da kommt etwas Unbeschreibliches auch schon zwischen den Bäumen direkt auf sie zugeflogen. Heidi schreit laut auf, doch ihr Vater lacht nur und knipst die Taschenlampe wieder an. Im Lichtstrahl sehen die Kinder noch verschwommen, was es war – keine verirrte Seele, sondern der Waldkauz. Er ist ein geschickter Flieger, der selbst bei schwachem Sternenlicht noch sicher zwischen den Bäumen fliegen kann. Wie alle Eulen lokalisiert er seine Beute aber allein mit dem Gehörsinn. Bis zu 100 m Entfernung kann er Wald-

mäuse, Kröten, Frösche oder Spitzmäuse genau orten. Manchmal schreckt er auch Kleinvögel an deren Schlafplätze auf, um sie dann im Flug zu erbeuten. Dieses Mal hat er zwar die Kinder aufgeschreckt, doch die schleichen nun todesmutig weiter. Noch einmal davongekommen . . .

Räuber, Hexen, Zwerge, Feen, Trolle – der Wald ist dicht bevölkert, so jedenfalls im Märchen. Und deshalb ist für Kinder auch nichts so aufregend und schaurig, so spannend und schön zugleich wie einmal im wirklichen Leben nachts durch den Wald zu wandern. Überall knistert es, schleicht es um einen herum und lugt es zwischen den Bäumen hervor.

Und der Wald ist tatsächlich dicht bevölkert – auch im realen Leben! Wälder gehören zu den produktivsten Ökosystemen und beherbergen mehr Tier- und Pflanzenarten als alle anderen Land-Ökosyteme zusammen. Tiere und Pflanzen konkurrieren ständig miteinander – um das vorhandene Licht, um Wasser und um Nährstoffe. Der Kampf ums Überleben ist hart; im Wald hat er zu dem typischen Stockwerkbau geführt. So unterscheidet man Kronenschicht, Stammraum (Baumstamm), Strauchschicht, Krautschicht, Moosschicht und die Bodenschicht mit dem Wurzelraum. Jede Schicht dient ganz bestimmten Pflanzen und Tieren als Lebensraum.

Von größter Bedeutung ist die **Kronenschicht**. Je nach Aufbau und Belaubung der Baumkronen fallen mehr oder weniger Sonnenlicht und Niederschläge in das Waldinnere. Die Kronenschicht hat somit auch Einfluß auf die anfallende Streuschicht und die

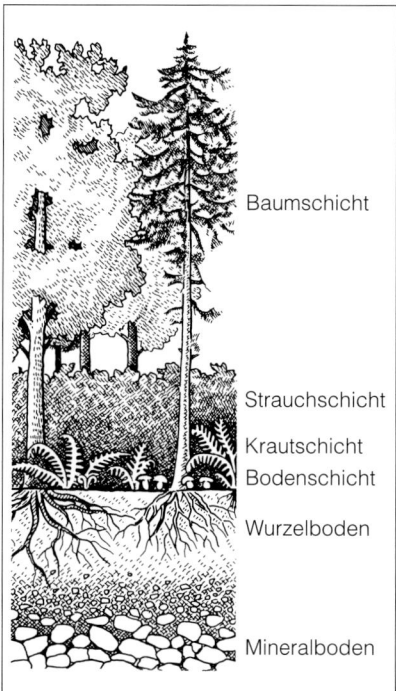

Baumschicht

Strauchschicht

Krautschicht
Bodenschicht

Wurzelboden

Mineralboden

Die Stockwerke des Waldes.

Bildung von Humus. Nadelbäume behalten – mit Ausnahme der Lärche – ihre Nadeln mehrere Jahre lang und fördern daher die Bildung von saurem Humus. Laubbäume werfen zwar in der Regel jedes Jahr ihr Laub ab, doch hängt es von der Baumart ab, wie schnell die Blätter verrotten. Manche brauchen dazu sehr lange, und so trifft man beispielsweise noch beim Frühjahrsspaziergang auf unzersetzte Eichen- und Buchenblätter. In der Kronenschicht leben viele Tiere. Das flinke und sprungsichere Eichhörn-

chen sucht nach Nüssen und Zapfen, die es als Wintervorrat in der Erde versteckt. Das Eichhörnchen wird wiederum vom Baummarder gejagt. Er ist ein Einzelgänger, der vor allem in der Dämmerung und nachts jagt und in seinen Kletterkünsten dem Eichhörnchen in nichts nachsteht. Auch Insekten leben in der Baumkrone, vor allem an den Blättern und Blüten der Bäume. Sie sind Nahrung für viele Singvögel, beispielsweise für Blaumeisen und Goldhähnchen.

Der **Baumstamm** besteht vor allem aus Holzmasse und Rinde. Unter dieser verläuft die sogenannte Bastschicht, in der die in den Blättern gebildeten Nährstoffe hinunter in die Wurzeln gelangen. Auch die Rinde ist Lebensraum für viele Kleinlebewesen. Käfer und ihre Larven bohren in den Rissen der Rinde, um an die Bastschicht zu gelangen, von der sie sich ernähren. Diese Insekten sind wiederum ein Leckerbissen für Baumläufer, Kleiber und Specht.

Wo genügend Sonnenlicht durch das Blattwerk eindringen kann, da ist die **Strauchschicht** besonders reichhaltig. Mit ihren unterschiedlichen Sträuchern und jungen Bäumen ist diese Schicht von besonderer Bedeutung. Insekten, Vögel und Nagetiere, aber auch Rehe finden in ihr reichlich Nahrung. Außerdem bietet die Strauchschicht Rückzugsraum und Unterschlupf und hat die Aufgabe, den Wind vom Waldesinneren abzuhalten und damit den Boden vor zu starker Austrocknung zu schützen.

Die **Krautschicht** schließlich besteht aus einer Vielzahl von Blütenpflanzen, Farnen und Schachtelhalmen. Welche Arten in dieser Schicht wachsen, hängt vom Boden und dem Kleinklima

Die Blätter des Bärlauchs sollen nur im zeitigen Frühjahr als »Knoblauchersatz« gegessen werden. Auf Butterbrot oder im Quark schmecken die kleingeschnittenen Blätter dann köstlich!

ten die Blütenpflanzen in den Hintergrund. Dann haben die Moose ihren großen Auftritt. Gerade feuchtere Wälder bezaubern dann durch ihre Vielfalt an Moosen und Farnen. Zwischen den Moosen, den Flechten auf trockeneren Standorten und den Pilzen leben in der obersten Bodenschicht unzählige Insekten und Bodentiere: Ameisen, Käfer, Schnecken, Spinnen, Würmer, Tausendfüßer, Springschwänze und Asseln sind nur einige davon. Viele von ihnen helfen bei der Umwandlung von totem organischem Material in Humus mit.

Auch im **Wurzelraum** herrscht reges Leben. Größere Tiere graben in der Erde, so zum Beispiel der Dachs, wenn er seinen unterirdischen Bau anlegt. Aber auch kleine Bodentiere, Bakterien und Pilze sind im Wurzelraum aktiv. Sie wandeln organisches Material in Nährstoffe um, die dann von den Wurzeln der Bäume, Sträucher und Kräuter aufgenommen werden.

So vielfältig wie die Flora und Fauna der Wälder ist auch der Nutzen, den der Mensch aus den Wäldern zieht: Wälder sind für uns lebenswichtig, denn sie versorgen uns mit Sauerstoff zum Atmen und filtern mit ihren Blättern und Nadeln den Staub aus der Luft. Ein Hektar Fichtenwald kann pro Jahr etwa 30 Tonnen Staub aufnehmen! Wälder stellen uns aber auch durch ihre natürliche Filterfunktion sauberes Trinkwasser zur Verfügung. Sie bieten Lärmschutz und wirken insgesamt positiv auf das Klima. Um Großstädte herum verhindern Waldgürtel die Bildung von Dunstglocken, weil sie ständig Frischluft zuführen.

Wälder schützen aber auch vor Erosion, weil durch den Bewuchs der Abtrag der Bodendecke durch Wasser

ab. Auf sauren oder nassen Böden wachsen andere Gräser und Kräuter als auf basischen oder trockenen Böden. Krautschichten können durch ihren Blütenreichtum begeistern. Man denke nur an die Buchenwälder mit ihren Frühlingsblühern: Ganze Blütenmeere von Veilchen, Lungenkraut, Buschwindröschen künden bereits den Frühling an, bevor die ersten Buchenblätter überhaupt austreiben.

Je spärlicher aber das Licht fällt und je karger der Boden, um so mehr tre-

und Wind verhindert wird, und vor Sturmschäden, weil die Sträucher und Bäume den Wind abhalten.

Der Wald eignet sich somit sehr gut für ein ganzheitliches Naturerlebnis, weil er unter verschiedensten Aspekten betrachtet werden kann. Mit Kindern und Jugendlichen kann der Wald sowohl als Lebensraum für eine reiche Flora und Fauna als auch als Ort des Zusammenwirkens vieler Lebewesen entdeckt werden. Nur auf der Grundlage von persönlichen Naturerfahrungen im Wald werden sie die Bedeutung dieses Lebensraumes als Lebensgrundlage für uns Menschen wahrnehmen und verstehen lernen.

> Vor **Zecken**bissen kann man sich mit geeigneter Kleidung schützen! Achten Sie deshalb darauf, daß die Kinder und Jugendlichen lange Hosen, Strümpfe und festes Schuhwerk tragen, wenn sie zusammen in den Wald gehen. Zuhause sollte der Körper dann gründlich nach Zecken abgesucht werden. Wenn die Zecken innerhalb von 24 Stunden entfernt werden, besteht kaum die Gefahr einer Übertragung von Krankheitserregern.
>
> Um eine Übertragung des **Fuchsbandwurmes** zu vermeiden, sollten die Kinder und Jugendlichen vor dem Essen und auch nach der Erlebnis-Tour die Hände gründlich waschen. Walderdbeeren sollten nicht roh verzehrt werden.
>
> Für die Planung von Erlebnis-Touren in den Lebensraum Wald erhalten Sie weitere Informationen zum Thema Zecken oder Fuchsbandwurm bei den lokalen Forstämtern und den Gesundheitsämtern.

Natur erleben

Ein heiteres Wettspiel: Baumstämme rollen

Altersgruppe: Vorschulkinder und Kinder
Gruppengröße: mindestens 12
Zeitdauer: beliebig
Material: keines

Für dieses Spiel bilden wir zwei Gruppen mit mindestens sechs Mitspielern. Von diesen legen sich fünf als »Baumstämme« bäuchlings auf den Boden. Die sechste Person legt sich quer drüber. Auf »Los« rollen sich die fünf »Baumstämme« alle in die gleiche Richtung. Dabei rollt die oberste Person langsam von den Baumstämmen herunter. Sie legt sich anschließend auch als Baumstamm auf einer Seite hin. Von der anderen Seite nimmt ein anderer »Baumstamm« den Platz oben auf dem »Holzstoß« ein. Dies wird solange wiederholt, bis eine zuvor abgesteckte Ziellinie erreicht wird. Mal sehen, welche Gruppe zuerst am Ziel ist.

Schwarzer Dachs

Altersgruppe: Vorschulkinder, Kinder und Jugendliche
Gruppengröße: mindestens 20
Zeitdauer: beliebig
Material: 1 Blatt Papier, 1 Stift

Jeder Teilnehmer überlegt sich, was für ein Tier er auf der Waldparty sein möchte. Bevor die Party beginnt, melden sich alle Tiere beim Spielleiter, der sie auf seiner Gästeliste nacheinander notiert. Es ist durchaus möglich, daß sich mehrere gleiche Tiere eintragen lassen.

Nachdem der Spielleiter alle Tiernamen notiert hat, hält er seine Eröffnungsrede, die etwa so lauten könnte: »Auf der Party sind der Fuchs, das Eichhörnchen, ..., die Amsel und der Hase erschienen. Ebenso begrüßen möchte ich nochmals ein Eichhörnchen, die Eule, ...« Die Party beginnt und die geladenen Gäste bilden vier gleichgroße Gruppen, die sich in verschiedene Ecken im Raum oder draußen zurückziehen. Die Gruppe 1 überlegt sich ein Tier, welches sie gerne von einer anderen Gruppe, beispielsweise der Gruppe 2, haben möchte. »Wir wünschen uns von der Gruppe 2 den Dachs!« Ist dort ein Dachs, so wechselt er zu Gruppe 1 und die Gruppe darf weiterraten. Wenn sich kein Dachs unter den Teilnehmern der Gruppe 2 befindet, darf nun diese Gruppe eine Gruppe ihrer Wahl befragen. Wird eine Tierart gefordert, von der zufällig mehrere Exemplare in einer Gruppe sind, müssen alle wandern. Diejenigen Tiere, die bereits erraten wurden bzw. schon gewandert sind, dürfen nur von einer Gruppe gefordert werden, deren Gruppengröße auf zwei bzw. drei Teilnehmer (je nach Ausgangsgröße der Gruppen) gesunken ist. Das Spiel ist beendet, wenn entweder alle Tiere bekannt sind oder sich alle Tiere in einer Gruppe befinden. Die Tiere, die dann noch nicht entlarvt wurden, werden von allen gemeinsam erraten.

Dick, dicker, am dicksten

Altersgruppe: Vorschulkinder und Kinder
Gruppengröße: beliebig
Zeitdauer: beliebig
Material: eventuell Metermaß

Wieviele Teilnehmer können zusammen um einen dicken Baumstamm herumreichen? Dazu bilden wir um einen dicken Baumstamm einen Kreis und geben uns die Hände. Jetzt kann der Umfang und der Durchmesser geschätzt werden. Jeder prägt sich bei der Umarmung seine Körperhaltung und das Ausbreiten seiner Arme ein. Danach stellen wir uns abseits des Baumes nochmals im Kreis in der gleichen Haltung auf, damit alle den Umfang und Durchmesser direkt sehen können. Wer es noch genauer wissen möchte, kann mit einem Metermaß den Umfang nachmessen. Danach wiederholen wir diese Messung noch an weiteren Bäumen und »krönen« den dicksten Baum. Der Phantasie sind hier keine Grenzen gesetzt!

Wer ist wohl älter – ich oder der Baum?

Altersgruppe: Vorschulkinder und Kinder
Gruppengröße: bis 15
Zeitdauer: beliebig
Material: Stecknadeln

Wenn sich die Gelegenheit bietet, betrachten wir die Jahresringe an einem gefällten, alten Baum. Wir entdecken helles, grobporiges Holz, das im Frühjahr entstanden ist, und dunkles, eher feinporiges Holz aus dem Herbst. Beides zusammen ergibt einen Jahresring und erzählt von einem Jahr aus dem Leben eines Baumes. In guten Jahren, wenn der Baum genügend Wasser,

Licht und Nährstoffe erhielt, ist der Jahresring breit. Schmale Ringe verweisen auf trockene Jahre.

Die Kinder sollen folgende Fragen beantworten:
– Wie alt wurde der Baum?
– Wie dick war der Baum, als man selbst geboren wurde?
– Welches Jahr war das trockenste im Leben des Baumes?
– Welches Jahr war das beste Jahr?
– Gibt es am oberen und am unteren Ende eines gefällten Baumstammes gleich viele Jahresringe?

Jeder kann an dem Baumstumpf mit einer Stecknadel das eigene Geburtsjahr markieren.

Blinde Reise durch den Wald

Altersgruppe: Vorschulkinder, Kinder und Jugendliche
Gruppengröße: bis 15
Zeitdauer: beliebig
Material: 100 bis 300 m Seil, Augenbinden, Malstifte, Papier, Unterlagen

Der Wald wird intensiver bzw. ganz anders wahrgenommen, wenn der Gesichtssinn ausgeschaltet wird. Der Spielleiter kundschaftet eine Strecke aus, die von den Teilnehmern auch barfuß begangen werden kann. Entlang dieser Strecke wird ein Seil gespannt, an dem sich alle bequem festhalten können. Besonders reizvoll ist es, wenn der Untergrund öfter wechselt (z. B. Klettern über moosbewachsene Stämme usw.) oder wenn die Gruppe vom wärmeren Waldrand ins kühlere Innere geführt wird. Die Wegstrecke halten wir anschließend in Zeichnungen fest. Danach gehen wir die Strecke mit offenen Augen noch einmal ab.

Variante: Anstatt des Seiles kann auch ein »Sehender« die Führung übernehmen. Die Nachfolgenden orientieren sich, indem sie eine Hand auf die Schulter des Vordermannes legen. So kriecht die Waldraupe langsam vorwärts.

Waldführung – einmal anders

Altersgruppe: Kinder, Jugendliche
Gruppengröße: bis 25
Zeitdauer: beliebig
Material: keines

Ein Kind oder Jugendlicher wählt sich ein Natur-Objekt, z. B. eine bestimmte Baumart, einen Baumstumpf, einen Stein, einen Pilz oder eine bestimmte Pilzart und führt die Gruppe, ohne eine Erklärung abzugeben, von Objekt zu Objekt der gleichen Art. Die anderen haben die Aufgabe zu erraten, welches Objekt der Führende im Auge hat. Wer es errät, darf die nächste Waldführung übernehmen.

Natürlicher Kampfstoff

Altersgruppe: Vorschulkinder, Kinder, Jugendliche
Gruppengröße: bis 10
Zeitdauer: 30 Minuten
Material: eine violette Blüte, z. B. von einer Glockenblume

Ameisen können mit ihren kräftigen Kiefern ordentlich beißen. Auch mit dem scharfen Sekret, das sie aus einer Giftdrüse am Hinterleib ausstoßen,

Ameisen sind ganz schön wehrhaft. Das scharfe Sekret, das sie bei Gefahr am Hinterleib ausstoßen, juckt auch uns Menschen ganz ordentlich!

verteidigen sie sich. Uns Menschen juckt so ein Ameisenbiß, kombiniert mit der Ameisensäure ganz erheblich.

Wir suchen eine violette Blüte und halten diese nahe an den Ameisenhaufen heran. Die Ameisen bekämpfen sofort den vermeintlichen »Eindringling« und bespritzen die Blüte mit ihrer Säure. An der Stelle, an der sie von den Säuretropfen getroffen wird, färbt sich die Blüte rot.

Ameisen als Samentransporteure

Altersgruppe: Vorschulkinder, Kinder, Jugendliche
Gruppengröße: bis 10
Zeitdauer: 45 Minuten
Material: Papier, Stifte

Das rege Treiben rund um den Ameisenhaufen ist für Kinder und Erwachsene ein beeindruckendes Erlebnis. Die Kinder beobachten, welche Pflanzenteile zum Ausbau des Nestes oder als Nahrung herbeigetragen werden, Das können kleine Holzstückchen, Nadeln, aber auch kleinere Insekten sein. Einige Pflanzen benutzen die Sammellust der Ameisen zu ihrer Verbreitung. So besitzen einige Pflanzensamen fett- oder stärkehaltige Anhängsel, die von den Ameisen als Abwechslung auf ihrem Speiseplan geschätzt werden. Mit den Anhängseln verschleppen die Ameisen auch die Samen, so etwa vom Veilchen, vom Schöllkraut oder vom Bärlauch.

Um das Ameisenleben besser kennenzulernen, machen wir folgende

Versuche: Wir legen einige Veilchensamen in die Nähe der Ameisenstraße und beobachten, was passiert. Wir unterbrechen die Ameisenstraße mit einem Hindernis. Wie verhalten sich nun die Ameisen?

Das Leben im und am Baumstrunk

Altersgruppe: Kinder, Jugendliche
Gruppengröße: bis 20
Zeitdauer: beliebig
Material: Becherlupen, Pinsel, weiche Pinzette, Bestimmungsbuch

Wir untersuchen mit einer Lupe einen Baumstrunk einmal genauer. Am besten eignen sich Becherlupen, da die flinken Kleinlebewesen hiermit in Ruhe betrachtet werden können. Als erstes untersuchen wir das Äußere des Baumstrunks und betrachten die Pflanzen, die darauf wachsen und die Lebewesen, die sich dort aufhalten. Anschließend entfernen wir etwas Rinde und fangen einige Tiere, die darunter sitzen (Asseln, Ohrwürmer, Käfer, Ameisen, Spinnen usw.). Wenn sich die Tiere in unseren Gefäßen etwas beruhigt haben, können wir sie aufmerksam betrachten. Wichtig ist der Hinweis an die Kinder, ihre Gefäße nicht zu heftig zu schütteln, da die Tiere sonst aufgeregt hin und her rennen und dann schlecht beobachtet werden können.

Mooswäldchen im Glas

Altersgruppe: Vorschulkinder, Kinder und Jugendliche

Gruppengröße: bis 30
Zeitdauer: beliebig
Material: ein großes Glas mit einer breiten Öffnung, durchsichtige Plastikfolie, einen Gummi, Blumenerde, Kies und verschiedene Moose

Auf einem Ausflug im Wald werden verschiedene Moose gesammelt. Diejenigen, die auf Steinen, Holz- oder Rindenstückchen wachsen, nehmen wir zusammen mit ihrer Unterlage mit. Es sollte darauf geachtet werden, daß nur so viele Moose mitgenommen werden, wie man für ein Glas braucht.

Beim Sammeln können die Kinder mit einer Lupe die kleine Mooswelt genauer betrachten und erforschen.

Als unterste Schicht wird in das Glas eine ungefähr 2 cm hohe Kiesschicht gefüllt. Darüber kommen etwa 4 cm Blumenerde. Nun können die Moose mit und ohne Unterlagen, auf denen sie wachsen, in das Glas gelegt werden. Die Mooslandschaft wird nun mit Wasser besprüht. Anschließend spannen wir die Folie mit einem Gummi über die Öffnung. In die Folie werden kleine Löcher gestochen, damit Luft in das Gefäß eindringen kann. In den nächsten Tagen beobachten wir mit einer Lupe, was sich in unserem Moosgärtchen tut.

Spurensuche

Altersgruppe: Vorschulkinder, Kinder, Jugendliche
Gruppengröße: 1 bis 10
Zeitdauer: 45 bis 60 Minuten
Material: Pappe, Schere, Sicherheitsnadel, Gips, Wasser

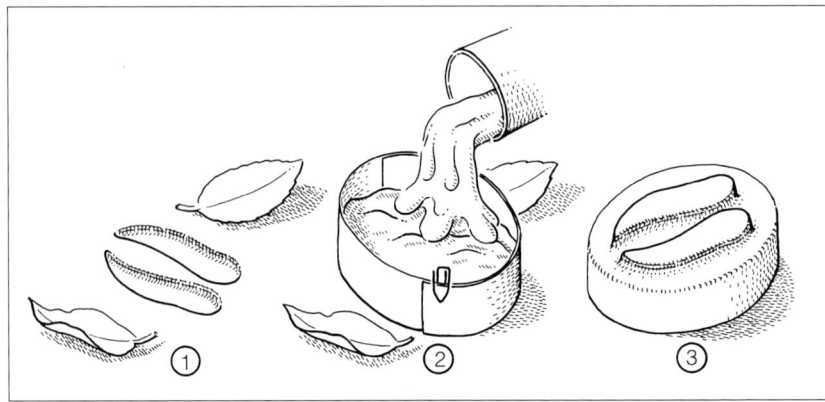

Auf Spurensuche. 1 = Eine Rehspur im feuchten Boden. 2 = Ausfüllen der Form mit angerührtem Gips. 3 = fertiger Gipsabdruck.

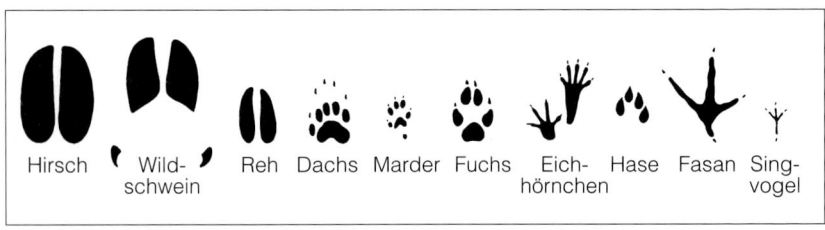

| Hirsch | Wild-schwein | Reh | Dachs | Marder | Fuchs | Eich-hörnchen | Hase | Fasan | Sing-vogel |

Auch der Schnee erzählt Geschichten – hier von den verschiedenen Waldtieren.

Wir spielen Trapper und rüsten uns für die Spurensuche. Die Trittspuren von Tieren lassen sich am leichtesten im Schnee oder auf feuchten Waldwegen verfolgen. Von den Spuren stellen wir Gipsabdrücke her. Mit einem Streifen Pappe, den wir mit einer Büroklammer zusammenheften, umgrenzen wir die Tierspur. Anschließend füllen wir den mit Wasser angerührten Gipsbrei in die Form und warten, bis er getrocknet ist. Unsere Gipsabdrücke können wir mitnehmen und eine Spurensammlung anlegen. Wer aus dem Positiv-Abdruck einen Negativ-Abdruck machen möchte, muß den Positiv-Abdruck mit starker Seifenlauge einreiben, bevor der neue Abdruck gemacht wird.

Eine Nachtwanderung durch den Wald!

 Altersgruppe: Kinder, Jugendliche
Gruppengröße: bis 15
Zeitdauer: 1 bis 2 Stunden
Material: eine Taschenlampe, Teelichter

148

Es ist wichtig, daß alle Kinder dem Vorhaben entsprechend warm und wetterfest angezogen sind. Mit etwas jüngeren oder ängstlicheren Kindern ist es ratsam, die Nachtwanderung in der Dämmerung zu beginnen, damit sie sich langsam an die Dunkelheit gewöhnen. Der Spielleiter sollte für den Notfall eine Taschenlampe mit sich führen. Während der Wanderung können kleinere Pausen eingelegt werden. Diese bieten den Kindern die Gelegenheit, ganz ruhig auf die Geräusche der Nacht zu lauschen. Besonders eindrucksvoll ist die Betrachtung des Sternenhimmels.

Variante: Der Spielleiter arrangiert die mitgebrachten Teelichter auf dem Waldboden so, daß sie die Form eines Sternbildes darstellen. Anschließend versuchen die Kinder, dieses Sternbild am Nachthimmel wiederzufinden. Je nach Stimmung können auch spannende Geschichten erzählt werden. Bei einer Tasse Tee werden die Erlebnisse der Wanderung anschließend besprochen.

Natur wahrnehmen

Wald-Memory

Altersgruppe: Vorschulkinder, Kinder, Jugendliche
Gruppengröße: bis 30
Zeitdauer: 20 Minuten
Material: zwei Tücher

Während einer Waldwanderung sammelt der Spielleiter unbemerkt etwa 10 bis 15 Gegenstände, z. B. Äste, Steine, Früchte aller Art, Blätter etc. Diese werden auf ein Tuch gelegt und mit einem zweiten bedeckt. Für ungefähr 30 Sekunden wird das zweite Tuch nun hochgehoben und die Kinder können sich die Objekte einprägen. Nachdem alles wieder unter dem zweiten Tuch verborgen ist, gehen die Kinder los und versuchen, die gleichen Gegenstände wiederzufinden. Sobald alle zurück sind, werden die Pflanzenteile einzeln hervorgeholt und genauer vorgestellt. Dann kann verglichen werden, ob alle das Richtige gesucht und gefunden haben.

Wir sammeln Blattgallen

Altersgruppe: Kinder, Jugendliche
Gruppengröße: bis 30
Zeitdauer: beliebig
Material: Lupen, Messer, Glas, feinmaschiger Stoff (Vorhangstoff), Gummi, Wasserzerstäuber

In Mitteleuropa gibt es etwa 100 verschiedene Arten durch von Gallwespen hervorgerufene Gallen an Eichen. Beim Spazierengehen fallen uns die meist kugelrunden Galläpfel dieser Gallwespen an den Eichenblättern auf. In der Winterzeit kriechen aus ihnen die Weibchen der Gallwespen. Sie legen ihre Eier in die End- und Seitenknospen, die sich daraufhin in kleine Gallen verwandeln. Im Mai schlüpfen aus ihnen Männchen und Weibchen. Letztere legen ihre Eier wieder an die Unterseite von Eichenblättern, wo sich dann neue Galläpfel entwickeln.

Wir betrachten ein Blatt mit einem Gallapfel einmal genauer und schneiden diesen vorsichtig mit einem Messer auf. Was befindet sich darin? Wie ist das Tier hineingekommen?

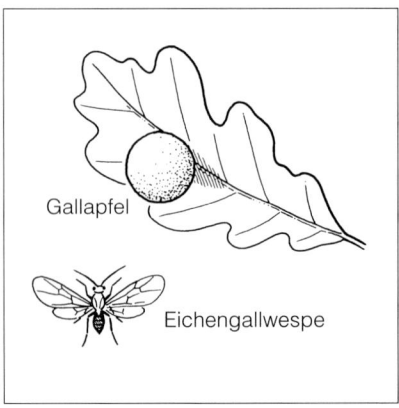

Gallapfel

Eichengallwespe

Auf die roten Galläpfel der Eichengallwespe trifft man oft auf Natur-Erlebnis-Touren.

Einige solcher Blätter nehmen wir mit nach Hause, legen sie in ein Glas und befeuchten die Blätter mit einem Blumensprüher. Das Glas wird mit einem dünnen Stoff abgedeckt, der mit einem Gummi befestigt wird. Bringen wir etwas Geduld auf, so können wir beobachten, wie weibliche Gallwespen unser Glas bevölkern.

Bodentiere in der Streuschicht

Altersgruppe: Kinder, Jugendliche
Gruppengröße: bis 20
Zeitdauer: beliebig
Material: Blechdose, Dosenöffner, Feile, Drahtnetz mit einer Maschenweite von etwa 5 mm, Trichter, großes Marmeladenglas, Lupe, Papier, Stifte, eine Lichtquelle (Glühbirne, 60 Watt)

Wir suchen in der Streuschicht nach typischen Bodentieren. Dazu bauen

wir uns als erstes eine Art Falle für die Bodentiere: Von einer alten Blechdose werden der Boden und der Deckel entfernt. Den Boden der Dose ersetzen wir durch ein engmaschiges Drahtnetz. Nun wird die Dose mit Laubstreu aufgefüllt und auf einen Trichter gesetzt, der in ein großes Gurkenglas mündet.

Mit einer Glühbirne erwärmen wir das Laub von oben her. Da die Tiere Licht und Trockenheit scheuen, wandern sie nach unten und fallen durch das Drahtnetz und den Trichter in das Glas hinein und können dort beobachtet werden

Nun werden Laub- und Nadelstreu miteinander verglichen. In der Laubstreu leben viele verschiedene Bodentiere, in der Nadelstreu dagegen wenige, die zum Teil massenhaft vorkommen (z.B. Große Waldameisen, Schmetterlingspuppen, einige Käferarten). Nadelstreu hat einen geringeren Zersetzungsgrad und daher auch eine dickere Rohhumusschicht. Sie bietet den Bodentieren auch weniger Möglichkeiten, sich zu verstecken (Typische Bodentiere siehe Kapitel »Wege und Zäune«, Seite 90).

Gewölle erforschen

Altersgruppe: Kinder, Jugendliche
Gruppengröße: bis 30
Zeitdauer: 1 Stunde
Material: Pinzette, Nadel, Bestimmungsbuch

Eulen und Greifvögel würgen die unverdaulichen Reste ihrer Nahrung (Knochen, Haare) in einem Klumpen zusammengepreßt wieder aus. Diesen

wir nun anhand eines Bestimmungs-
buches festzustellen.

Mit der Nase draufgestoßen

*Altersgruppe: Vorschulkinder,
Kinder, Jugendliche
Gruppengröße: bis 30
Zeitdauer: 30 Minuten
Material: Stofftaschen, Augen-
binden*

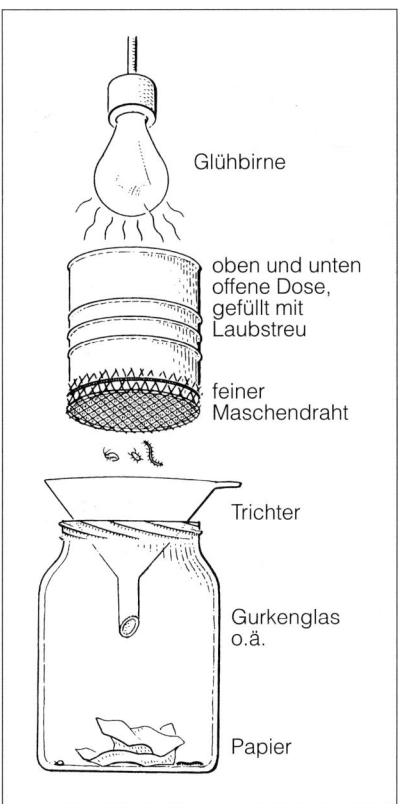

Glühbirne

oben und unten
offene Dose,
gefüllt mit
Laubstreu

feiner
Maschendraht

Trichter

Gurkenglas
o.ä.

Papier

*Mit dieser Falle können lichtscheue
Bodentiere aus der Laubstreu
ausgesondert werden (Anleitung siehe
Text). So lernen wir die Bodentiere
kennen.*

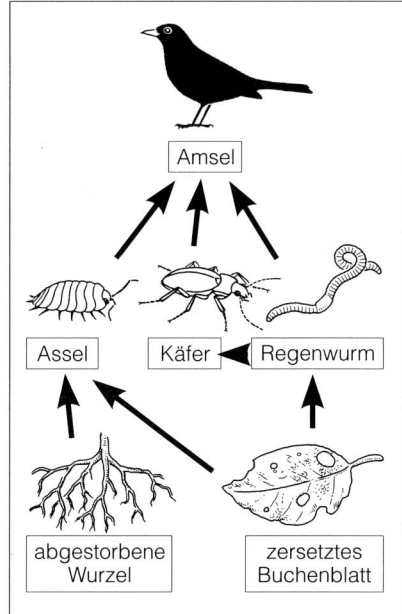

Amsel

Assel   Käfer   Regenwurm

abgestorbene
Wurzel

zersetztes
Buchenblatt

Klumpen bezeichnet man als Gewölle.
Untersucht man die Gewölle, so kann
man feststellen, welches Tier der
Greifvogel bzw. die Eule gefressen
hat. Mit einer Nadel und einer Pinzette zerlegen wir vorsichtig das Gewölle und sortieren Knochen, Zähne
und Haare. Die Schädelart versuchen

*So kann eine Nahrungskette in der
Laubstreu aussehen: Asseln ernähren sich
von abgestorbenem Pflanzenmaterial und
werden selbst beispielsweise zur Beute
der Amsel. Auch der Regenwurm ist an
der Zersetzung von abgestorbenem
Pflanzenmaterial beteiligt. Er wird z.B.
von einem Käfer gefressen, der wiederum
der Amsel zum Opfer fällt.*

![Kinder beim Erforschen von Gewölle.](...)

Kinder beim Erforschen von Gewölle.

In Kleingruppen (2 bis 4 Personen) werden möglichst viele unterschiedlich duftende Pflanzen und Pflanzenteile, wie Rinde, Früchte, Nadeln, Erde, Moos, Harz oder Blüten gesammelt. Wir nehmen sie in Stofftaschen mit nach Hause. Auf Tischen legen wir die Materialien aus, bestimmen sie mit Hilfe geeigneter Fachliteratur und riechen daran. Anschließend versuchen die Gruppen, mit verbundenen Augen die Gegenstände wiederzuerkennen, indem sie daran riechen. Die Naturmaterialien werden danach nicht achtlos weggeworfen, sondern man bastelt gemeinsam zum Abschluß ein »Waldduft-Mobile« und hängt dieses im Kindergarten, im Klassenzimmer oder im Wohnzimmer als Erinnerung an den Waldspaziergang auf.

Waldhimmel

 Altersgruppe: Vorschulkinder, Kinder, Jugendliche
Gruppengröße: bis 10
Zeitdauer: 20 Minuten
Material: keines

Die Teilnehmer legen sich in einem laubbedeckten Buchenwald auf den Rücken. Sie können dabei ihren Liegeplatz auch zwischen den Wurzeln eines großen Baumes einnehmen. Während sie die Erde spüren und zum Kronendach hinaufblicken, eröffnet sich ihnen eine ganz neue Perspektive. Der Spielleiter bedeckt nun die Liegenden vollständig mit Zweigen, Laub und etwas Erde. Anschließend werden vorsichtig einige Ästchen und etwas Laub auf das Gesicht gelegt. Kitzelt es zu sehr, kann das aber auch unterbleiben. Als Teil des Waldes lauschen wir dem Rauschen des Windes im Blattwerk und den Vögeln des Waldes.

Waldrallye

Altersgruppe: Kinder, Jugendliche
Gruppengröße: 6 bis 12
Zeitdauer: Vorbereitung 4 Stunden, Rallye 1 Stunde
Material: Zettel oder Kärtchen, Stifte, Würfel, künstliche Gegenstände (z. B. Kronenkorken, Glasmurmeln usw.)

Die Kinder spielen zu zweit oder zu dritt in einer Gruppe. Als Spielfeld wird ein übersichtliches Waldstück ausgewählt, in dem etwa 25 Zettel mit Spielnummern (Stationen) verteilt werden. In der Mitte des Spielfeldes steht ein Baumstrunk, der als Würfeltisch dient.

Vor dem Spiel bastelt sich jede Gruppe eine Spielfigur aus Naturmaterialien. Diese wird auf das Startfeld gestellt und durch Würfeln auf die numerierten Stationen vorgerückt. Hier muß entweder eine Aktionskarte gezogen und eine Aufgabe gelöst werden, oder das Spielglück wird durch Vorwärtsziehen oder Zurückgehen beeinträchtig beeinflußt.

Ist die Aufgabe gelöst, darf weitergewürfelt werden. Sieger ist diejenige Mannschaft, die mit ihrer Figur zuerst das Ziel erreicht.

Vorbereitung:

Der Spielleiter bereitet die Aktionskarten mit Fragen vor, die den Wald betreffen. Diese könnten beispielsweise folgendermaßen aussehen:
- Suche ein Blatt mit Fraßspuren
- Suche drei verschiedene Früchte des Waldes
- Suche in drei Minuten fünf verschiedene Düfte von Pflanzen
- Pfeife den Ruf eines Buchfinks
- Nenne einen Nadelbaum, der im Winter seine Nadeln verliert

etc.

Pro Station sollten mehrere Aufgaben vorbereitet werden, damit es nicht zu Wiederholungen kommt.

Waldzwerge

Altersgruppe: Vorschulkinder, Kinder, Jugendliche
Gruppengröße: beliebig
Zeitdauer: 20 Minuten
Material: ein etwa fingerdicker Zweig (bis 2 cm Dicke und bis 10 cm Länge), ein Messer zum Schnitzen (Taschenmesser), Fingerfarben

Als Spielfiguren für die oben beschriebene Wald-Rallye kann man kleine Waldzwerge schnell und einfach schnitzen. Man schneidet etwa fingerdicke Zweige verschieden lang ab (von 2 bis 10 cm Länge). Das eine Ende des Holzstückchens wird angespitzt – das gibt die Zwergenmütze; das andere Ende wird möglichst eben abgeschnitten, damit der Zwerg auch steht. Für das Gesicht wird etwas Rinde abgeschält, mit Fingerfarbe werden zwei kleine Punkte als Augen angedeutet. Die Mütze kann ebenfalls mit Fingerfarbe in verschiedenen Farben angemalt werden. Anstatt der

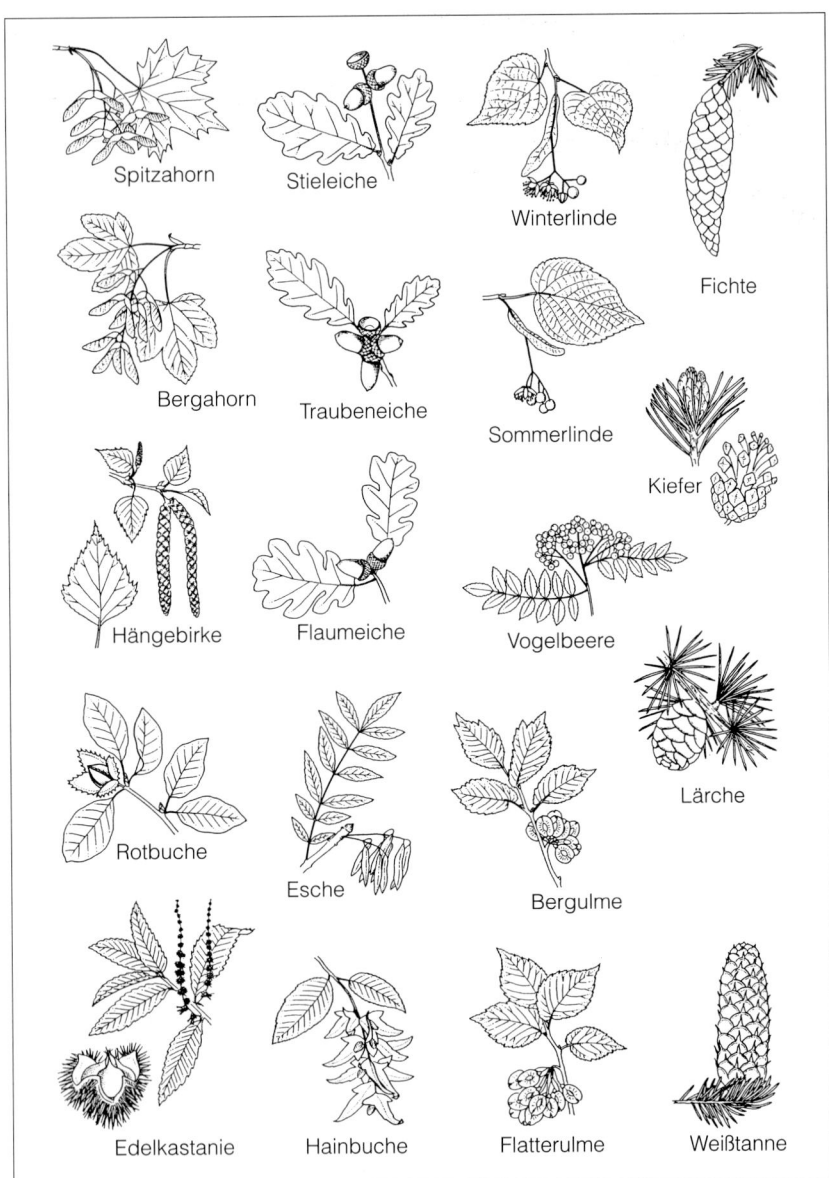

Spitzahorn

Stieleiche

Winterlinde

Fichte

Bergahorn

Traubeneiche

Sommerlinde

Kiefer

Hängebirke

Flaumeiche

Vogelbeere

Rotbuche

Esche

Bergulme

Lärche

Edelkastanie

Hainbuche

Flatterulme

Weißtanne

Typische Laub- und Nadelgehölze und ihre Früchte.

Wir haben noch mehr zu bieten.

BÜCHER/ZEITSCHRIFTEN
BELIEBTE HOBBYS

(Gewünschtes bitte ankreuzen!)

E.U.
VERLAG
EUGEN
ULMER

Kostenlose
Zusatz-Infos

Schicken Sie mir bitte kostenlos informative Buchprospekte

☐ über Pflanzen und Gärten

☐ über Haus- und Nutztiere

☐ über Aquarien- / Terrarientiere

☐ über Vögel

☐ über kreatives Arbeiten

☐ über Taschenbücher

Bitte hier vermerken, welchem Buch Sie diese Karte entnommen haben.

Schicken Sie mir bitte kostenlos ein Probeheft der Zeitschrift(en) Kurzinformationen siehe Rückseite.

☐ Gartenpraxis – *Ulmers Pflanzenmagazin*

☐ Obst & Garten

☐ Gefiederte Welt

☐ DATZ – *Aquarien Terrarien*

Name, Vorname

Straße, Nr.

PLZ/Ort

Tel. Nr. (für Rückfragen)

Gefiederte Welt. Die Fachzeitschrift für Vogelfreunde, Vogelpfleger und -züchter. Sie bietet ein breites Spezialwissen und vielfältige Informationen. Initiiert Leser-Leser-Kontakte. Erscheint monatlich.

DATZ. Für Liebhaber und Züchter von Aquarien- und Terrarientieren, denen neben der Freude an ihrem Hobby vor allem der Artenschutz und artgerechte Lebensbedingungen besonders wichtig sind. Erscheint monatlich.

Gartenpraxis – Ulmers Pflanzenmagazin. Für Leser mit einem hohen Anspruch an Inhalt und Niveau – über Pflanzen und ihre Verwendung im Haus, Garten und Landschaft. Erscheint monatlich.

Obst & Garten. Die Zeitschrift mit praxisorientierten Beiträgen sowohl für Freizeitgärtner als auch für gewerbliche Obstanbauer. Mit regelmäßigem Arbeitskalender. Erscheint monatlich.

Antwort

Verlag Eugen Ulmer
Postfach 700561

70574 Stuttgart

1: Ein etwa fingerdicker Zweig wird angespitzt. 2: Aus dem angespitzten Ende wird die Zipfelmütze des Zwerges. 3: Rinde wird abgeschabt, damit das Gesicht des Zwerges entsteht. 4: Mit Finger- oder Pflanzenfarbe wird ein Gesicht angedeutet und die 5: Zipfelmütze eingefärbt. 6: Als Spielunterlage kann Laubstreu oder Moos dienen.

Fingerfarben lassen sich die Mützchen aber auch mit Pflanzenfarbstoffe aus Holunderbeeren oder Brombeeren färben.

Vorschulkinder können mit dem Waldzwerg ihre ersten, vorsichtigen Schnitzversuche machen.

Waldschadens-Tour

*Alter: Kinder und Jugendliche
Gruppengröße: bis 20
Zeitdauer: beliebig
Material: Stifte, fester Karton,
Material: Joghurtbecher, Indikatorpapier aus der Drogerie*

Wir erstellen zusammen mit dem Förster einen Waldschadens-Lehrpfad. Dazu suchen wir uns ein Waldstück, in dem wir nun alle kranken Bäume mit Schildchen versehen. Auf den Schildern stehen Erklärungen zur Pflanze, ihrem Lebensraum, zum Schadensbild, der Erkrankung und ihrer Ursache. Den Lehrpfad stellen wir auf weiteren Spaziergängen unseren Eltern, Geschwistern oder Freunden vor.

Während der Waldschadenskartierung mit dem Förster wird die Gruppe auf das Waldsterben zu sprechen kommen. Es bietet sich im Anschluß an die Diskussion an, eine pH-Wert-Messung des Regens vorzunehmen. Dazu fangen wir in einem Joghurt-Becher Regenwasser auf. Mit einem Indikatorpapier stellen wir den Säuregrad des Wassers fest. Wir vergleichen die Färbung unseres Indikatorpapiers mit der beiliegenden Farbskala. Das Resultat unserer Messung können wir anschließend mit Leitungswasser, Essig oder Zitronensaft überprüfen bzw. vergleichen.

Natur be-greifen

Zielsicherheit

*Altersgruppe: Vorschulkinder, Kinder
Gruppengröße: bis 20
Zeitdauer: beliebig*

Jeder Teilnehmer sucht sich ein Aststück, das sich an einem Ende gabelt und mindestens drei Astenden besitzt. Diese umwickeln wir mit einer Schnur, so daß eine becherförmige Form ent-

Dieser »Waldschrat« fühlt sich in seinem »Waldkleid« durchaus wohl.

steht. Der so entstandene Hohlraum soll den »Auffangbecher« für unser Geschicklichkeitsspiel darstellen. An der anderen Seite des Astes schnitzen wir eine Kerbe rund um den Ast. Die Kerbe wird etwa 1 bis 2 cm vom Astende entfernt angebracht. Hier wird eine etwa 1 m lange Schnur festgebunden. An deren Ende befestigen wir ein Wollknäuel, eine Nuß oder eine Kastanie. Dies ist unser Ball, der in den Becher geworfen werden soll. Viel Spaß beim Üben!

Blätterkrone und Blattgirlande

 Altersgruppe: Vorschulkinder, Kinder
Gruppengröße: bis 20
Zeitdauer: beliebig
Material: Naturmaterialien

Im herbstlichen Wald kann man bunt gefärbte Blätter finden, mit denen das Basteln großen Spaß macht. Für eine Blätterkrone eignen sich große, verschiedenfarbige Ahornblätter besonders gut. Die dicken Enden der Blattstiele werden abgeschnitten und die Blätter neben der mittleren Blattader gefaltet. In das Blatt wird ein Schlitz geritzt und der Stiel des nächsten durchgesteckt. Wir falten dieses Blatt wieder und versehen es ebenso mit einem Schlitz usw. Wenn die Blätterkette ausreichend lang ist, wird der Stiel des ersten Blattes durch den Schlitz des letzten gesteckt – und schon ist unsere Herbstkrone fertig!

Anstatt der Krone kann man mit Ahornblättern aber auch eine Blattgirlande basteln. An den langen Stielen werden die Blätter der Reihe nach zu einer langen Girlande zusammengebunden. Jetzt kann man mit der Girlande in der Hand schnell über die Wiesen rennen, so daß diese fast wie ein Drachen hinterherfliegt.

Waldmusik

 Altersgruppe: Kinder, Jugendliche
Gruppengröße: bis 30
Zeitdauer: beliebig
Material: zwei dicke, möglichst gerade, trockene Äste aus Hartholz als Unterlage; verschiedene

Ein Natur-Xylophon ist schnell gebaut.

nicht zu dünne, trockene Äste aus Hartholz als Klanghölzer, zwei Stöcke als Schlegel

Die Kinder verteilen sich in Rufweite in einem Waldstück. Jeder baut sich ein Xylophon aus Harthölzern mit verschiedenen Längen und Durchmessern. Die Klanghölzer müssen gut gelagert werden; am besten legt man sie über einer kleinen Erdmulde auf gerade Rundhölzer aus Hartholz. Die Mitspieler hören und antworten nun auf hohe und tiefe Töne.

Erlebnisraum Tümpel und Weiher

Ein Paradies zum Entdecken und Erforschen

Es ist Frühsommer. Die warme Junisonne spiegelt sich fröhlich in einer Wasserpfütze wider und über die bunten Wiesen gaukelt ein Heer von farbenprächtigen Schmetterlingen. Auch in der kleinen Pfütze geht es recht munter zu. Ein Grasfrosch hat im Frühjahr dort abgelaicht. Nun tummelt sich hier eine Vielzahl von schwänzelnden Kaulquappen.

Wie fast alle Amphibien benötigt der Grasfrosch für seine Fortpflanzung Wasserstellen als Laichplätze. In diesem Fall hat er sich mit einer Pfütze zufriedengegeben, normalerweise sucht er zum Ablaichen aber eher größere Tümpel, Teiche, Weiher oder sogar einen See, d. h. Gewässer, in denen das Wasser nicht beständig talabwärts fließt, sondern in »Hohlformen« unterschiedlichster Art steht. Zu den kleinsten dieser sogenannten Stillgewässern gehören zum Beispiel mit Wasser gefüllte Baumhöhlen. Auch in solchen »Mini-Feuchtbiotopen« können sich beispielsweise Insektenlarven entwickeln.

Stillgewässer wie Tümpel und Weiher entstehen, wenn sich Wasser in einer abflußlosen Senke ansammelt – beispielsweise, wenn Niederschlagswasser in einer Geländesenke zusammenfließt oder an Orten, wo viele Quellen sind. Auch im Moor oder in Bach- und Flußtälern mit natürlichen Staustufen können sich auf dichtem Untergrund Tümpel, Weiher oder kleinere Seen bilden. Daneben legt aber

auch der Mensch – beabsichtigt und manchmal auch unbeabsichtigt – Stillgewässer an. Baggerseen, Dorf- und Feuerlöschteiche oder mit Wasser gefüllte Wagenspuren gehören dazu. Nur wenige Kinder haben heute noch die Möglichkeit, an naturbelassenen Tümpeln und Weihern prächtigen Libellen bei ihrer luftigen Jagd nach Beute zuzuschauen, dem Gesang der Nachtigallen zu lauschen oder die Molche bei ihrer Balz zu beobachten. Und dabei gehören Tümpel und Weiher zu den Erlebnisräumen der »Extraklasse«, denn kaum ein Lebensraum bietet eine so große Vielfalt an Leben!

Betrachten wir einmal die **Tümpel**: Bis zu 600 verschiedene Tierarten können darin leben. Dazu gehören beispielsweise die Wasserfrösche, aber auch andere Amphibienarten wie Erdkröte, Teichmolch oder Grasfrosch, die nur während ihrer Laichzeit Gewässer aufsuchen. Schnecken, Krebse und eine kaum überschaubare Vielfalt an Insekten tummeln sich in und an diesen meist sehr idyllisch gelegenen Gewässern.

Während Tümpel meist nur flach sind und jährlich ein- oder mehrmals austrocknen, gehören die Weiher zu den eher seenähnlichen Kleingewässern, die ständig Wasser führen. In Tümpeln steigt die Wassertemperatur aufgrund der geringen Tiefe oftmals so hoch wie die umgebende Lufttemperatur. Aufgund dieser schnelleren Erwärmung sind sie im Frühjahr bevorzugte Laichplätze für Grasfrosch, Teich- oder Fadenmolch. Im Sommer dagegen kann es im Tümpel zu starken Temperatur- und Wasserstandsschwankungen kommen. Ohne ständigen Zufluß von Wasser trocknen sie dann gelegentlich aus und hinterlas-

Die Weiße Seerose kann man noch in vielen Dorfweihern finden.

sen nur eine von Rissen durchzogene Schlammfläche. Die Pflanzen und Tiere haben sich daran gewöhnt. Die dort lebenden Wasserpflanzen haben Landformen ausgebildet oder andere Möglichkeiten entwickelt, um eventuelle Trockenphasen zu überstehen. Und auch die Tierwelt bedient sich so mancher Tricks, um temporäre Trockenphasen zu überdauern. Sie tun dies als Larven, als Eier oder als erwachsene Tiere. Die Schnecken zum Beispiel ziehen sich einfach in ihr Haus zurück und verschließen dieses mit einem Schleimdeckel.

Auf natürlich entstandene **Weiher** trifft man hauptsächlich im Voralpenraum. Dort bildete sich diese Gewässerart, die auch als »See ohne Tiefe« bezeichnet wird, vor allem in Geländesenken, die keine Zu- oder Abflußmöglichkeit besitzen. Naturnah belassene Weiher können durch ihre Wechselbeziehungen von Untergrund, Wasser, Pflanzen und Tieren sehr viele Lebensgemeinschaften beheimaten. Im freien Wasser, vor allem in sehr nährstoffreichen und schattiger gelegenen Weihern, wurzeln verschiedene Arten von Wasserlinsen – oft bedecken sie wie ein Teppich die gesamte Wasseroberfläche. Kann in flachen Gewässern genügend Licht und Wärme unter die Wasseroberfläche vordringen, siedeln sich auch dort Pflanzen an, die oftmals meterlange Stengel mit Schwimmblättern hervorbringen, so z. B. die Gelbe Teichrose oder verschiedene Laichkraut-Arten. In den Verlandungszonen wachsen Igelkolben, Rohrglanzgras, Pfeilkraut, Froschlöffel und Wasser-Schwertlilien. Im Uferbereich entstehen ausgedehnte Röhrichtzonen mit Schilf, Rohrkolben und Gelber Schwertlilie, die ganzjährig feuchte Standorte benötigen.

Weiher oder Teiche können aber auch vom Menschen für bestimmte Nutzungen angelegt werden, z. B. als Fischteich oder Löschwasser-Reservoir. Naturnahe Teiche und Weiher leisten zum Beispiel in stark besiedelten Räumen einen wichtigen Beitrag zum Naturschutz, sofern sie eine ausgedehnte Flachwasserzone besitzen und keine Nutzfische in ihnen ausgesetzt werden. Oft sind sie dann die wichtigsten Laichgewässer für viele Frösche und Molche. Auch stark gefährdete Arten, wie zum Beispiel der Laubfrosch oder viele Libellen-Arten, finden an naturnah angelegten Teichen einen Ersatz-Lebensraum.

Natur erleben

Fisch schnappt Fliege

Altersgruppe: Vorschulkinder, Kinder und Jugendliche
Gruppengröße: bis 30
Zeitdauer: 30 Minuten
Material: so viele Trinkbecher, wie Kinder mitspielen; eine Augenbinde, eine Wassersprühflasche

Wenn wir uns einem Tümpel oder Teich nähern, versuchen wir uns möglichst vorsichtig und ruhig zu verhal-

Achtung Natur!
Wer bei einer Erlebnis-Tour das bunte Reich der Tümpel und Weiher entdecken will, sollte sich nur langsam und vorsichtig dem Ufer nähern und keinesfalls die Lebenswelt stören!
Wasserinsekten, aber auch Amphibien lassen sich gut in einer mitgebrachten Plastiktüte oder in einem weißen Behältnis beobachten. Anschließend müssen die Tiere aber wieder vorsichtig in das Wasser zurückgesetzt werden.
Keinesfalls dürfen Frösche, Molche und andere Amphibien sowie deren Larven mitgenommen werden. Sie sind ohnehin auf das jeweilige Gewässer geprägt und würden den Gartentümpel gleich wieder verlassen. Da sie Randsteine und andere Hindernisse nicht überwinden können und dann auf der Suche nach Verstecken an Mauern und Randsteinen entlanglaufen, fallen sie dann früher oder später in einen Gully oder Lichtschacht und kommen elend zu Tode.

ten, um keine Tiere aufzuscheuchen. Ein schönes Spiel, um das Heranschleichen zu üben, ist das »Fischschnappt-Fliege-Spiel«:

Dazu benötigen wir eine Augenbinde oder ein Tuch, so viele Trinkbecher – mit Mineralwasser gefüllt – wie Kinder oder Jugendliche mitspielen und eine halbvolle Wassersprühflasche. Die mit Wasser gefüllten Trinkbecher (keinen Saft verwenden, weil sonst Wespen angezogen werden!) stellen wir in einem Kreis mit jeweils etwa 2 m Abstand zwischen den Bechern auf. Ein Mitspieler stellt den gefräßigen Fisch dar, der im Tümpel schwimmt und auf die Fliege lauert. Er stellt sich in die Kreismitte. Fische können hervorragend hören, und über das sogenannte Seitenlinienorgan nehmen sie Erschütterungen sofort wahr. Will man sich deshalb an einen Fisch anschleichen, muß man schon sehr vorsichtig an die Sache herangehen. Aber Fische sehen auch sehr gut. Ihr Gesichtsfeld ist infolge der seitlichen Augenstellung und der Brechung des Lichtes an der Wasseroberfläche sehr groß. Deshalb werden in unserem Spiel die Augen des Fisches mit einem Tuch o. ä. verbunden.

Alle anderen Mitspieler sind Beutetiere. Sie stellen sich in einem äußeren Kreis auf, etwa fünf Meter entfernt von der Kreismitte. Nun versucht auf das Zeichen des Spielleiters hin ein Beutetier, sich vorsichtig an seinen Wasserbecher heranzuschleichen, etwas davon zu trinken, den Becher wieder abzustellen und langsam zurückzugehen. Nimmt der Fisch ein Geräusch wahr, so darf er mit der Wasserspritze in diese Richtung spritzen. Wird die »Beute« getroffen, so muß sie »Getroffen« rufen und sich an dieser Stelle hinsetzen. Dann darf das nächste Tier sein Glück versuchen. Gelingt es ihm, unversehrt zurückzukommen, so setzt es sich an seinem Platz hin.

Wassergeräusche erkennen

Altersgruppe: Kinder und Jugendliche
Gruppengröße: bis 30
Zeitdauer: 30 Minuten
Material: keines

Wir setzen uns mit geschlossenen Augen an den Rand eines Tümpels oder Weihers. Ein Mitspieler steht auf und macht mit den Händen oder mit einem Gegenstand ein beliebiges Geräusch auf der Wasseroberfläche. Danach öffnen alle wieder die Augen. Wer meint, erkannt zu haben, wie das Geräusch erzeugt wurde, steht auf und wiederholt das Geräusch. Ist es richtig, darf er das nächste Geräusch vormachen.

Natur wahrnehmen

Einfach mal schauen!

Altersgruppe: Vorschulkinder,
Kinder
Gruppengröße: bis 20
Zeitdauer: 45 Minuten
Material: eventuell Kescher,
Küchensieb, Becherlupen

Mit Vorschulkindern besuchen wir einen Weiher und beobachten gemeinsam alle Tiere, auf die wir dort treffen. Von was lebt die Schlammschnecke auf den Wasserpflanzen, wie bewegt sie sich fort, wie sieht das Schneckenhaus aus? Kennen die Kinder noch anders geformte Schneckenhäuser?

Gemeinsam sucht man nach den Fröschen – oder hört man sie etwa schon? Frösche sind weit zu hören, denn der sogenannte Schallsack verstärkt das »Quaken«. Nur die männlichen Frösche quaken, um ein Weibchen anzulocken. Der Laubfrosch soll aber angeblich auch quaken, wenn das Wetter schlechter wird! Wir beobachten Kamm-Molche, die im Weiher

Tümpel, Teiche oder Weiher sind ein kleines Eldorado für Naturforscher.

nach Luft schnappen. Kamm-Molche leben gerne in warmen, aber tiefen Tümpeln und Weihern. Auf ihrem Rücken kann man einen gezackten Kamm erkennen. Sofort schlängeln sich die Kamm-Molche aber wieder nach unten.

Tiere oder Insekten, die wir auf unserer Entdeckungstour nicht sofort bestimmen können, beobachten wir eine Weile bei ihrem Tun und geben ihnen dann Phantasienamen.

Tiere am Wasser

Altersgruppe: Kinder und Jugendliche
Gruppengröße: bis 30
Zeitdauer: 45 Minuten
Material: eventuell Kescher, Küchensieb, Becherlupen

Tümpel und Weiher sind ein Eldorado für kleine und große Tierforscher! Wir setzen uns ruhig an den Uferrand und warten, welche Tiere und Insekten angekrochen, angeflogen oder gehüpft kommen.

Der grüne Laubfrosch, ein begeisterter Kletterer, versteckt sich zwischen den Wasserpflanzen im Randbereich des Weihers. Ab und zu klettert er an ihnen hoch, um Ausschau zu halten. Die Finger und Zehen der Laubfrösche sind an den Enden zu Haftscheiben erweitert. Mit diesen können sich die Frösche an den Gräsern festhalten. Selbst wenn sie mit dem Kopf nach unten schauen, fallen sie nicht herunter!

Mit schlängelnden Schwanzbewegungen steigt ein Teichmolch aus dem Wasser, um Luft zu holen. Molche leben nicht das gesamte Jahr über im

Will man kleine Wassertiere exakt bestimmen, ist eine gute Lupe vonnöten. In kleinen, wassergefüllten Gefäßen können die Lebewesen in aller Ruhe, und ohne sie zu verletzen, beobachtet werden. Danach läßt man die Tiere wieder vorsichtig zurück ins Wasser gleiten.

Wasser, sondern lediglich zur Paarungszeit. Danach gehen sie wieder an Land.

Auf der Wasseroberfläche rudert ein Rückenschwimmer. Wie der Name schon sagt, schwimmt dieses Insekt auf dem Rücken, der Bauch schaut dabei aus dem Wasser heraus. Wie bei einem Luftkissenboot ist im Bauch sein Luftvorrat. Sobald er nicht mehr mit seinen Beinen rudert, hält ihn der mit Luft gefüllte Bauch über Wasser. Aber Vorsicht: Rückenschwimmer besitzen auch einen Stechrüssel, weshalb ihr Stich fühlbar schmerzen kann.

Auch an der Unterseite der Wasseroberfläche leben Tiere, so zum Beispiel die Larven und Puppen bestimmter Stechmücken. Halten diese sich mit den kleinen Haarbüscheln an ihren Atemröhren von unten an der Wasseroberfläche fest, so werden durch die Oberflächenspannung die Haare gespreizt und die Atemröhre wird geöffnet. Tauchen sie ab, so schließen sich die Haarbüschel. Weiher und Tümpel bieten eine Vielfalt an bemerkenswertesten Insekten!

Mit dem Kescher fangen wir deshalb im Wasser und Schlamm diese Kleinlebewesen und lassen sie danach in ein weißes, mit Wasser gefülltes Behältnis gleiten. In einem weißen Gefäß sieht man die Insekten nicht nur besser, hieraus können wir sie mit dem Becher der Becherlupe auch vorsichtig herausfischen, um sie dann mit der Lupe genauer zu betrachten. Mit einem Bestimmungsbuch läßt sich die Art und die Lebensweise der Insekten genau bestimmen.

Die gefangenen Tiere bringen wir am Schluß wieder ins Wasser zurück. Dabei tauchen wir die Becher mit den Tieren ins Wasser hinein und lassen die Tier behutsam hinausgleiten.

Wo sind wir zuhause?

Altersgruppe: Kinder und Jugendliche
Gruppengröße: bis 30

Zeitdauer: 15 Minuten
Material: fünf Aktionskärtchen,
auf denen verschiedene Lebens-
räume vermerkt sind

Haben wir nun schon einiges Detail-
wissen über Wassertiere und deren
Lebensraum gesammelt, so läßt sich
dieses Wissen durch folgendes Spiel
vertiefen: Fünf Mitspielern wird mit
einer Wäscheklammer ein Aktionskärtchen auf den Rücken geheftet,
auf dem jeweils ein Lebensraum von

Wassertieren steht. So zum Beispiel
»unter einem Stein«, »am Stengel einer Wasserpflanze«, »im Uferbereich«
oder einfach nur »im Schlamm«. Natürlich wird der zu suchende Standort
dem Träger des Aktionskärtchens
nicht verraten. Nun nennen alle weiteren Mitspieler je ein Tier, welches im
oder am Wasser, im Schlamm oder
eben an einer Wasserpflanze lebt und
stellen sich dann gleich hinter die Person, die diesen Tieren »Lebensraum«
bietet. Kann ein bestimmtes Tier an

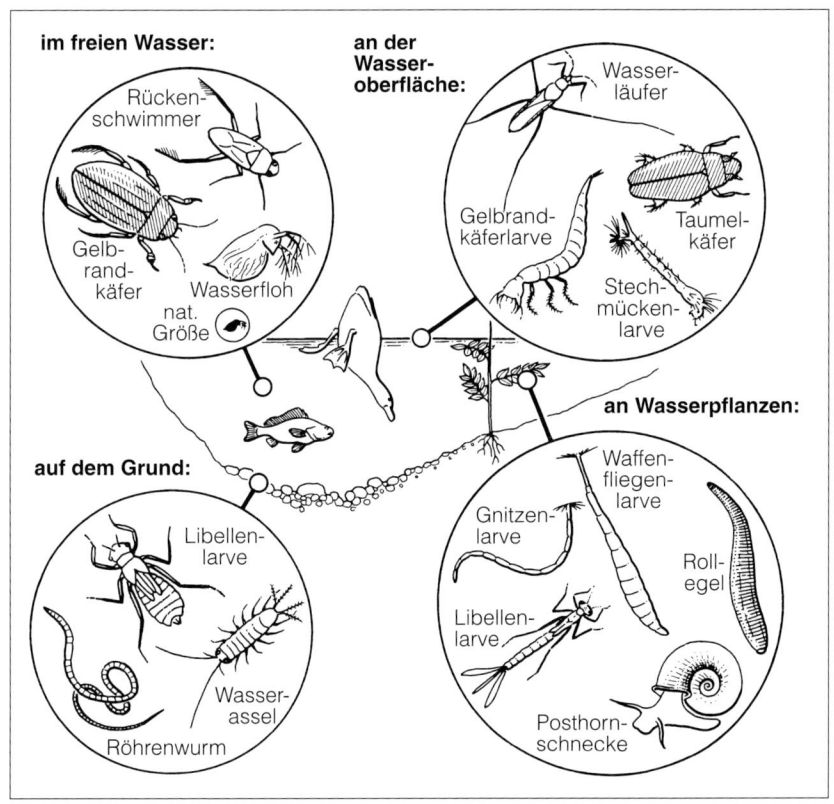

Wassertiere in ihrem Lebensraum.

verschieden Orten leben, so sucht es sich »seinen« Lieblingsort aus. Haben sich alle Personen einem Lebensraum zugeordnet, so müssen die »Lebensräume« ihren Namen herausfinden. Dazu können auch Fragen an die Tiere gestellt werden, die aber nur mit »Ja« oder »Nein« beantwortet werden dürfen.

Wollen wir das Spiel noch etwas erschweren, so schreiben die »Tiere« ihren Namen nur auf einen Zettel, falten diesen zusammen und stellen sich, ohne ihren Namen zu sagen, zu ihrem Lebensraum. Nun muß die Person, die den Lebensraum darstellt, zuerst durch Fragen herausfinden, welche Tierchen sie beherbergt, bevor sie ihren eigenen Namen herausfinden kann.

Variante: Das gleiche Spiel läßt sich natürlich anstatt mit Tieren auch mit Pflanzen verschiedener Lebensräume spielen.

Wer frißt wen?

Altersgruppe: Vorschulkinder, Kinder und Jugendliche
Gruppengröße: bis 30 (auch in Kleingruppen möglich)
Zeitdauer: 30 Minuten
Material: eventuell Bestimmungsliteratur, ein Knäuel Wolle

Auf dem Grund des Tümpels schleicht sich die räuberische Libellenlarve an einen Schlammwurm heran. Mit der sogenannten Fangmaske, die in Sekundenschnelle eine Art Fangarm ausstrecken kann, fängt sie ihre Nahrung wie z. B. Würmer oder auch Wasserflöhe. Die erwachsenen Libellen sind ebenfalls gefürchtete Jäger, die ihre Beute direkt im Flug ergreifen. Zu ihrer Leibspeise gehören Stechmücken und Fliegen, aber auch andere Insektenarten.

Aber auch die Libellen sind Teil der Nahrungskette. Rückenschwimmer fressen gern und viel, und Libellenlarven stehen oft auf ihrem Speiseplan.

In Kleingruppen sollen die Kinder und Jugendlichen am Rande eines Tümpels oder Weihers beobachten, wer auf wen Jagd macht. Danach werden die Beobachtungen zusammengetragen und gemeinsam besprochen. Abschließend läßt sich eine Nahrungskette daraus entwickeln: Dazu nehmen wir einen großen Knäuel Wolle und stellen uns im Kreis auf. Der Spielleiter hält das Knäuel und spricht: »Ich bin eine Kaulquappe, wer frißt mich?« Wer die richtige Antwort gibt, bekommt die Schnur zugeworfen, wobei das Ende festgehalten wird. Nun wird weiter gefragt. Es sind auch Fragen möglich wie »Was fresse ich, wo verstecke ich mich?« usw. Beim Weiterwerfen halten wir immer die Schnur fest, so daß ein Netz entsteht. Zum Schluß zieht jemand an der Schnur in seiner Hand und alle, die den Zug spüren, sind an der Nahrungskette dieses Tieres oder dieser Pflanze beteiligt.

Stillgewässer im Wandel

Altersgruppe: Kinder und Jugendliche
Gruppengröße: bis 30 (auch in Kleingruppen)
Zeitdauer: beliebig
Material: eventuell alte Karten oder Fotos

Was macht Stillgewässern das Leben schwer?

– Überdüngung durch eingeschwemmte Nährstoffe
– Anreicherung mit Pflanzenschutzmitteln und Abwässern
– Auffüllung der Gewässer mit Schutt, Müll und Aushub
– Versiegelung und Verbauung der Ufer
– Grundwasserabsenkungen
– Einsetzen von Nutz- und Zierfischen
– Störungen und Uferbeschädigungen durch Erholungs- und Sportbetrieb
– Umgestaltung von Dorfteichen zu Zierteichen und Springbrunnen
– ausgebaute Randzonen, die mit fremdländischen Gehölzen und Bodendeckern bepflanzt werden

Alte Karten, Fotos und anderes Bildmaterial belegen es: In den letzten Jahrzehnten sind viele Stillgewässer »still« und heimlich aus dem Landschaftsbild verschwunden. Sie wurden zugeschüttet, sind zum Teil verlandet oder überbaut worden. Mit dem Landschaftswandel ändern sich aber auch die Lebensbedingungen der Tier- und Pflanzenarten drastisch.

Gemeinsam machen wir uns in der Gemeinde auf die Suche nach Landschaftsveränderungen. Wo gab es vor ein paar Jahrzehnten oder Jahren noch größere Stillgewässer, was ist aus diesen geworden? Was ist der Grund für den Rückgang der Stillgewässer? Es sollte auch überlegt werden, ob nicht gemeinsam mit der Naturschutzverwaltung noch bestehende

größere naturbelassene Weiher und Tümpel gemeinsam erhalten oder eventuell Ersatz-Stillgewässer angelegt werden sollten.

Libellenforscher bei der Arbeit . . .

 *Altersgruppe: Jugendliche
Gruppengröße: bis 30 (auch in Kleingruppen möglich)
Zeitdauer: beliebig
Material: Bestimmungsliteratur, Kescher*

Mit ihrem grazilen, prächtig schillernden Körper, den glashellen Flügeln und den großen Netzaugen gehören Libellen zu den faszinierendsten heimischen Insekten. Besonders an warmen Sommertagen kann man diese beeindruckenden Luftakrobaten bei ihrer Jagd über die Wasserfläche gut beobachten und bestimmen.

Das Weibchen legt seine rundlichen Eier entweder ins Wasser, in den Schlamm oder direkt an ein Blatt einer Wasserpflanze. Aus den Eiern schlüpfen die Larven. Diese entwickeln sich über mehrere Jahre im Wasser und ernähren sich dort von Würmern und Fliegenlarven, Wasserflöhen und manchmal auch von Kaulquappen. Sobald die Libellenlarve ausgewachsen ist, verläßt sie das Wasser und verwandelt sich nach ein paar Tagen in eine Libelle. Die verlassene Larvenhaut nennt man Exuvie. Diese können zur Bestimmung des Libellenbestandes an einem Gewässer herangezogen werden.

In Mitteleuropa leben etwa 80 bis 100 verschiedene Libellenarten. Alle etwa 80 Libellenarten, die bei uns heimisch

Diese prächtigen Libellen wurden während des Projekts »Erlebter Frühling« der Naturschutzjugend von der Zellerschule gebaut.

nem Naturschutzwart oder -beauftragten. Diese Experten können Informationen geben über

- Bestimmungsmöglichkeiten von Libellen,
- die häufigsten Arten in der Umgebung,
- die geeignetsten Beobachtungszeiträume und vor allem
- den verantwortungsvollen Umgang mit Libellen bei der Bestimmung.

Natur be-greifen

Wir bauen einen Wasserläufer

 Altersgruppe: Vorschulkinder, Kinder
Gruppengröße: bis 30 (auch in Kleingruppen möglich)
Zeitdauer: 30 Minuten
Material: Korken, Klebstoff, Naturmaterialien

sind, gehören zu den besonders geschützten Tierarten. Libellenforscher (Odonatologen) haben deshalb eine verantwortungsvolle Aufgabe. Sie dürfen zwar Libellen (vorsichtig!) fangen, um sie zu bestimmen, müssen sie aber danach sofort wieder freilassen. Wer Libellen über einen längeren Zeitraum beobachten möchte, sollte mit der Naturschutzbehörde Kontakt aufnehmen.
Am besten macht man den ersten Beobachtungsgang gemeinsam mit ei-

Wasserläufer sind dunkel gefärbte, etwa 1 cm große Insekten mit einem stäbchenförmigen Körper und sechs langen Beinen. Sie besitzen eine ganz besondere Fähigkeit, denn sie leben auf der Wasseroberfläche. Da sie nur ein geringes Körpergewicht aufweisen und ihre Mittel- und Hinterbeine unbenetzbar sind, durchbrechen sie die Oberflächenspannung des Wassers nicht.
Aus einem Flaschenkorken und etwas Naturmaterial läßt sich ein Wasserläufer schnell nachbauen. Dazu bohren wir mit einem Taschenmesser kreisförmig sechs Löcher für die Beine in die Unterseite des Korkens.
Aus Bucheckern und kleinen Beeren können wir den Kopf und die Augen

Kescher zu bauen ist gar nicht so schwer (Anleitung siehe Seite 170).

und aus Blättern die Flügel basteln. Kopf und Flügel werden mit etwas Klebstoff am Kork-Körper befestigt. Für die Beine verwendet man sechs gleichlange stabile Binsenhalme. Diese steckt man in die vorgebohrten Lö-

cher. Als Füße dienen kleine Rindenstückchen, die an die Beine geklebt werden. Nun kann das Gehen auf dem Wasser erprobt werden. Vielleicht sollte der Wasserläufer seinen Spaziergang übers Wasser aber erst einmal in einer kleinen Wanne ausprobieren!

Wir bauen einen Kescher

*Altersgruppe: Vorschulkinder,
Kinder und Jugendliche
Gruppengröße: bis 30 (auch in
Kleingruppen möglich)
Zeitdauer: 30 Minuten
Material: ein alter Seidenstrumpf (ohne Löcher!), ein verbiegbarer Drahtbügel oder fester
Draht, eine Holzstange und
etwas feste Schnur oder Draht,
Nadel und Faden*

Um Wasserinsekten zu fangen, brauchen wir öfters einen Kescher.

Diese Geräte muß man nicht kaufen, man kann sie auch einfach und günstig selbst herstellen. Wir brauchen dazu einen alten Seidenstrumpf, einen Drahtbügel und eine Holzstange. Aus dem Drahtbügel formen wir einen Kreis mit einem Durchmesser von 20 bis 25 cm. Der Seidenstrumpf wird nun über den Drahtbügel geschlagen und am Rande festgenäht. Danach befestigen wir den Drahtbügel mit einer Schnur, oder noch besser einem haltbaren Draht, an der Holzstange.

Statt eines Seidenstrumpfes läßt sich auch ein feiner Netzstoff (z. B. Baumwollgaze) verwenden. Der Stoff muß dann zuerst schlauchförmig zusammengenäht werden. Er wird dann so wie der Seidenstrumpf am Drahtbügel befestigt.

Matsch-Bilder

*Altersgruppe: Vorschulkinder,
Kinder und Jugendliche
Gruppengröße: bis 30
Zeitdauer: beliebig
Material: Sand, Wasser, Kleister,
Fingerfarben, Gefäß zum
Mischen, fester Karton als
Unterlage*

Aus Sand oder feinkörniger Erde, Wasser, Kleister und Fingerfarben können die witzigsten Matsch-Bilder hergestellt werden. Zuerst mischt man dafür Sand, Wasser und Kleister, bis ein etwas dickerer Brei entsteht. Diesen streicht man auf die Unterlage, z. B. auf einen festen Karton. Ob man nun die Wellen des Sees, die bunten Steine oder die Tiere im Wasser darstellen will, entscheidet jeder selbst. Mit der Fingerfarbe, die entweder direkt oder mit einem Pinsel vorsichtig aufgetragen wird, bekommen die Bilder den letzten Pfiff. Die Bilder brauchen je nach Feuchtigkeitsgehalt einige Tage zum trocknen.

> **Achtung**: Verwendet man statt Sand feinkörnige Erde, so sind die Bilder später etwas bräunlich gefärbt.

Erlebnisraum Bach

Im Reich von Bachforelle und Bachflohkrebs

Carla und Anna liegen am Bachufer und schauen in das klare, sprudelnde Naß. Mit Moos und Algen bewachsene Steine bringen das heranrauschende Wasser zum Hüpfen und Springen. Da! Carla zuckt zusammen – eine Bachforelle schaut scheinbar neugierig zu den beiden Kindern herüber. »Hallo Forelle!« ruft Anna, aber diese ist schon wieder weggeflitzt. Sie blieb nur scheinbar ruhig in der Strömung »stehen«, solange sie auf Beute im Wasser lauerte. Jetzt hat sie sich wieder zwischen den Steinen im Bach versteckt! Plötzlich kommt ein kleiner roter Ball mit dem Wasser angeschwommen. Ein Kind, das am Bach gespielt hat, hat diesen wohl verloren, der Ball rollte schließlich in den Bach und wurde mit dem Wasser fortgetragen. Anna und Carla fischen den Ball aus dem Wasser heraus. Beide überlegen sich: Wo wohnt wohl das Kind, dem der Ball gehört, und wo kommt der Bach eigentlich her? Wohin wäre die Reise des Balles weitergegangen, hätten sie ihn nicht entdeckt?

Die beiden Kinder stehen auf und laufen ein Stück in die Richtung, aus der der Ball angetrieben kam. Um zum Ursprung des Baches zu kommen, müßten sie vielleicht gar nicht so weit laufen. Denn die Bachforelle, die sie zuvor getroffen hatten, lebt nur im kalten, schnell fließenden Gewässer.

Und da in aller Regel das Gefälle eines fließenden Gewässers von der Quelle bis zur Mündung hin abnimmt, sinkt damit auch gleichzeitig seine Fließgeschwindigkeit.

Bäche lassen sich in unterschiedliche Abschnitte einteilen:

Im **Quellgebiet** treten vor allem Pflanzen- und Tierarten auf, die sich an das kühle, sauerstoffreiche, nährstoffarme Wasser gewöhnt haben. Dazu gehören Seggen, Binsen, Bachbunge, Scharfes Schaumkraut und Wasserstern. Aber auch die Larven des Feuersalamanders oder der Schwimmkäfer fühlen sich hier wohl.

Im **Oberlauf**, wo der Bach aufgrund des stärkeren Gefälles höhere Fließgeschwindigkeiten erreicht, suchen viele kleine Lebewesen unter Steinen und Pflanzenteilen Schutz: Strudelwürmer, Bachflohkrebse oder Larven der Köcherfliege. Auch die Bachforelle liebt dieses sauerstoffreiche, schnellfließende Wasser.

Im **Mittellauf** schlängelt sich der Bach in Mäandern, d. h. in Kurven und Windungen, durch das Tal. Ein Gehölzstreifen aus Erlen, Eschen und Weiden sorgt für die Beschattung des Gewässers und für die Befestigung der Ufer. Fische wie die Äsche und in nährstoffreicheren Bachabschnitten die Barbe und Brachse kennzeichnen die verschiedenen Bachregionen. Hier suchen Wasseramsel und Eisvogel nach Nahrung.

Im **Unterlauf** ist aus dem sprudelnden Wildbach ein mehr träge fließendes Gewässer geworden; ein üppiger Bewuchs kennzeichnet den Reichtum an Nährstoffen.

Naturnahe Bäche mit ihren Uferzonen bieten einer besonders vielfältigen Flora und Fauna Lebensraum,

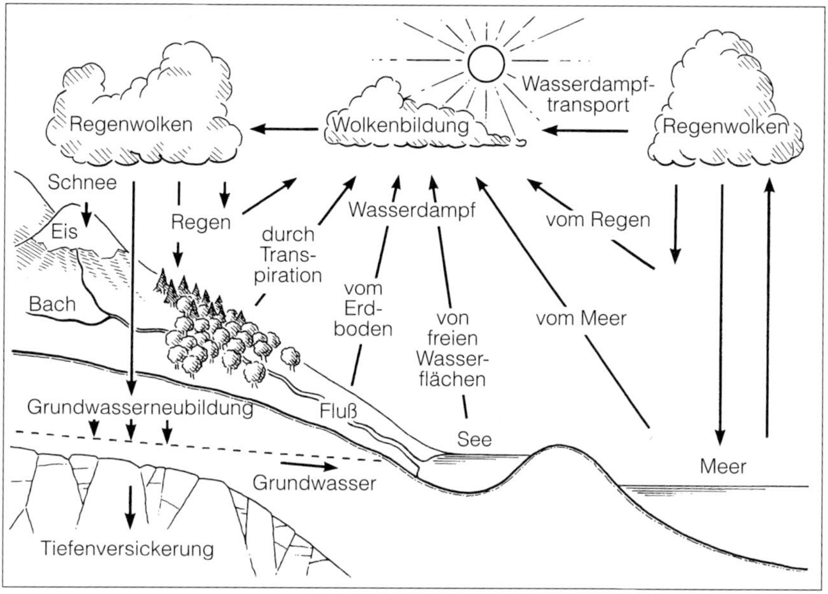

Der Kreislauf des Wassers.

denn – ähnlich dem Waldrand – verzahnen sich am Rande des Gewässers verschiedene Biotope miteinander. So leben die Larven vieler Insekten auf der Bachsohle unter den Steinen, die ausgewachsenen Insekten dagegen am Uferrand.

Viele dieser Wasserorganismen dienen als Bioindikatoren für die Bestimmung der Gewässergüte. In unbelasteten Bächen finden sich zum Beispiel die Larven von Stein- und Köcherfliegen, in belasteten Bächen dagegen Larven von Roter Zuckmücke und der Schwebfliege (Rattenschwanzlarve). Geeignete Leittierarten sind aber auch Vögel und Fische. Auf den in seiner Existenz stark gefährdeten Eisvogel trifft man beispielsweise nur noch selten. Voraussetzungen für sein Auftre-

ten sind sauberes, nahrungsreiches Wasser und ein ausgeprägter und abwechslungsreicher Uferbewuchs. Auch die Bachforelle reagiert sehr empfindlich auf Umweltstörungen jeder Art. Warmes Wasser mit niedrigem Sauerstoffgehalt bekommt ihr nicht.

Natur erleben

Vorsicht Graureiher!

Altersgruppe: Vorschulkinder, Kinder
Gruppengröße: 10 bis 20
Zeitdauer: 15 Minuten
Materialien: ein Schwungtuch

Der Blut-Weiderich wächst am Bachufer, in Gräben und auf nassen Wiesen.

Für dieses Spiel benötigt man ein Schwungtuch. Dieses runde Tuch aus reißfestem Segelstoff und mit einem Durchmesser von 5 bis 8 Metern gibt es im Spielwaren-Fachhandel. Ebenfalls geeignet und preisgünstiger sind alte Fallschirme, die manchmal bei caritativen Verbänden erstanden werden können.

Die Kinder bilden einen Kreis um das Schwungtuch herum und halten es 50 bis 60 cm hoch locker über den Boden. Fünf bis sechs Kinder kriechen unter das Tuch und spielen die Fische, d. h. sie krabbeln auf allen Vieren unter dem Tuch herum. Ein Kind spielt den gefräßigen Graureiher, der nach den Fischen Ausschau hält. Es steigt

auf das Tuch – ohne auf einen Fisch zu treten! – und versucht, einen Fisch zu fangen. Damit ihm das aber nicht so einfach gelingt, bewegen die Kinder im Außenkreis das Schwungtuch auf und ab, so daß ständig Wellen – ruhigere und stürmischere – entstehen. Gefangene Fische müssen unter dem Tuch hervorkommen.

Lauschen am Bach

 Altersgruppe: Vorschulkinder, Kinder und Jugendliche
Gruppengröße: bis 30
Zeitdauer: 15 Minuten
Materialien: keine

Um die Geräusche am Bach bewußter wahrzunehmen und gleichzeitig unseren Hörsinn zu schärfen, schleichen wir uns langsam an ein naturnahes Bachufer heran. Jeder sucht sich einen bequemen Platz zum Hinsetzen und schließt die Augen. Nun lauschen wir etwa 10 Minuten den Geräuschen, die uns umgeben. Während dieser Zeit sollte nicht gesprochen werden. Danach darf jeder erzählen, welches Geräusch ihn am meisten beeindruckt oder ihm am besten gefallen hat.

Bootsrennen

 Altersgruppe: Vorschulkinder, Kinder und Jugendliche
Gruppengröße: bis 30
Zeitdauer: 10 Minuten
Materialien: Naturmaterialien wie Äste, Blätter, Zweige etc.

In diesem Spiel werden die unterschiedlichen Strömungen und Wirbel eines Baches beobachtet. Dazu läßt man Blätter oder Hölzchen eine vorher abgesteckte »Rennstrecke« im Bach treiben und bespricht die dabei gewonnenen Beobachtungen. Wieviele Boote kommen ans Ziel? Welches ist das schnellste Boot?

Wer Wasser verschwendet – verliert!

Altersgruppe: Kinder und Jugendliche
Gruppengröße: bis 32
Zeitdauer: 30 Minuten und länger
Materialien: ein mit Wasser gefüllter Luftballon, ein Seil, Handtücher: je 2 Mitspieler erhalten ein Handtuch oder ein anderes reißfestes Tuch

Dieses Wettspiel, das man nach den Regeln des Spiels »Ball über die Schnur« spielt, eignet sich besonders für heiße Sommertage. Dabei wird die Gruppe in zwei Mannschaften geteilt. Die Spielleiter halten die Schnur, über die der mit Wasser gefüllte Ballon geworfen werden soll. Auf den Spielflächen stellen sich jeweils zwei Kinder zusammen und halten gemeinsam ein Handtuch an den Ecken fest. Der mit Wasser gefüllte Ballon darf lediglich mit Hilfe des Tuches über das Seil geworfen werden. Die beiden Kinder, die das Tuch halten, müssen zusammenarbeiten und das Tuch im richtigen Moment anspannen und führen, damit der Wasserballon in die gewünschte Richtung zurückfliegt. Die Mannschaft, bei der der Wasserballon am häufigsten auf den Boden fällt und dabei sogar platzt, hat Wasser verschwendet und damit verloren.

Natur wahrnehmen

Wie hoch ist unser Wasserverbrauch?

Altersgruppe: Vorschulkinder, Kinder und Jugendliche
Gruppengröße: bis 30
Zeitdauer: eine bis mehrere Stunden
Materialien: mehrere Eimer mit 10 l Inhalt, Zeichen- und Malbedarf

In der Gruppe schätzt jeder für sich selbst, wieviel Wasser er pro Tag verbraucht. Kleineren Kindern geben wir zur Hilfe 10-Liter-Eimer zur Verdeutlichung der Menge und lassen sie dann die Anzahl der Eimer schätzen. Die genannten Zahlen werden anschließend miteinander verglichen. Danach versuchen wir, an einem Tag die Menge Wasser abzumessen, welche wir insgesamt oder aber auch bei bestimmten Tätigkeiten, z.B. beim Waschen, beim Geschirr spülen, beim Pflanzen gießen, beim Wäsche waschen verbrauchen. Im Kindergarten reicht auch die Menge des Wassers im Kindergarten aus, die zur Herstellung von Tee, zum Händewaschen, zum Malen verbraucht wird. Um wieviel weicht der tatsächliche Wasserverbrauch vom geschätzten ab? Wo wäre es möglich, Wasser einzusparen? Dazu malen oder gestalten wir ein »Wasser-Spar-Plakat« und hängen es gut sichtbar auf.

Das Bach-Modell

Altersgruppe: Vorschulkinder, Kinder und Jugendliche

Gruppengröße: bis 20; es wird in Kleingruppen gearbeitet
Zeitdauer: 1 Stunde und länger
Materialien: eventuell Papier und Stifte, Abbildungen typischer Bachverläufe; ansonsten lehmiger, schlammiger Boden, Wasser, eine Plastikwanne; am besten eignet sich eine größere Wanne mit einer Grundfläche von 50 × 80 cm, in der das Bach-Modell auch transportiert werden kann

Materialien: Kescher, feine Pinsel, Becherlupen, weiße, mit Wasser gefüllte Behältnisse

Aus Schlamm, lehmigem Boden oder Ton bilden wir gemeinsam einen Bachverlauf von der Quelle bis zum Unterlauf möglichst naturgetreu nach. Gemeinsam mit der Gruppe wandert man eine längere Strecke entlang des Baches. Der Spaziergang gibt den Kindern und Jugendlichen die Möglichkeit, den Bach mit all seinen Elementen genau wahrzunehmen oder kleine Skizzen anzufertigen. Danach soll ein Bach mit all seinen Abschnitten und Gestaltungselementen im Modell nachgebaut werden. Zur Unterstützung können auch Abbildungen typischer Bachverläufe als Vorlage gezeigt werden.

Soll das Modell längerfristig im Unterricht benutzt werden, empfiehlt sich die Verwendung von Ton. Das Modell kann im Freien oder im Werkunterricht gebaut werden.

Im Bach zu leben kann ganz schön anstrengend sein: Mit Saugnäpfen, Haken und anderen Tricks muß sich so ein Wassertier festhalten, will es nicht mit der Strömung fortgespült werden! Kriebelmücken halten sich mit Saugnäpfen, Lidmücken (Netzflügelmücken) mit Haftschalen an den Steinen fest. Stein-, Eintags- und einige Köcherfliegenlarven benutzen dazu Haken und Borsten. Sogar Klebabsonderungen und Spinnfäden haben sich bestimmte Köcherfliegenlarven und Lidmückenpuppen einfallen lassen, um nicht mit der Strömung fortgerissen zu werden.

Um die im und am Bach lebenden Insekten und Kleinlebewesen genauer zu betrachten, fangen wir aus verschiedenen Bereichen des Bachverlaufes, z. B. in Bereichen mit starker oder schwacher Strömung, im Schlamm oder unter den Steinen, verschiedene Kleinlebewesen. Vorsichtig streichen wir die Wassertiere mit einem feinen Pinsel von den Steinen ab oder lassen sie aus den Keschern vorsichtig in die mit Wasser gefüllten Behältnisse gleiten. Nach dem Bestimmen und genauen Beobachten bringen wir die Tiere wieder vorsichtig ins Wasser zurück oder setzen sie wieder in ihren Lebensraum am Bachufer oder unter den Steinen.

Welche Insekten leben im Bach?

Altersgruppe: Kinder und Jugendliche
Gruppengröße: bis 30 (auch in Kleingruppen)
Zeitdauer: etwa 30 Minuten

Einige Insekten schnell und langsam fließender Bäche

Köcherfliegen auf den Steinen am Bachufer:
Sie erinnern mit ihren stark behaarten, z. T. beschuppten Flügeln an Schmetterlinge. Sie sind aber sehr viel unauffälliger als diese. Ihre Flügelspannweite beträgt bis zu 3 cm.
Köcherfliegenlarven: Die Larven der Köcherfliegen sind sehr viel interessanter als die ausgewachsenen Fliegen. Sie leben im schnell fließenden Wasser und kriechen dort auf den Steinen umher. Um nicht von der Strömung mitgerissen zu werden, krallen sie sich mit »Fußkrallen« regelrecht an den Steinen fest. Zur Verpuppung bauen sich die Larven aus feinen Steinchen, Holsstücken oder Pflanzenresten, die sie aneinanderkleben, eine schützende Röhre, den sogenannten Köcher. In ihm verpuppen sie sich dann unter Wasser.
Steinfliegen sind recht unbeholfene Flieger und halten sich meist auf Steinen in Gewässernähe auf. Sie sind dunkel gefärbt und ihre Flügel liegen im Ruhezustand waagrecht über dem Hinterleib.
Steinfliegenlarven: Steinfliegen erkennt man an den zwei Schwanzborsten am Körperende. Ihre Larven leben im klaren, schnell fließenden Gewässer unter Steinen – sie häuten sich aber außerhalb des Baches auf Steinen. Wie alle Insektenlarven sind auch die Steinfliegenlarven extrem flach.

Eintagsfliegen stellen in der Ruhelage ihre durchsichtigen Flügel senkrecht nach oben. Daran sind sie gut zu erkennen. Wie der Name schon sagt, leben die erwachsenen Eintagsfliegen nur wenige Stunden bis Tage.
Eintagsfliegenlarven: Eintagsfliegenlarven sind gut an den drei Schwanzborsten am Körperende zu erkennen. Da sie sich im Wasser frei bewegen, sind sie extrem flach. Sie benutzen die Schwanzanhänge, um sich bei starker Strömung an den Untergrund zu drücken. Eintagsfliegenlarven leben monatelang im klaren, fließenden Wasser. Die ausgewachsenen Fliegen leben dagegen nur wenige Stunden oder Tage.
Wasserasseln
Wo Wasserasseln auftreten, ist es um die Qualität des Wassers nicht so gut bestellt. Wasserasseln leben in langsam fließenden Gewässern auf dem Grund und ernähren sich von abgestorbenem Laub und Pflanzenteilen.
Zuckmücken treten oft massenhaft in Flußniederungen oder Seengebieten auf. Wie die Eintagsfliegen leben sie nur wenige Tage. Die erwachsene Zuckmücke wir 13 mm lang. Die Männchen erkennt man gut an ihren borstigen Antennen.
Zuckmückenlarven: Die roten Zuckmückenlarven dienen Anglern als Köder. Die Larven findet man in sehr sauerstoffarmen, langsam fließenden Gewässern. Dort bauen sie ihre meist U-förmigen Gespinströhren. Die erwachsenen Zuckmücken

treten in Schwärmen in Bachauen auf. Im Gegensatz zu den Kriebelmücken stechen sie aber nicht. Die erwachsene weibliche **Kriebelmücke** ist uns allen wohlbekannt, denn sie saugt nicht nur an Vögeln und Säugern, sondern auch an uns Menschen Blut.

Kriebelmückenlarven erkennt man sehr gut an den zwei ausklappbaren, kammartigen Borstenfächer am Kopf. Sie leben ausschließlich in Bächen und Flüssen mit guter Sauerstoffversorgung. Die Larve sitzt auf Steinen und hält sich dort mit ihren Haftscheiben fest. Mit ihrem Borstenfächer filtert sie Bakterien und Algen aus dem Wasser.

Die Larven der Köcherfliegen leben im schnellfließenden Wasser. Zur Verpuppung bauen sie aus kleinen Steinchen, Holzstücken oder Pflanzenresten, die sie aneinanderkleben, eine schützende Röhre.

Bestimmung der Gewässergüte

Altersgruppe: Kinder und Jugendliche
Gruppengröße: bis 30
Zeitdauer: 1 Stunde und länger
Materialien: Becherlupen, weiße Gefäße, Bestimmungsliteratur

Eine Beurteilung der Gewässergüte kann auf biologischem und chemischem Wege erfolgen. Biologische Wasseranalysen beruhen zum Beispiel auf dem Vorhandensein oder Fehlen bestimmter Wasserorganismen. So weisen die Larven der Stein- und Eintagsfliegen auf ein unbelastetes oder zumindest nur sehr gering belastetes Gewässer hin. Bachflohkrebse, Köcherfliegenlarven, Strudelwürmer und Posthornschnecken finden sich in mäßig belasteten Gewässern. Treten Wasserasseln, Egel oder die Larven der Waffenfliege auf, handelt es sich dagegen um stark verschmutzte Ge-

wässer. Und schließlich zeigen Schlammröhrenwürmer, Rote Zuckmückenlarven und Rattenschwanzlarven (Schwebfliegenlarven) übermäßig verschmutzte Gewässer an.

Mit Kescher, Netz oder Küchensieb geht man auf die Suche nach Kleinlebewesen, die im Wasser, unter den Steinen oder im Schlamm leben. Um die Tiere in Ruhe bestimmen zu können, gibt man sie vorsichtig in die mit Wasser gefüllten Gefäße. Nach der Bestimmung und genauen Beobachtung der Kleinlebewesen lassen sich gemeinsam Rückschlüsse auf die Wasserqualität des Baches ziehen.

Ist genügend Zeit vorhanden, können die Kinder und Jugendlichen die Kleinlebewesen auch abzeichnen, um sich diese besser einzuprägen. Danach

Mit Hilfe verschiedener Kleinlebewesen läßt sich die Güte eines Fließgewässers bestimmen.

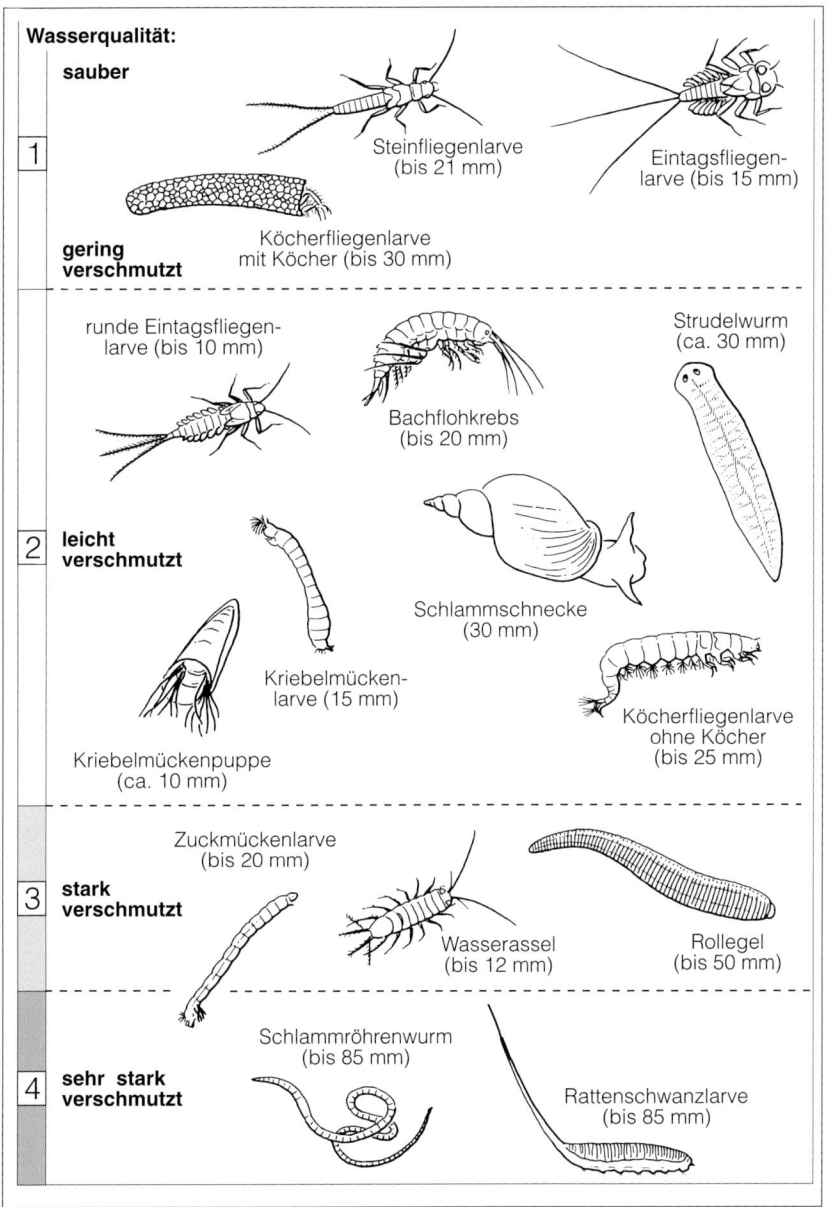

Wasserqualität:

sauber

1

Steinfliegenlarve
(bis 21 mm)

Eintagsfliegen-
larve (bis 15 mm)

**gering
verschmutzt**

Köcherfliegenlarve
mit Köcher (bis 30 mm)

runde Eintagsfliegen-
larve (bis 10 mm)

Strudelwurm
(ca. 30 mm)

Bachflohkrebs
(bis 20 mm)

2 **leicht
verschmutzt**

Schlammschnecke
(30 mm)

Kriebelmücken-
larve (15 mm)

Köcherfliegenlarve
ohne Köcher
(bis 25 mm)

Kriebelmückenpuppe
(ca. 10 mm)

Zuckmückenlarve
(bis 20 mm)

3 **stark
verschmutzt**

Wasserassel
(bis 12 mm)

Rollegel
(bis 50 mm)

4 **sehr stark
verschmutzt**

Schlammröhrenwurm
(bis 85 mm)

Rattenschwanzlarve
(bis 85 mm)

Diese Schulklasse kartiert im Naturlabor der Umweltakademie Baden-Württemberg den Gewässerrandstreifen an einem Bachlauf.

trägt man die Tiere wieder vorsichtig an ihren Fundort zurück.

Kartieren eines Gewässerrand-streifens

Altersgruppe: Kinder und Jugendliche
Gruppengröße: bis 30
Zeitdauer: 1 bis 3 Stunden
Materialien: Übersichtskarte, Karte des Uferabschnittes, welcher kartiert werden soll; Papier, Stifte, Bestimmungsliteratur, Klebepunkte, Schnur, Karton

Durch genaues Beobachten des Pflanzenbestandes eines Gewässerufers lernen Kinder und Jugendliche diesen Lebensraum besser kennen. Aus diesem Grund soll zusammen eine kleinere Fläche am Gewässerrand kartiert werden. Da Kartieren einige Übung und vor allem viel Konzentration erfordert, sollte zu Beginn nur in Kleingruppen gearbeitet werden.

Auf der Grundlage von geeignetem Kartenmaterial wird zuvor eine einfache Übersichtskarte erstellt. Jede Kleingruppe erhält nun den Teil dieser Übersichtskarte, den sie anschließend kartieren soll. Um sich besser orientieren zu können, erhält jede Kleingruppe aber auch einen gesamten Übersichtsplan, auf dem das jeweilige Teilstück eingezeichnet wurde. Die Größe des Teilstücks, das kartiert werden soll, hängt vom Alter der Kinder oder Jugendlichen, vom Biotop und natürlich von der Zeit, die zur Verfügung steht, ab. Die Fläche sollte zwischen 2 und 10 Quadratmeter betragen. Man sollte auch darauf achten, daß die einzelnen Untersuchungsflächen auffällig abgesteckt werden, damit es zu keinen Überschneidungen kommt.

Die Kleingruppen sollen nun zuerst möglichst viele verschiedene Pflanzen (von jeder Art nur eine pflücken und vor allem zuvor auf geschützte Arten hinweisen, damit diese nicht im Eifer abgerissen werden!) auf ihrem Teilstück sammeln und diese nach Arten getrennt auf Kartons oder anderen Unterlagen sortieren. Die Namen der Arten werden mit Hilfe von Bestimmungsbüchern oder -schlüsseln bestimmt.

Um zu vermeiden, daß überhaupt Pflanzen gepflückt werden, kann man die Kleingruppen auch dazu auffordern, die Pflanzen nur an ihrem Standort zu bestimmen. Anschließend werden die Ergebnisse dann miteinander verglichen. Gemeinsam überlegt sich die Gruppe nun bestimmte Zeichen, unter denen die Pflanzenarten in den Teilkarten eingetragen werden sollen. Damit die Teilkarten anschließend richtig zu einer Gesamtkarte zusammengelegt werden können, muß auf jeder Teilkarte ein Nordpfeil eingetragen werden.

Anstelle von Pflanzen kann natürlich auch der Tierbestand an einem Gewässer kartiert werden. Dabei müssen alle Tiere und Kleinlebewesen, die an den Pflanzen, auf dem Erdboden oder auch unter Steinen leben, bestimmt und in die Karten eingetragen werden.

Eine kleine Bachmusik

Altersgruppe: Jugendliche
Gruppengröße: bis 30
Zeitdauer: 1 bis mehrere Stunden
Materialien: Kassettenrekorder, unbespielte Kassetten, Tonaufnahmen von klassischer Musik

Das Thema »Wasser« wurde schon von vielen Komponisten aufgegriffen. Ob wir an das »Forellenquintett« von Franz Schubert, die »Moldau« von Friedrich Smetana oder an das Klavierstück »Verträumter Fisch« von Eric Satie denken – Beispiele gibt es genug.

Mit einem Kassettenrecorder werden Geräusche am Bach aufgenommen und mit den Musikbeispielen verglichen. Wie haben es die Komponisten verstanden, Eindrücke und Geräusche aus der Natur in ihren Kompositionen einzufangen und umzusetzen? Mit welchen Instrumenten können wir selbst diese Geräusche nachahmen?

Natur be-greifen

Segel-Regatta

Altersgruppe: Vorschulkinder, Kinder
Gruppengröße: bis 30
Zeitdauer: 30 Minuten bis 1 Stunde
Materialien: Taschen- oder Schnitzmesser, Schnur, Rindenstücke, Holzstöckchen, Blätter oder Papier für die Segel, etwas Knetmasse zum Anbringen der Segelmasten

Für eine kreisrunde Weidenbank schlägt man Weidenstangen etwa 50 cm tief in den Boden und flicht anschließend die Weidenruten wechselseitig um diese Stangen. Damit die Weidenstangen besser in den Boden getrieben werden können, spitzt man sie vorher erst mit einer Axt an.

Für den Bootskörper verwendet man kleine Äste und Hölzchen, die zusammengebunden werden, oder stabile Rindenstücke. Großflächige Blätter oder ein Stück Papier dienen als Segel. Sie werden über ein Holzstäbchen, den Mast, gesteckt. Mast und Segel werden jetzt mit Hilfe der Knetmasse im Bootskörper befestigt. Man kann aber auch ein kleines Loch in den Bootskörper bohren, in das der Mast hineingesteckt wird. Los geht die Segel-Regatta! Welches Boot ist das schnellste?

Vom Schnittgut zum Weidensofa

 Altersgruppe: Vorschulkinder, Kinder und Jugendliche
Gruppengröße: bis 30, mindestens 6
Zeitdauer: 1 bis 2 Stunden (je nach Gruppengröße)
Materialien: ein- bis dreijähriges Astmaterial von Weide oder Esche; das Material muß auf jeden Fall dornenlos sein

Jedes Jahr fallen bei der Pflege der Bachufer große Mengen an Weidenschnittgut an. Im Rahmen eines Projektes oder einer Aktion zum Thema »Bach« können Jugendliche in Abstimmung mit der Gemeinde oder dem Eigentümer bei der Bachpflege mithelfen. Das dabei anfallende Schnittgut von Weiden und Eschen läßt sich anschließend wunderbar für den Bau von Weidenzäunen (siehe Kapitel »Wege und Zäune«, oder Weidenbänken verwenden. Die Grundlage der Weidenbänke sind auch hier die »Zäune aus Weiden«, die in diesem Fall als Seitenwände dienen. Der Abstand zwischen diesen Seitenwänden sollte etwa 60 bis 70 cm betragen. Zwischen die mit Locheisen in den Boden getriebenen Weidenstangen werden die biegsameren Weitenruten geflochten. Nun füllt man die entstandene Außenform mit

Auf Weidenbänken sitzt man bequem – das beweisen die strahlenden Gesichter der drei Mädchen.

Weidenschnittgut auf. Auf den Boden legt man größere Stücke der restlichen Weidenstangen oder anderes grobes Material. Nach oben hin wird das Material immer feiner. Das Weidenmaterial wird so lange angedrückt – am besten setzen Sie sich öfters darauf – bis es sich angenehm und weich darauf sitzen läßt. Weidenbänke sind am einfachsten als kreisrunde Bänke zu erstellen. Bevorzugen Sie längliche Weidenbänke, müssen Sie darauf ach-

ten, daß auch an den Ecken der Weidenbank Weidenstangen in den Boden getrieben und dünnere Weidenruten dazwischen verflochten werden. Gegebenenfalls können Sie mit einer stabilen Schnur nachhelfen. Das Weidenmaterial verrottet natürlich mit der Zeit. Deshalb sind Weidenbänke auch nur langfristig bequem, wenn Sie in jedem Frühjahr neues Schnittmaterial aufschichten und so die ursprüngliche Höhe und Festigkeit garantieren.

Rund ums Wasser – eine Ausstellung!

Altersgruppe: Vorschulkinder, Kinder und Jugendliche
Gruppengröße: beliebig
Zeitdauer: ein bis mehrere Tage
Materialien: Zeichen- und Malbedarf; Papier, Karton oder andere Unterlagen, Nadeln zum Befestigen der Bilder, eventuell ein Ausstellungssystem

Die Kinder und Jugendlichen beobachten über eine bestimmte Zeitdauer – vielleicht sogar über das ganze Jahr – ihren Dorf- oder Heimatbach. Alle Veränderungen im und am Bach werden erfaßt und in Bildern oder Zeichnungen dargestellt.

Mit dieser Methode können Kinder und Jugendliche besonders gut ihre Beziehung zu diesem Lebensraum darstellen. Jedes Kind oder jeder Jugendliche ordnet sein Bild in der Ausstellung selbst an und stellt sein Werk den anderen vor.

Auch Fundstücke, wie zum Beispiel verlassene Schneckenhäuschen, besonders hübsche Steine oder angeschwemmte Dinge können gesammelt und ausgestellt werden.

Je vielfältiger die Art der Darstellung – sei es als Zeichnung, Skulptur, Geschichte, Gedicht oder zusätzlich als Modell –, desto interessanter und sehenswerter wird die Ausstellung.

Die Wasserkläranlage

Altersgruppe: Vorschulkinder, Kinder und Jugendliche
Gruppengröße: bis 30
Zeitdauer: 30 Minuten
Ziel: Erkennen der Funktion einer Kläranlage; Erkennen der Filterfunktion verschiedener Naturmaterialien
Materialien: ein Kaffeefilter mit Filtertüte, zwei größere, leere Einmachgläser (je 1,5 Liter), sechs leere Marmeladengläser, etwas Watte, feinkörniger Kies, Sand, Erde und Löschpapier

Schon mit kleineren Kindern können wir eine einfache Wasserkläranlage bauen. Dazu benötigen wir einen Kaffeefilter, eine Filtertüte, zwei größere Einmachgläser (1,5 Liter), sechs leere Marmeladengläser, Watte, feinkörnigen Kies, Sand, Erde und Löschpapier. Nun nehmen wir mindestens 1,5 Liter gebrauchtes Wasser (z. B. Putzwasser) und schütten es durch den mit der Filtertüte ausgelegten Kaffeefilter in das erste, größere Einmachglas. Als Kontrolle gießen wir von diesem Wasser etwa 1/8 Liter in ein leeres Marmeladenglas. Danach legen wir etwas Watte in die Filtertüte und lassen nun das restliche Filtrat in das zweite größere Einmachglas durchlaufen. Auch nach diesem Vorgang entnehmen wir wieder etwa 1/8 Liter von dem Filtrat in ein weiteres Marmeladenglas. Nun bedecken wir die Watte in der Filtertüte mit feinkörnigem Kies und gießen erneut das restliche Filtrat durch den Kaffeefilter zurück in das erste Einmachglas. Die Vorgänge wiederholen sich nun: Auf den Kies füllen wir den Sand, auf diesen die Erde und obenauf das Blatt Löschpapier. Nach jedem Filtrieren entnehmen wir eine Probe von 1/8 l Wasser. Schließlich können wir das zuletzt filtrierte Wasser mit den vorherigen Proben vergleichen. Welche Probe scheint am klarsten zu sein?

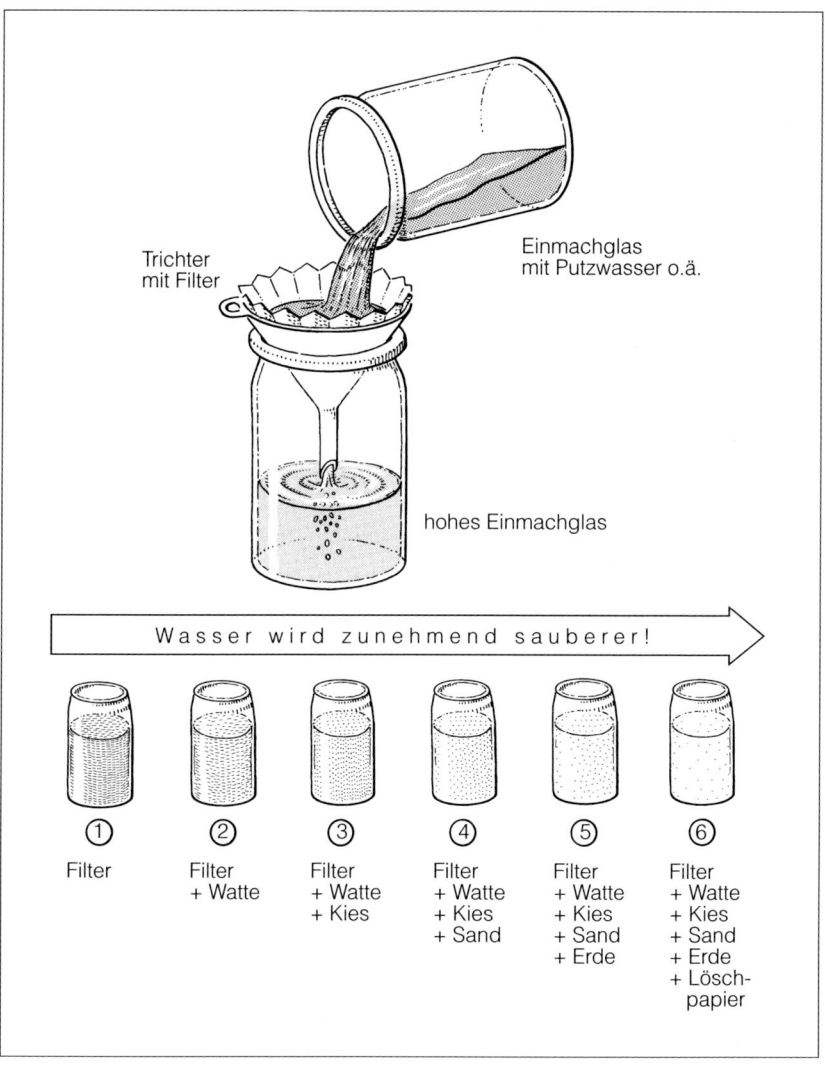

Trichter
mit Filter

Einmachglas
mit Putzwasser o.ä.

hohes Einmachglas

W a s s e r   w i r d   z u n e h m e n d   s a u b e r e r !

① Filter

② Filter
+ Watte

③ Filter
+ Watte
+ Kies

④ Filter
+ Watte
+ Kies
+ Sand

⑤ Filter
+ Watte
+ Kies
+ Sand
+ Erde

⑥ Filter
+ Watte
+ Kies
+ Sand
+ Erde
+ Lösch-
papier

Mit der Mini-Wasserkläranlage läßt sich anschaulich die Filterfunktion verschiedener Naturmaterialien und anderer Materialien demonstrieren.

Aufgaben der Akademie für Natur- und Umweltschutz Baden-Württemberg

Verständnis und Einsicht in ökologische Zusammenhänge sind Grundvoraussetzungen für die Bewahrung und Erhaltung unserer Lebensgrundlagen. Die Akademie für Natur- und Umweltschutz Baden-Württemberg will dafür Interesse wecken, Bewußtsein vertiefen und breites Engagement fördern. Von der Umweltakademie sollen Impulse ausgehen zum umweltgerechten Verhalten und Verständnis zur Liebe zur Natur. Denn Umwelt kann nur schützen, wer Natur kennt.

Die Aufgaben der Umweltakademie Baden-Württemberg sind dabei folgende:

- **Öffentlichkeitsarbeit**, indem Seminare, Vorträge und Diskussionsveranstaltungen zu allen Themen des Natur- und Umweltschutzes für alle Bevölkerungskreise und Berufsschichten durchgeführt werden. Dabei soll auch eng mit den verschiedensten Verbänden und Organisationen zusammengearbeitet werden.
- **Aus- und Fortbildung** der mit Aufgaben des Naturschutzes, der Landschaftspflege und des Umweltschutzes befaßten Personen, im Rahmen von Lehr- und Weiterbildungsveranstaltungen, Seminaren und Tagungen.
- **Veranstaltungen und Fachtagungen** zu grundsätzlichen Fragen des Natur- und Umweltschutzes.

- **Herausgabe von Publikationen** zur Vermittlung praktischer Erkenntnisse im Bereich des Natur- und Umweltschutzes und zur Vertiefung des Naturverständnisses, insbesondere bei der Jugend.
- **Durchführung von Ausstellungen und Exkursionen** zur Förderung des Gedankenaustausches über Erkenntnisse im Bereich des Natur- und Umweltschutzes und Zusammenarbeit mit den verschiedenen Medien.
- **Zusammenarbeit mit gleichgelagerten Institutionen** im In- und Ausland zum ständigen Informations- und Erfahrungsaustausch.

Die Umweltakademie ist Mitglied im Bundesweiten Arbeitskreis der staatlich getragenen Umweltbildungsstätten (BANU). Dieser ist eine Dachorganisation, in der die Einrichtungen der verschiedenen Bundesländer zur ökologischen Bildungsarbeit als ständige Koordinierungskonferenz zusammengeschlossen sind.

Akademien im BANU:

Akademie für Natur- und Umweltschutz
beim Ministerium für Umwelt und Verkehr Baden-Württemberg
Kernerplatz 9
70182 Stuttgart

Akademie für Natur und
Umwelt des Landes
Schleswig-Holstein
Karlstraße 169
24537 Neumünster

Akademie für Naturschutz
und Landschaftspflege
bei der Thüringer Landesanstalt für Umwelt
Prüssingstraße 25
07745 Jena

Bayerische Akademie für
Naturschutz und Land-
schaftspflege (ANL)
Seethaler Straße 6
83410 Laufen/Salzach

Internationale Naturschutz-
akademie Insel Vilm (INA)
Außenstelle des Bundesam-
tes für Naturschutz
18581 Lauterbach (Rügen)

Landeslehrstätte für
Naturschutz und Land-
schaftspflege
»Oderberge Lebus«
15326 Lebus, Brandenburg

Landeslehrstätte für Umwelt
und Naturschutz
Müritzhof im Nationalpark
Mecklenburg-Vorpommern
Am Teufelsbruch 1
17192 Waren/Müritz

Landesumweltakademie
Sachsen-Anhalt e. V.
Schloßstraße 1
06642 Nebra

Naturschutzzentrum Hessen
e. V. (NZH)
Friedenstraße 38
35578 Wetzlar

Naturschutzzentrum Nord-
rhein-Westfalen (NZ)
Leibnitzstraße 10
45659 Recklinghausen

Alfred Toepfer Akademie
für Naturschutz
Hof Möhr
29640 Schneverdingen

Sächsische Akademie für
Natur und Umwelt
Ostra-Allee 23
01067 Dresden

**Bildungsstätten im Natur-
und Umweltschutz in der
Schweiz**
Schweizerisches Zentrum für
Umwelterziehung des WWF
CH-4800 Zofingen

**Bildungsstätten im Natur-
und Umweltschutz in
Österreich**
Arbeitsgemeinschaft Um-
welterziehung
Lehrerservice
Brockmanngasse 53
A-8010 Graz

Oberösterreichische Um-
weltakademie
beim Amt der O. Ö. Landes-
regierung
Stockhofstraße 32
A-4020 Linz

Niederösterreichische Um-
weltakademie
Akademie für Umwelt und
Energie
Schloßplatz 1
A-2361 Laxenberg

**Natur- und Umweltschutz-
verbände und andere Orga-
nisationen in Deutschland**
Bund für Umwelt und
Naturschutz
Deutschland (BUND)
Im Rheingarten 7
53225 Bonn

Bundesweites Projekt
»Naturtagebuch« der
BUNDjugend Baden-Würt-
temberg
Rotebühlstraße 86/1
70178 Stuttgart

Naturschutzbund Deutsch-
land (NABU)
Herbert-Rabius-Straße 26
53225 Bonn

Bundesweites Projekt
»Erlebter Frühling« der
Naturschutzjugend
im Naturschutzbund
Deutschland
Bundesgeschäftsstelle
Königsträße 74
70597 Stuttgart

Arbeitskreis Kinder und
Natur
Rotebühlstraße 86/1
70178 Stuttgart

Deutsche Umwelthilfe e. V.
Güttinger Straße 19
78315 Radolfzell
am Bodensee

Stiftung Europäisches Naturerbe
Güttingerstraße 19
78315 Radolfzell
am Bodensee

WWF Deutschland
Hedderichstraße 10
60596 Frankfurt

**Informationen über weitere Institutionen und Organisationen zu den verschiedenen
Themenfelder des Natur- und Artenschutzes, der Umwelterziehung oder des allgemeinen
Umweltschutzes sind über die Städte und Gemeinden sowie die unteren Naturschutz-
behörden der Stadt- und Landkreise erhältlich.**

Literatur

AICHELE, D. und GOLTE-BECHTLE, M. (1993): Was blüht denn da? Franckh-Kosmos-Verlag, Stuttgart, 55. Aufl.

Akademie für Natur- und Umweltschutz Baden-Württemberg (Hrsg.) (1990): Wir und unsere Umwelt. Ein Kinder-, Lese-, Mal-, Spiel- und Naturerlebnisbuch. Thienemanns Verlag, Stuttgart.

Akademie für Natur- und Umweltschutz Baden-Württemberg (Hrsg.) (1991): Wir schützen die Natur. Ein Kinder-, Lese-, Mal-, Spiel- und Naturerlebnisbuch. Thienemanns Verlag, Stuttgart.

Akademie für Natur- und Umweltschutz Baden-Württemberg (Hrsg.) (91/92): Unterrichtseinheit »Natur ohne Grenzen«. Verlag Jürgen Resch, Radolfzell.

Akademie für Natur- und Umweltschutz Baden-Württemberg (Hrsg.) (1991/92): Unterrichtseinheit »Vernetzte Natur in Europa«. Verlag Jürgen Resch, Radolfzell.

Akademie für Natur- und Umweltschutz Baden-Württemberg (Hrsg.) (1992): Wir und unsere Natur. Ein Kinder-, Lese-, Mal-, Spiel- und Naturerlebnisbuch. Thienemanns Verlag, Stuttgart.

Akademie für Natur- und Umweltschutz Baden-Württemberg (Hrsg.) (1992): Tips zum Natur-ErlebnisTag. Stuttgart.

Akademie für Natur- und Umweltschutz Baden-Württemberg (Hrsg.) (1992): Lebensräume in Baden-Württemberg, Stuttgart.

Akademie für Natur- und Umweltschutz Baden-Württemberg (Hrsg.) (1992): Wir und unser Wasser. Ein Kinder-, Lese-, Mal-, Spiel- und Naturerlebnisbuch. Thienemanns Verlag, Stuttgart.

Akademie für Natur- und Umweltschutz Baden-Württemberg (Hrsg.) (1993): Wir und unsere Luft. Ein Kinder-, Lese-, Mal-, Spiel- und Naturerlebnisbuch. Thienemanns Verlag, Stuttgart.

Akademie für Natur- und Umweltschutz Baden-Württemberg (Hrsg.) (1994): Wir und unser Boden. Ein Kinder-, Lese-, Mal-, Spiel- und Naturerlebnisbuch. Thienemanns Verlag, Stuttgart.

Akademie für Natur- und Umweltschutz Baden-Württemberg (Hrsg.) (1995): Wir und unsere Tiere. Ein Kinder-, Lese-, Mal-, Spiel- und Naturerlebnisbuch. Naturerbe Verlag Jürgen Resch, Radolfzell.

Akademie für Natur- und Umweltschutz Baden-Württemberg (Hrsg.) (1996): Wir und unsere Wildpflanzen. Ein Kinder-, Lese-, Mal-, Spiel- und Naturerlebnisbuch. Stadler Verlagsgesellschaft mbH, Konstanz.

AMERY, C. (1979): Die Bedeutung natürlicher Strukturen und Elemente für die Entwicklung des Menschen. In: Garten und Landschaft 12, 912–919.

BÜHRING, U. (1993): Wilder Zimt und Sonnenbraut. Edition Achillea, Freiburg.

BÜHRING, U. (1993): Hagedorn und Hopfenkranz, Zauberhafte Gerichte aus Blüten und Früchten von Busch und Hecken. Edition Achillea, Freiburg.

BÜHRING, U. (1996): Seminar »Blütenbrot und Wiesenpflaster«. Akademie-Natur-Info-Center »Lehrgarten«. Bietigheim-Bissingen, 7.5.1996.

BUNDjugend (Hrsg.) (1993): Manfred Mistkäfer. Das Mitmach-Magazin zum NaturTageBuch. Stuttgart.

BUNDjugend (Hrsg.) (1996): Manfred Mistkäfer. Das Mitmach-Magazin zum NaturTageBuch. Heft 2/96. Stuttgart.

COBB, E. (1959): The ecology of imagination in childhood: In: Journal of American Academy of Arts and Science, 88, 537–548.

CONRAD, TH. und KOLB, A. (1995): Mein Ökoteich. Rowolth Taschenbuch Verlag, Hamburg.

CORNELL, J.B. (1979): Mit Kindern die Natur erleben. Verlag an der Ruhr, Mülheim an der Ruhr.

CORNELL, J.B. (1991): Mit Freude die Natur erleben. Verlag an der Ruhr, Mülheim an der Ruhr.

DIETZEN, W. und THIELE, H. (1993): Jugend erlebt Natur. Weitbrecht Verlag, Stuttgart.

ENGELHARDT, W. (1996): Was lebt in Tümpel, Bach und Weiher? Franckh-Kosmos Verlag, Stuttgart.

ERMEL, L. (1996): Schulhof-Öffnung am Beispiel Rottenburg a.N. Diplomarbeit an der Fachhochschule Nürtingen; veröffentlicht bei der Stadt Rottenburg a.N., Bauamt.

FISCHER-RIZZI, S. (1991): Medizin der Erde – Legenden, Mythen, Heilanwendung und Betrachtung unserer Heilpflanzen. Heinrich Hugendubel Verlag, München, 6.Aufl.

FITTER, B. (1986): Pareys Blumenbuch.

Paul Parey Verlag, Hamburg, 2. Aufl.

FRITZ, D. (1989): Gemüsebau. Verlag Eugen Ulmer, Stuttgart.

GEBHARD, U. (1994): Kind und Natur. Die Bedeutung der Natur für die psychische Enttwicklung. Westdeutscher Verlag, Opladen.

HARD, G., und PIRNER, J. (1988): Die Lesbarkeit eines Freiraums. In: Garten und Landschaft 1, 24–30.

HELM, E.-M. (1978): Feld-, Wald- und Wiesen-Kochbuch. Erkennen, Sammeln und Einkochen von Wildgemüse und Wildfrüchten. Wilhelm Heyne Verlag, München.

HETTICH, R. (1995): Seminar »Handwerken in der Natur – Primäre Spiel-Erfahrung für Kinder«. Akademie-Natur-Info-Center »Lehrgarten«. Bietigheim-Bissingen, 08.10.1996.

HUTTER, C.-P. et al. (1988): Naturschutz in der Gemeinde. Thienemanns Verlag, Stuttgart.

HUTTER, C.-P. und FAUST, B. (1988): Wunderland am Wegesrand. Thienemanns Verlag, Stuttgart.

HUTTER, C.-P. und LINK, F.-G. (1990): Wunderland am Waldesrand. Thienemanns Verlag, Stuttgart.

HUTTER, C.-P. et al. (1991): Rettet die Frösche. Thienemanns Verlag, Stuttgart.

HUTTER, C.-P. und LINK, F.-G. (1992): Wunderland Acker und Feld. Thienemanns Verlag, Stuttgart.

HUTTER, C.-P. (Hrsg.); BRIEMLE, G. und FINK, C. (1993): Wiesen, Weiden und anderes Grünland. Biotope erkennen, bestimmen, schützen. Weitbrecht Verlag, Stuttgart.

HUTTER, C.-P. (Hrsg.); KAPFER, A. und KONOLD, W. (1993): Seen, Teiche, Tümpel und andere Stillgewässer.

Biotope erkennen, bestimmen, schützen. Weitbrecht Verlag, Stuttgart.

HUTTER, C.-P. (1994): Schützt die Reptilien. Weitbrecht Verlag, Stuttgart.

HUTTER, C.-P. (Hrsg.); KNAPP, H.-D. und WOLF, R. (1994): Dünen, Heiden, Felsen und andere Trockenbiotope. Biotope erkennen, bestimmen, schützen. Weitbrecht Verlag, Stuttgart.

HUTTER, C.-P. (Hrsg.); BLESSING, K. und KOZINA, U. (1995): Wälder, Hecken und Gehölze. Biotope erkennen, bestimmen, schützen. Weitbrecht Verlag, Stuttgart.

HUTTER, C.-P. (Hrsg.); KONOLD, W. und SCHREINER, J. (1996): Quellen, Bäche, Flüsse und andere Fließgewässer. Biotope erkennen, bestimmen, schützen. Weitbrecht Verlag, Stuttgart.

JAEDICKE, H.-G. (1979): Die elementare Bedeutung von Landschaft, Freiraum und naturhaften Strukturen für die Entwicklung des Kindes. In: Garten und Landschaft, 12, 904–911.

JEDICKE, L. und JEDICKE E. (1992): Farbatlas Landschaften und Biotope Deutschlands. Verlag Eugen Ulmer, Stuttgart.

JOHANNESMEIER, E. (1985): Über die Notwendigkeit von Naturerfahrungen bei kleinen Kindern. Das Gartenamt 34, 292–300.

KLEBER, E. und KLEBER, G. (1994): Handbuch Schulgarten. Beltz Verlag, Weinheim und Basel.

KNIRSCH, R. (1990): Kommt mit, wir machen was! – Das Umweltbuch für alle, die mit Kindern leben. Ökotopia Verlag, Münster.

Landesanstalt für Umweltschutz Baden-Württemberg (Hrsg.) (1995): Wacholderheiden. Biotope in Baden-Württemberg. LFU B.-W., Karlsruhe.

LANG, K. (1995): Tierspuren. BLV Verlagsgesellschaft München.

LUDWIG, H. W. (1993): Tiere in Bach, Fluß, Tümpel, See. BLV Verlagsgesellschaft, München.

Naturschutzjugend im Naturschutzbund Deutschland (Hrsg.) (1992–1996): Erlebter Frühling. Naturschutzjugend im Naturschutzbund, Stuttgart.

Naturschutzzentrum Hessen e. V. (Hrsg.) (93): Lebensraum Feldholzinsel – Biotop des Jahres 1993. Naturschutzzentrum Hessen e. V., Wetzlar.

Naturschutzzentrum Hessen e. V. (Hrsg.) (1996): Weiden als Gestaltungsmaterial naturnaher Spielräume für Kinder.

NOLDA, U. (1990): Stadtbrachen sind Grünflächen. In: Garten und Landschaft 9, 27–32.

OBERHOLZER, A. und LÄSSER, L. (1995): Gärten für Kinder. Verlag Eugen Ulmer, Stuttgart, 3. Aufl.

OBERHOLZER, A. (1996): Seminar »Naturnahes Schulgelände« der Akademie für Natur- und Umweltschutz Baden-Württemberg. Tübingen, 31.01. und 01.02.1996.

OBERHOLZER, A. und LÄSSER, L. (1993): Gartenparadies für Kinder. Natürlich 2, 45–49.

RECHT, CH. und WETTERWALD, M. F. (1985): Ernte am Wegrand. Verlag Eugen Ulmer, Stuttgart.

RIPBERGER, R. und HUTTER, C.-P. (1992): Schützt die Hornissen. Weitbrecht Verlag, Stuttgart.

SCHANZ, E. (1972): Zum Problem kindlicher Abneigung gegenüber Tieren – ein Beitrag zur Psychologie des

Biologieunterrichts. In: Der Biologie-
unterricht 8, H.1, 43–124.

SEITZ, P. (1992): Die Gartenapotheke.
Franckh-Kosmos Verlag, Stuttgart.

STEINBACH, G. (1988): Werkbuch Naturschutz. Franckh-Kosmos Verlag,
Stuttgart.

STEINBACH, G. (1990): Werkbuch Bio-
topschutz. Franckh-Kosmos-Verlag,
Stuttgart.

STEINBACH, G. (1991): Werkbuch Naturbeobachtungen. Franckh-Kosmos Verlag, Stuttgart.

STEINBACH, G. (1991): Werkbuch Na-
turgarten. Franckh-Kosmos Verlag,
Stuttgart.

STICHMANN-MARNY, U. (Hrsg.) und
KRETZSCHMAR, E. (1994): Der neue
Kosmos Tier- und Pflanzenführer.
Franckh-Kosmos-Verlag, Stuttgart.

Stiftung Naturschutzfonds Baden-
Württemberg (Hrsg.) (1997): Ideen,
Aktionen, Konzepte zum Erhalt des
Streuobstanbaus in Baden-Würt-
temberg. Stiftung Naturschutzfonds
Baden-Württemberg, Stuttgart.

STRASBURGER, E. et al. (1978): Lehr-
buch der Botanik. Gustav Fischer
Verlag, Stuttgart, New York, 31.
Aufl.

TANAKA, B. (1982): Verkleiden, Mas-
kieren, Schminken. Otto Maier Verlag, Ravensburg.

VOPEL, K. W. (1991): Denken wie ein
Berg, fühlen wie ein Fluss: Spiele
und Experimente für eine respekt-
volle Einstellung zur Natur für 6- bis
12jährige. Iskopress, Hamburg

WALTER, K. und KOLB, A. (1994): Mein
Baum. Rowohlt Taschenbuch Verlag, Hamburg.

WINKLER, A. (1991): Das Naturgarten-
Buch. AT Verlag, Stuttgart.

WOLL, J. (1988): Alte Kinderspiele.
Verlag Eugen Ulmer, Stuttgart.

ZAHRADNIK, J. (1982): Der Kosmos In-
sektenführer. Franckh-Kosmos-Verlag, Stuttgart.

Bildquellen

Akademie für Natur- und Umwelt-
schutz Baden-Württemberg: Seite 8
(Zimmermann), 13 (Archiv), 16
(Rauschmeier), 22 (Langer, S.), 23
(Langer, S.), 39 (Langer, S.), 40
(Schindzielorz), 45 (Hutter), 47
oben und unten (Hutter), 67 (Hut-
ter), 72 (Hutter), 78 (Zimmermann),
93 (Langer, S.), 97 (Hutter), 101
(Hutter), 114 (Archiv), 125 (Hutter),
127 (Hutter), 156 (Langer, S.), 157
(Langer, S.), 163 (Zimmermann),
164 (Zimmermann), 180 (Zimmer-
mann), 182 (Langer, S.).
Arbeitskreis Kind und Natur: Seite 43.
Bezirksstelle für Naturschutz und
Landschaftspflege Stuttgart (Wolf):
Seite 105.
Bühring, Ursel: Seite 34, 35, 183.
Fladt, Traude: Seite 85.
Hecker, Frank: Seite 50 oben, 52, 59,
64, 129, 146, 178.
Höch, Uwe: Seite 25.
Hutter, Claus-Peter: Titelfotos, Seite 1,
12, 21, 26, 53, 56 (2), 58, 69 (2),
71, 81, 87, 90, 95, 98, 100, 102,
104, 107, 108, 111, 112 (2), 122,
142, 158, 160, 174.
Kothe, Dieter: Seite 29, 50 unten, 51
unten, 99, 136, 168.
Langer, Norbert: Seite 2, 10, 51 oben,
139, 171.
Limbrunner, Alfred: Seite 123, 133.
Natterer, Stefan: Seite 9, 36, 83, 152,
169.

Literatur

Die Deutsche Bibliothek –
CIP-Einheitsaufnahme

Langer, Silvia:
Natur erlernen mit Kindern / Silvia
Langer ; Traude Fladt. Karin Blessing
(Hrsg.). – 2. Aufl. – Stuttgart (Hohen-
heim) : Ulmer, 2000
   (Ulmer-Taschenbuch ; 70)
   1. Aufl. u.d.T.: Langer, Silvia:
   Natur erleben mit Kindern
   ISBN 3-8001-3119-6

Dieses Buch ist Teil des Modellprojek-
tes »Akademie-Lehrgarten« des Vereins der Freunde und Förderer der
Akademie für Natur- und Umweltschutz Baden-Württemberg und erscheint mit Unterstützung der Deutschen Bundesstiftung Umwelt. Die
Veröffentlichung dient der Etablierung
der Umwelterziehung im Rahmen dieses Modellprojekts.

In diesem Buch sind bei männlichen
Sprachformen zugleich Frauen und
Männer sowie Mädchen und Jungen
gemeint.

© 1997, 2000 Eugen Ulmer GmbH & Co.
Wollgrasweg 41, 70599 Stuttgart
(Hohenheim)
Projektleitung: Karin Blessing,
Fritz-Gerhard Link
Gesamtredaktion: Silvia Langer
Recherche/Textbeiträge: Susanne
Bailer, Karin Blessing, Dagmar Eisen,
Fritz-Gerhard Link, Renate Luz,
Brigitte Schindzielorz, Susanne
Schmidt-Fischer, Cornelia Wetzel,
Ursula Zimmermann
Zeichnungen: Wolfgang Lang,
Waiblingen
Lektorat: Dr. Nadja Kneissler
Herstellung: Gabriele Wieczorek
Satz: Typomedia Satztechnik GmbH,
Ostfildern
Druck und Bindung: Georg Appl,
Wemding
Printed in Germany